高职高专会计专业
工学结合系列教材

出纳实务

第三版

施海丽　韩学坤　常化滨　主编
伊　静　申树德　副主编

清华大学出版社
北京

内 容 简 介

本书按照出纳的工作流程,将理论和实践紧密结合,以学生为主体,充分考虑到学生已有的知识、技能、经验与兴趣,内容安排上融"教、学、做"于一体,易教、易懂、易学。同时配以适当的实训,通过实训使学生熟练运用相关知识准确完成各项任务,将专业的理论知识转化为职业技能。

全书包括出纳认知、出纳基本技能、现金业务处理、银行结算业务处理、出纳工作交接 5 个项目,结构严密、目标明确、针对性强。

本书主要适用于高等职业院校、高等专科学校、应用型本科院校、成人高校的大数据与会计专业及其他相关专业的教学,也可供职高、中职、出纳员培训使用,并可作为社会从业人员的参考读物。

本书封面贴有清华大学出版社防伪标签,无标签者不得销售。
版权所有,侵权必究。举报: 010-62782989, beiqinquan@tup.tsinghua.edu.cn。

图书在版编目(CIP)数据

出纳实务/施海丽,韩学坤,常化滨主编.—3 版.— 北京:清华大学出版社,2022.10
高职高专会计专业工学结合系列教材
ISBN 978-7-302-54305-3

Ⅰ.①出… Ⅱ.①施… ②韩… ③常… Ⅲ.①出纳-会计实务-高等职业教育-教材
Ⅳ.①F231.7

中国版本图书馆 CIP 数据核字(2019)第 259179 号

责任编辑:左卫霞
封面设计:杨昆荣
责任校对:袁 芳
责任印制:朱雨萌

出版发行:清华大学出版社
    网　　址: http://www.tup.com.cn, http://www.wqbook.com
    地　　址: 北京清华大学学研大厦 A 座　　邮　　编: 100084
    社 总 机: 010-83470000　　邮　　购: 010-62786544
    投稿与读者服务: 010-62776969, c-service@tup.tsinghua.edu.cn
    质量反馈: 010-62772015, zhiliang@tup.tsinghua.edu.cn
    课件下载: http://www.tup.com.cn, 010-83470410
印 装 者:艺通印刷(天津)有限公司
经　　销:全国新华书店
开　　本: 185mm×260mm　　印　张: 20.5　　字　数: 416 千字
版　　次: 2010 年 8 月第 1 版　　2022 年 10 月第 3 版　　印　次: 2022 年 10 月第 1 次印刷
定　　价: 59.00 元

产品编号: 082784-01

丛书总序

2019年2月13日,国务院发布了《国家职业教育改革实施方案》(国发〔2019〕4号,简称职教20条),提出:"建立健全学校设置、师资队伍、教学教材、信息化建设、安全设施等办学标准,引领职业教育服务发展、促进就业创业。落实好立德树人根本任务,健全德技并修、工学结合的育人机制,完善评价机制,规范人才培养全过程。深化产教融合、校企合作,育训结合,健全多元化办学格局,推动企业深度参与协同育人,扶持鼓励企业和社会力量参与举办各类职业教育。推进资历框架建设,探索实现学历证书和职业技能等级证书互通衔接。"建设融"教、学、做"为一体、强化学生能力培养的优质教材显得更为重要。

2016年5月1日起,营业税改征增值税在全国范围内全面推开,营业税退出了历史舞台;2016年7月1日起,全面推行资源税改革;2019年1月1日起,施行修订后的《中华人民共和国个人所得税法实施条例》;2019年4月1日起,增值税税率原适用16%的调整为13%,原适用10%的调整为9%;2019年5月1日起,降低社会保险费率。会计法规在变,税法在变,教材也应及时更新、再版。

为满足教学改革和教学内容变化的需要,我们对2007年立项、梁伟样教授主持的清华大学出版社重点规划课题"高职院校会计专业工学结合模式的课程研究"成果,2009年以来出版的"高职高专会计专业工学结合系列教材"陆续进行修订、再版,包括《出纳实务》《基础会计实务》《财务会计实务》《成本会计实务》《企业纳税实务》《会计电算化实务》《审计实务》《财务管理实务》《财务报表阅读与分析》,前7种教材单独配备了"全真实训",以方便教师的教学与学生的实训练习。

本系列教材具有以下特色。

(1)项目导向,任务驱动。以真实的工作目标作为项目,以完成项目的典型工作过程(环节、方法、步骤)作为任务,以任务引领知识、技能和态度,让学生在完成工作任务中学习知识,训练技能,获得实现目标所需要的职业能力。

(2)内容适用,突出能力。根据高职毕业生就业岗位的实际情况,以会计岗位的各种业务为主线,以介绍工作流程中的各个程序和操作步骤为主要内容,围绕职业能力培养,注重内容的实用性和针对性,体现职业教育课程的本质特征。

(3)案例引入,学做合一。每个项目以案例展开并贯穿于整个项目之中,打破长期以来的理论与实践二元分离的局面,以任务为核心,配备相应的全真实训教材,便于在做中学、学中做,学做合一,实现理论与实践一体化教学。

（4）资源丰富，方便教学。在教材出版的同时为教师提供教学资源库，主要内容为教学课件、习题答案、趣味阅读、课程标准、模拟试卷等，以便于教师教学参考。

　　本系列教材无论是从课程标准的开发、教学内容的筛选、教材结构的设计，还是到工作任务的选择，都倾注了职业教育专家、会计教育专家、企业会计实务专家和清华大学出版社各位编辑的心血，是高等职业教育教材为适应学科教育到职业教育、学科体系到能力体系两个转变进行的有益尝试。

　　本系列教材适用于高等职业院校、高等专科学校、成人高校及本科院校的二级职业技术学院、继续教育学院和民办高校的财会类专业，也可作为在职财会人员岗位培训、自学进修和岗位职称考试的教学用书。

　　本系列教材难免有不足之处，恳请各位专家、教师和广大读者不吝指正，希望本系列教材的出版能为我国高职会计教育事业的发展和人才培养作出贡献。

高职高专会计专业工学结合系列教材
编写委员会

第三版前言

《出纳实务(第二版)》自2014年2月出版以来，承蒙读者的厚爱，取得了较好的教学效果。近年来我国的会计制度、税收法律和金融政策有新的调整，为适应这些变化，同时结合读者的反馈意见，在清华大学出版社的支持下，编者对《出纳实务(第二版)》进行了修订。

《出纳实务(第三版)》在第二版的基础上作了如下修改。

(1) 内容与时俱进。本书以截至出版日止的支付结算办法、会计制度、税收法律为依据，修改相应内容。

(2) 资源更加丰富。为方便教师教学和学生自学，本书在配有参考答案和教学课件的基础上，增加了课程思政案例和出纳技能点操作微课，建设有"出纳实务"在线开放课程，读者扫描下方二维码即可在线学习该课程。

本次修订由丽水职业技术学院施海丽、邯郸学院韩学坤和包头职业技术学院常化滨担任主编，河北工业职业技术大学伊静和菲律宾圣保罗大学申树德担任副主编，浙江工商职业技术学院王双苗、绍兴文理学院万旭仙、包头职业技术学院田桐嘉和丽水职业技术学院钟雪兰参编，全书由施海丽负责总纂、定稿。本书修改过程中得到了丽水职业技术学院校长梁伟样教授、中国工商银行邯郸分行申树懿、浙江万蓬进出口有限公司财务负责人李霞和教研室同事的支持，他们提出许多宝贵的意见，在此表示衷心的感谢！

本书主要适合作为高职高专、成人院校、应用型本科院校大数据与会计专业及相关专业教学用书，也可供职高、中职、出纳员培训使用，并可作为社会从业人员的参考读物。

由于编者水平有限，书中难免有疏漏和不当之处，敬请读者批评、指正，以便于本书进一步修改完善。

编　者
2022年6月

出纳实务
在线开放课程

第二版前言

《出纳实务》自 2010 年 8 月出版以来,承蒙广大读者的厚爱,在三年的使用过程中,师生们提出了许多宝贵的修订建议。近年来,随着国家经济形势的发展,会计行业、银行业中也有不少的政策变化和改革措施,为适应这些变化,结合教材使用学校反馈的意见对原教材进行修订再版。

本书在第一版的基础上作了如下修改。

(1) 理论知识部分的编写思路、体例不变,知识点在原有的基础上进行适当的增删。删去了第一版教材中的项目五、附录 A、附录 B,将附录 A 和附录 B 中的个别知识点加到正文中;增加了项目一,调整后的项目四增加了任务 4.9 和任务 4.10;增加了附录 A,原附录 C 调整为附录 B。

(2) 每个项目后增加了"扩展阅读"栏目,通过阅读可拓宽学生的知识面,使学生对如何成为一名优秀出纳员有进一步的认识。

(3) 将原有同步实训内容适当增减,银行票据全部换为 2010 版最新版票据。

(4) 在每个项目后增加了职业判断能力训练题目,题型包括单项选择题、多项选择题和判断题,有利于同学们对所学知识点的掌握。

本次修订由施海丽、张立俊担任主编,常化滨、伊静担任副主编,具体编写分工如下:丽水职业技术学院施海丽编写项目一及同步实训,丽水职业技术学院韩敏编写项目二及同步实训,包头职业技术学院常化滨编写项目三及同步实训,苏州经贸职业技术学院张立俊编写项目四的任务 4.1、任务 4.2、任务 4.3 及同步实训,河北工业职业技术学院伊静编写项目四的任务 4.4、任务 4.6、任务 4.8 及同步实训,丽水职业技术学院李永波编写项目四的任务 4.5、任务 4.7 和项目五及同步实训,丽水职业技术学院池波编写项目四的任务 4.9、任务 4.10、任务 4.11 及同步实训。丽水职业技术学院梁伟样教授负责主审,施海丽负责全书修改、总纂和定稿。

本书基本能够满足每周 4 学时的课程教学需要。本书配有课程标准、参考答案、教学课件等教学资源。由于编者编写水平有限,书中难免有疏漏和不当之处,敬请读者批评、指正。

编 者
2013 年 10 月

第一版前言

出纳工作是会计核算中的起始环节，担负着会计核算的基础工作，出纳人员不仅要负责办理现金收付和银行结算业务，同时还要负责现金、票据、有价证券的保管等重要任务。出纳工作的质量和效率直接关系到会计核算工作的质量和效率，而财经专业的大部分毕业生从事会计工作都是从出纳做起的。根据这一实际情况，按照2006年11月16日教育部颁布的《全面提高高等职业教育教学质量的若干意见》(教高〔2006〕16号)文件的要求，为了更好地完成财经专业的培养目标，我们编写了这本融"教、学、做"于一体的教材。

出纳实务是一门实践性和操作性较强的课程，本书按照出纳的工作流程，将理论和实践紧密结合，同时配以适当的实训，通过实训使学生熟练运用相关知识准确地完成各项任务，将专业的理论知识转化为职业技能。

本书在编写过程中，力求做到突出重点、便于教学。充分采纳了有关专家对编写本书的意见，紧密结合出纳岗位的工作实际，注重操作性、体现真实性、讲究实用性。在一种仿真的出纳员岗位工作环境下，以学生为主体，充分考虑到学生已有的知识、技能、经验与兴趣，使学生置身于现实的工作环境中去办理现金结算业务、银行结算业务及其他出纳业务，为学生从事出纳工作营造一个良好的锻炼氛围。

本书由施海丽任主编，张立俊和钟顺东任副主编，参编人员分工如下：丽水职业技术学院韩敏编写项目一及实训，丽水职业技术学院施海丽编写项目二及实训，苏州经贸职业技术学院张立俊编写项目三的任务3.1、任务3.2、任务3.3、任务3.4及实训，浙江工贸职业技术学院钟顺东编写项目三的任务3.6、任务3.8、任务3.9及实训，丽水职业技术学院李永波编写项目三的任务3.5、任务3.7、项目四及实训，宿迁学院邢俊霞编写项目五及实训，丽水职业技术学院梁伟样负责主审，施海丽负责全书修改、总纂和定稿。

本书在编写过程中参考了不少专著和教材，得到了有关专家、学者、领导及清华大学出版社的大力支持，在此表示感谢！

由于编者水平有限，书中疏漏之处在所难免，敬请广大读者批评、指正。

编　者

2010年6月

目录

项目1 出纳认知

任务1.1 出纳工作认知 …… 1
- 1.1.1 出纳的含义 …… 1
- 1.1.2 出纳工作的特点 …… 2
- 1.1.3 出纳工作的基本原则 …… 3
- 1.1.4 出纳工作的内容 …… 3
- 1.1.5 出纳工作的时间安排 …… 4

任务1.2 出纳人员认知 …… 5
- 1.2.1 出纳人员的配备 …… 5
- 1.2.2 出纳人员的职责 …… 5
- 1.2.3 出纳人员的权限 …… 6
- 1.2.4 出纳人员应具备的素质 …… 6
- 1.2.5 出纳人员的回避制度 …… 8
- 1.2.6 出纳人员的职业规划 …… 9

任务1.3 出纳机构认知 …… 9
- 1.3.1 出纳机构设置 …… 9
- 1.3.2 出纳与其他会计的关系 …… 10

同步实训 …… 10
扩展阅读 …… 11
职业判断能力训练 …… 12

项目2 出纳基本技能

任务2.1 会计数字的书写技能 …… 14
- 2.1.1 阿拉伯数字的书写规定 …… 15
- 2.1.2 中文大写数字的书写规定 …… 15

同步实训 …… 16

任务2.2 点钞 …… 18
- 2.2.1 点钞的基本程序 …… 18
- 2.2.2 点钞的基本要求 …… 18

2.2.3　钞票的整理和捆扎方法 ………………………………………… 18
　　　2.2.4　手工点钞的方法 ……………………………………………… 19
　　　2.2.5　机器点钞的方法 ……………………………………………… 24
　　　2.2.6　硬币的整点方法 ……………………………………………… 24
　同步实训 ………………………………………………………………… 25
　任务2.3　人民币真假识别与处理 …………………………………………… 26
　　　2.3.1　人民币的常识 ………………………………………………… 26
　　　2.3.2　假币的种类和特征 …………………………………………… 27
　　　2.3.3　假币的识别方法 ……………………………………………… 28
　　　2.3.4　出纳人员发现假币的处理 …………………………………… 30
　　　2.3.5　出纳人员对损伤币的处理 …………………………………… 30
　　　2.3.6　出纳人员如何保管人民币 …………………………………… 32
　同步实训 ………………………………………………………………… 32
　任务2.4　出纳常用机具 ……………………………………………………… 33
　　　2.4.1　点钞机 ………………………………………………………… 34
　　　2.4.2　保险柜 ………………………………………………………… 34
　　　2.4.3　电子计算器 …………………………………………………… 36
　　　2.4.4　收银机 ………………………………………………………… 39
　　　2.4.5　数字小键盘 …………………………………………………… 42
　同步实训 ………………………………………………………………… 43
　扩展阅读 ………………………………………………………………… 44
　职业判断能力训练 ……………………………………………………… 45

项目3　现金业务处理

　任务3.1　现金收入业务处理 ………………………………………………… 47
　　　3.1.1　现金收入的管理原则 ………………………………………… 48
　　　3.1.2　现金收入原始凭证的种类 …………………………………… 50
　　　3.1.3　现金收入业务的处理程序 …………………………………… 53
　同步实训 ………………………………………………………………… 62
　任务3.2　现金支出业务处理 ………………………………………………… 63
　　　3.2.1　现金支出的管理原则 ………………………………………… 63
　　　3.2.2　现金支出原始凭证的种类 …………………………………… 63
　　　3.2.3　现金支出业务的处理程序 …………………………………… 66
　同步实训 ………………………………………………………………… 69
　任务3.3　现金的保管和清查 ………………………………………………… 70
　　　3.3.1　现金的保管 …………………………………………………… 70
　　　3.3.2　现金的清查 …………………………………………………… 70

扩展阅读 …… 75
职业判断能力训练 …… 76

项目 4　银行结算业务处理

任务 4.1　银行账户开设与管理 …… 80
4.1.1　基本存款账户 …… 80
4.1.2　一般存款账户 …… 83
4.1.3　临时存款账户 …… 83
4.1.4　专用存款账户 …… 84
4.1.5　银行账户的使用规定 …… 84

任务 4.2　支票结算 …… 85
4.2.1　支票概述 …… 85
4.2.2　支票的填制要求 …… 87
4.2.3　支票结算的基本规定 …… 87
4.2.4　签发支票必须记载的事项 …… 88
4.2.5　支票结算业务的处理程序 …… 88

同步实训 …… 97

任务 4.3　银行本票结算 …… 98
4.3.1　银行本票概述 …… 98
4.3.2　银行本票结算的基本规定 …… 100
4.3.3　签发银行本票必须记载的事项 …… 101
4.3.4　银行本票结算业务的处理程序 …… 101
4.3.5　银行本票的背书转让 …… 109
4.3.6　银行本票的退款 …… 109

同步实训 …… 110

任务 4.4　汇兑结算 …… 111
4.4.1　汇兑概述 …… 111
4.4.2　汇兑结算业务的处理程序 …… 112
4.4.3　汇兑的撤销与退汇 …… 117

同步实训 …… 118

任务 4.5　托收承付结算 …… 119
4.5.1　托收承付概述 …… 119
4.5.2　托收承付结算的基本规定 …… 122
4.5.3　签发托收承付凭证必须记载的事项 …… 123
4.5.4　托收承付结算业务的处理程序 …… 123

同步实训 …… 139

任务 4.6　银行汇票结算 …… 139
4.6.1　银行汇票概述 …… 139
4.6.2　银行汇票结算的基本规定 …… 142

　　　　4.6.3　签发银行汇票必须记载的事项 144
　　　　4.6.4　银行汇票结算业务的处理程序 144
　　　　4.6.5　银行汇票的背书 153
　　　　4.6.6　银行汇票的退款 155
　　同步实训 156
　　任务4.7　委托收款结算 157
　　　　4.7.1　委托收款概述 157
　　　　4.7.2　委托收款结算的基本规定 157
　　　　4.7.3　签发委托收款凭证必须记载的事项 158
　　　　4.7.4　委托收款结算业务的处理程序 159
　　同步实训 172
　　任务4.8　商业汇票结算 172
　　　　4.8.1　商业汇票概述 172
　　　　4.8.2　商业汇票结算的基本规定 176
　　　　4.8.3　签发商业汇票必须记载的事项 177
　　　　4.8.4　商业承兑汇票结算业务的处理程序 177
　　　　4.8.5　银行承兑汇票结算业务的处理程序 187
　　同步实训 193
　　任务4.9　网上银行结算 194
　　　　4.9.1　网上银行概述 194
　　　　4.9.2　企业网上银行开通流程 195
　　　　4.9.3　企业网上银行操作流程 195
　　同步实训 204
　　任务4.10　银行存款清查 204
　　　　4.10.1　银行存款清查方法 204
　　　　4.10.2　未达账项的概念及种类 205
　　　　4.10.3　银行存款余额调节表的编制 205
　　同步实训 208
　　任务4.11　出纳报告单编制 211
　　　　4.11.1　出纳报告单的基本格式 211
　　　　4.11.2　出纳报告单的编制方法 211
　　同步实训 212
　　扩展阅读 213
　　职业判断能力训练 215

项目5　出纳工作交接
　　任务5.1　出纳交接准备 221
　　　　5.1.1　出纳需要进行交接的情况 221
　　　　5.1.2　出纳交接前的准备工作 222

　　　　任务 5.2　出纳移交工作 …………………………………… 222
　　　　　　5.2.1　出纳移交清册编制 ………………………… 222
　　　　　　5.2.2　出纳工作交接 ……………………………… 224
　　　同步实训 …………………………………………………………… 226
　　　扩展阅读 …………………………………………………………… 227
　　　职业判断能力训练 ………………………………………………… 227

229　附录　同步实训原始凭证

272　参考文献

出纳认知

项目 1
Xiangmu 1

技能目标

1. 能正确描述出纳人员岗位职责。
2. 能正确描述出纳工作的职能。
3. 能正确描述出纳应具备的基本素质。

知识目标

1. 掌握出纳的含义。
2. 了解出纳工作的特点、基本原则及内容。
3. 掌握出纳人员的职责、权限及应具备的素质。
4. 了解出纳人员的回避制度。
5. 了解出纳机构设置以及出纳与会计的关系。

案例导入

刘晓丽是某职业技术学院会计专业三年级的学生,2022年2月,按照校方的统一安排,到丽水宏达服装有限公司进行为期半年的出纳顶岗实习。为了能更好地完成出纳工作,刘晓丽应知道出纳的哪些知识？掌握哪些技能？

任务 1.1 出纳工作认知

1.1.1 出纳的含义

在"出纳"一词中,"出"即支出,"纳"即收入,"出纳"作为会计名词,运用在不同场合有着不同的含义。从这个角度讲,"出纳"一词至少有出纳工作、出纳人员两个方面的含义。

1. 出纳工作

出纳工作是管理货币资金、票据、有价证券进出的一项工作。具体来讲,出纳是按照有关规定和制度,办理本单位的现金收付、银行结算及有关账务,保管库存现金、有价证券、财务印章及有关票据等工作的总称。从广义上讲,只要是票据、货币资金和有价证券的收付、保管、核算,都属于出纳工作范围。它既包括各单位会计部门专设出纳机构的各项票据、货币资金、有价证券的整理和保管,货币资金和有价证券的核算等各项工作,也包括各单位业务部门的货币资金收付、保管等方面的工作。狭义的出纳工作则仅指各单位会计部门专设出纳岗位或人员的各项工作。

2. 出纳人员

出纳人员通常简称出纳,从广义上讲,出纳人员既包括会计部门的出纳工作人员,也包括业务部门的各类收款员(收银员)。从收款员(收银员)工作内容、方法、要求以及本身应具备的素质等方面看,收款员(收银员)与会计部门的专职出纳人员有很多相同之处。收款员(收银员)的主要工作是办理货币资金和各种票据的收入,保证自己经手的货币资金和票据的安全与完整;收款员(收银员)也要填制和审核许多原始凭证;收款员(收银员)同样是直接与货币打交道,除了要有过硬的出纳业务知识以外,还必须具备良好的财经法纪素养和职业道德修养。所不同的是,收款员(收银员)一般工作在经济活动的第一线,从事各种票据和货币资金的收入,特别是货币资金的收入,通常是由收款员(收银员)转交给专职出纳人员;另外,收款员(收银员)的工作过程是收入、保管、核对与上缴,一般不专门设置账户进行核算。因此可以说,收款员(收银员)是会计机构的派出人员,是各单位出纳队伍中的一员,他们的工作是整个出纳工作的一部分。狭义的出纳人员仅指会计部门的出纳人员。

1.1.2 出纳工作的特点

1. 社会性

出纳工作担负着一个单位货币资金的收付、存取活动,而这些活动是置身于整个社会经济活动的大环境之中的,是和整个社会的经济运转相联系的。只要某个单位发生经济活动,就必然要求出纳人员与之发生经济关系。出纳人员要了解国家有关财会政策法规并参加这方面的学习和培训,出纳人员要经常跑银行等。因此,出纳工作具有广泛的社会性。

2. 专业性

出纳工作作为会计工作的一个重要岗位,有着专门的操作技术和工作规则。凭证如何填、账怎样记都很有学问,就连保险柜的使用与管理也是很讲究的。因此,要做好出纳工作,一方面要经过一定的职业培训,另一方面也需要在实践中不断积累经验,掌握工作要领,熟练使用现代化办公工具,才能做一名合格的出纳人员。

3. 政策性

出纳工作是一项政策性很强的工作,其工作的每一环节都必须依照国家规定进行。如办理现金收付要按照《现金管理暂行条例》进行,办理银行结算业务要根据《支付结算办法》和《中华人民共和国票据法》进行。《中华人民共和国会计法》(以下简称《会计法》)、《会计基础工作规范》等法规都把出纳工作并入会计工作中,并对出纳工作提出具体规定和要求。出纳人员不掌握这些政策法规,就做不好出纳工作;不按这些政策法规办事,就会违反财经纪律。因此,要做好出纳工作,必须熟知相关的政策法规。

4. 时间性

出纳工作具有很强的时间性,何时发放职工工资,何时核对银行对账单等,都有严格的时间要求,一天都不能延误。因此,出纳人员心里应有个时间表,及时办理各项工作,保证出纳工作质量。

1.1.3 出纳工作的基本原则

出纳工作的基本原则主要指内部牵制原则或者说钱账分管原则。钱账分管原则是指凡是涉及款项和财物收付、结算及登记的任何一项工作,必须由两人或两人以上分工办理,以起到相互制约作用。例如,现金和银行存款的支付,应由会计主管人员或其授权的代理人审核、批准,出纳人员付款,记账人员记账;发放工资,应由工资核算人员编制工资单,出纳人员向银行提取现金和分发工资,记账人员记账。实行钱账分管,主要是为了加强会计人员相互制约、相互监督、相互核对,提高会计核算质量,防止工作误差和营私舞弊等行为。

《会计法》第三十七条规定:"会计机构内部应当建立稽核制度。出纳人员不得兼管稽核、会计档案保管和收入、费用、债权债务账目的登记工作。"由于出纳人员是各单位专门从事货币资金收付业务的会计人员,根据复式记账原则,每发生一笔货币资金收付业务,必然引起收入、费用或债权、债务等账簿记录的变化,或者说每发生一笔货币资金收付业务都要登记收入、费用或债权、债务等有关账簿,如果这些账簿登记工作都由出纳人员办理,会给营私舞弊行为以可乘之机。同样道理,如果稽核、内部档案保管工作也由出纳人员经管,也难以防止利用抽换单据、涂改记录等手段进行的舞弊行为。当然,出纳人员不是完全不能记账,只要所记的账不是收入、费用、债权、债务方面的账目,是可以承担一部分记账工作的。

案例评析:内控弱化 出纳失控 后果严重

总之,钱账分管原则是出纳工作的一项重要原则,各单位都应建立健全这一制度,防止营私舞弊行为的发生,维护国家和单位的财产安全。

1.1.4 出纳工作的内容

(1)办理现金收付业务。严格按照国家《现金管理暂行条例》的相关规定,结合本单位的实际情况,根据稽核人员审核签章的收付款凭证,办理款项收付。

(2)办理银行结算业务。严格按照银行《支付结算办法》的各项规定,根据审核无误的收入与支出凭证,办理银行存款的收付。

(3)设置并登记日记账,保证日清月结。各单位应当设置现金日记账和银行存款日记账,根据已经办理完毕的收付款凭证,逐笔序时登记现金或银行存款日记账,并结出余额。现金日记账每日与实际库存现金核对,月份终了,现金日记账的余额必须与现金总账的余额核对相符,银行存款日记账的账面余额定期与银行对账单核对,发现未达账项要及时查询,月末编制银行存款余额调节表,使账面余额与对账单上余额调节相符。随时掌握银行存款余额,不准签发空头支票。

(4)保管库存现金和有价证券。对现金和各种有价证券,要确保其安全和完整无缺。库存现金不得超过银行核定的限额,超过部分要及时存入银行。不得以"白条"充抵现金,更不得任意挪用现金。如果发现库存现金有短缺或盈余,应查明原因,根据情况分别处理。不得私下取走或补足现金,现金如有短缺,因自身原因造成的,要负赔偿责任。对于单位保险柜密码、开户账号及取款密码等不得泄露,更不能任意转交他人。

(5)保管有关印章,登记注销支票。出纳人员所管的印章必须妥善保管,严格按照规定用途使用。签发支票的各种印章,不得全部交由出纳一人保管。一般而言,单位财务专用章由财务主管保管,法人章授权出纳保管。对于空白收据和空白支票必须严格管理,专设登记簿登记,认真办理领用注销手续。

案例评析:克服
不良心理 做好
出纳工作

(6)监督货币资金的收支。货币资金收支过程中会面临很多消极因素,为了保证货币资金收支的安全,必须对其实施有效的监督。出纳监督是依据国家有关的法律、法规和企业的规章制度,在维护财经纪律、执行会计制度的工作权限内,坚决抵制不合法的收支和弄虚作假的行为。出纳在办理现金和银行存款各项业务时,要严格按照财经法规进行,违反规定的业务一律拒绝办理。随时检查和监督财经纪律的执行情况,以保证出纳工作的合法性、合理性,保护单位的经济利益不受侵害。

1.1.5 出纳工作的时间安排

出纳工作是按时间分阶段进行处理和总结的,明确工作内容后,出纳人员要对工作有时间概念,今日事今日毕,以保证出纳业务得到及时处理、出纳信息得到及时反映。

(1)到单位第一件事是检查现金、有价证券及其他贵重物品。

(2)向有关领导及会计主管请示资金的安排计划。

(3)列明当天要处理的事项,分清轻重缓急做出合理的时间安排。

(4)根据顺序办理各项收付款业务。

(5)下班前,应将所有的收付款凭证编制记账凭证;登记现金日记账和银行存款日记账;盘点现金实有数,进行账实核对,保证账实相符;整理好办公用品,检查保险柜是否锁好,保证办公场所整洁,无资料遗漏或乱放现象。

(6)因特殊事项或情况造成工作未完成的,应列明未尽事宜,留待第二天优先办理。

(7)根据单位需要,定期编制出纳报告单,上报有关领导。

（8）收到银行对账单的当天，出纳人员应进行核对，编制银行存款余额调节表。

（9）每月终了及时清点核对其保管的支票、发票、有价证券等重要结算凭证。

（10）其他出纳工作的办理。

任务1.2 出纳人员认知

1.2.1 出纳人员的配备

一般来讲，实行独立核算的企业单位，在银行开户的行政、事业单位，有经常性现金收入和支出业务的企业、行政事业单位都应配备专职或兼职出纳，担任本单位的出纳工作。出纳人员配备的多少，主要决定于本单位出纳业务量的大小和繁简程度，要以业务需要为原则，既要满足出纳工作量的需要，又要避免徒具形式、人浮于事的现象。一般可采用一人一岗、一人多岗、一岗多人等几种形式。

（1）一人一岗：规模不大的单位，出纳工作量不大，可设专职出纳员一名。

（2）一人多岗：规模较小的单位，出纳工作量较小，可设兼职出纳员一名。无条件单独设置会计机构的单位，至少要在有关机构中（如单位的办公室、后勤部门等）配备兼职出纳员一名。

（3）一岗多人：规模较大的单位，出纳工作量较大，可设多名出纳员，如分设管理收付的出纳员和管账的出纳员，或分设现金出纳员和银行结算出纳员等。

1.2.2 出纳人员的职责

出纳是会计工作的重要环节，涉及现金收付、银行结算等活动，而这些又直接关系到职工个人、单位乃至国家的经济利益，工作出了差错，就会造成不可挽回的损失。因此，明确出纳人员的职责和权限，是做好出纳工作的起码条件。根据有关规定和我国会计工作的实际情况，出纳员的岗位职责主要有以下几个方面。

（1）按照国家有关现金管理和银行结算制度的规定，办理现金收支和银行结算业务。

（2）根据会计制度的规定，在办理现金和银行存款收付业务时，要严格审核有关原始凭证，再据以编制收付款凭证，然后根据编制的收付款凭证逐笔顺序登记现金日记账和银行存款日记账，并结出余额。

（3）按照国家外汇管理和结、购汇制度的规定及有关批件，办理外汇出纳业务。外汇出纳业务是政策性很强的工作，随着改革开放的深入发展，国际经济交往日益频繁，外汇出纳也越来越重要。出纳人员应熟悉国家外汇管理制度，及时办理结汇、购汇、付汇，避免国家外汇损失。

（4）掌握银行存款余额，不准签发空头支票，不准出租出借银行账户为其他单位办理结算。这是出纳员必须遵守的一条纪律，也是防止经济犯罪、维护经济秩序的重要方面。

（5）保管库存现金和各种有价证券（如国库券、债券、股票等）的安全与完整。要建立适合本单位情况的现金和有价证券保管责任制，出纳人员应根据本单位的实际情况建立现金、有价证券登记簿，便于随时进行核对，保证其安全完整。如发生短缺，属于出纳人员责任的要进行赔偿。此外，出纳人员应妥善保管保险柜的钥匙，在任期间钥匙不离身，不得交给他人保管，对保险柜的密码严格保密。

（6）保管有关印章、空白收据和空白支票。印章、空白票据的安全保管十分重要，在实际工作中，因丢失印章和空白票据给单位带来经济损失的不乏其例。对此，出纳人员必须高度重视，建立严格的管理办法。

1.2.3 出纳人员的权限

根据《会计法》《会计基础工作规范》等财会法规，出纳人员具有以下权限。

1. 维护财经纪律，执行财会制度，抵制不合法的收支和弄虚作假行为

《会计法》是我国会计工作的根本大法，为出纳人员实行会计监督、维护财经纪律提供了法律保障。出纳人员应认真学习、领会、贯彻这些法规，充分发挥出纳工作的"关卡""前哨"作用，为维护财经纪律、抵制不正之风作出贡献。

2. 参与货币资金计划定额管理的权力

现金管理制度和银行结算制度是出纳人员开展工作必须遵照执行的法规。这些法规，实际上是赋予了出纳人员对货币资金管理的职权。例如，为加强现金管理，要求各单位的库存现金必须限制在一定的范围内，多余的要按规定送存银行，这便为银行利用社会资金进行有计划放款提供了资金基础。因此，出纳工作不是简单的货币资金的收付，不是无足轻重的点点钞票，其工作的意义只有和许多方面的工作联系起来才能体会到。

案例评析：领导挪用公款出纳有责任吗

3. 管好用好货币资金的权力

出纳工作每天和货币资金打交道，单位的一切货币资金往来都与出纳工作紧密相连，货币资金的来龙去脉、周转速度的快慢，出纳人员都清清楚楚。因此，提出合理安排利用资金的意见和建议，及时提供货币资金使用与周转信息，也是出纳人员义不容辞的责任。出纳人员应抛弃被动工作观念，树立主动参与意识，把出纳工作放到整个会计工作、经济管理工作的大范围中，这样，既能增强出纳自身的职业光荣感，又为出纳工作拓展了新的视野。

1.2.4 出纳人员应具备的素质

出纳从事着同金钱打交道的特殊工作，如果没有良好的素质，就很难顺利通过"金钱关"。出纳必须具备以下几方面的基本素质。

1. 严谨细致的工作作风

要做好出纳工作首先要热爱出纳工作,要有严谨细致的工作作风和职业习惯。作风的培养在成就事业方面至关重要。出纳每天和金钱打交道,稍有不慎就会造成意想不到的损失,出纳人员必须养成与出纳职业相符合的工作作风,概括起来就是:精力集中,有条不紊,严谨细致,沉着冷静。精力集中就是工作起来要全身心地投入,不为外界所干扰;有条不紊就是计算器具摆放整齐,钱款票据存放有序,办公环境洁而不乱;严谨细致就是认真仔细,做到收支计算准确无误,手续完备,不发生工作差错;沉着冷静就是在复杂的环境中随机应变,化险为夷。

2. 熟练的专业技能

俗话说:"台上一分钟,台下十年功",这对出纳工作来说十分适用,出纳工作需要很强的操作技巧。打算盘、操作计算机、填票据、点钞票等,都需要深厚的基本功。作为专职出纳人员,不但要具备处理一般会计事务的财会专业基本知识,还要具备较高的处理出纳事务的出纳专业知识水平和较强的数字运算能力。出纳的数字运算往往在结算过程中进行,要按计算结果当场开出票据或收付现金,速度要快,又不能出错。这和事后的账目计算有着很大的区别。账目计算错了可以按规定方法更改,但钱算错了就不一定说得清楚,不一定能"改"得过来了。所以说出纳人员要有很强的数字运算能力,不管用计算机、算盘、计算器,还是别的运算器,都必须具备较快的速度和非常高的准确性。在快和准的关系上,作为出纳员,要把准确放在第一位,要准中求快。提高出纳业务技术水平关键在手上,打算盘、操作计算机、填票据都离不开手。而要提高手的功夫,关键又在勤,勤能生巧,巧自勤来。有了勤,就一定能达到出纳技术操作上的理想境界。另外,还要苦练汉字、阿拉伯数字,提高写作概括能力,使人见其字如见其人,一张书写工整、填写齐全、摘要精炼的票据能体现一名出纳人员的工作能力。

3. 较高的政策水平

没有规矩,不成方圆。出纳工作涉及的"规矩"很多,如《会计法》《会计基础工作规范》《现金管理暂行条例》《支付结算办法》《中华人民共和国票据法》《中华人民共和国税收征收管理法》《中华人民共和国发票管理办法》及本单位的成本管理条例、费用报销额度、财务管理规定等。对这些法规、制度如果不熟悉、不掌握,是绝对做不好出纳工作的。所以,要做好出纳工作的第一件大事就是学习、了解、掌握财经法规和制度,提高自己的政策水平。出纳人员只有刻苦掌握政策法规和制度,明白自己哪些该干,哪些不该干,哪些该抵制,工作起来才会得心应手,不会犯错误。

4. 较强的安全意识

现金、有价证券、票据、各种印鉴,既要有内部的保管分工,各负其责,并相互牵制;也要有对外的保安措施,从办公用房的建造,门、屋、柜的锁具配置,到保险柜密码的管理,都要符合保安的要求。出纳人员既要密切配合保安部门的工作,又要增强自身的保安意识,学习保安知识,把保护自身分管的公共财产物资的安全、完整作为自己的首要任务来完成。

5. 良好的职业道德

出纳是一项特殊的职业,整天接触的是大把大把的金钱,成千上万的钞票,真可谓"万贯家财手中过",没有良好的职业道德,很难顺利通过"金钱关"。与其他会计人员相比较,出纳人员更应严格遵守职业道德。出纳应具备的职业道德主要包括8方面:爱岗敬业、诚实守信、廉洁自律、客观公正、坚持准则、提高技能、参与管理、强化服务。

> **知识链接1-1** 杜绝财务人员贪污犯罪必须把好哪几关
>
> 据报道,作为北京某企业财务处的出纳,月工资不到6 000元的黄某,平日却开着路虎越野车,和朋友外出旅游从来都是他买单。从2018年到2022年,黄某几乎把公司当成了自己的取款机,贪污公款470多万元。最终,黄某因贪污罪被市一中院判处15年有期徒刑。
>
> 消息称,2018年9月至2022年12月期间,黄某利用担任公司财务处出纳并负责制作工资表的职务之便,采取修改工资表数据等手段,以为虚构的本单位职工王某、李某等6人支付工资及虚增自己工资的方式,骗取单位公款470多万元。黄某买了6张身份证复印件在银行开了工资户,每月往这6张工资卡里打钱。从该贪污案不难发现该公司财务管理特别混乱,会计、财务科长和负责审批的分管领导工作马虎,严重失职。出纳员黄某正是掌握了他们的工作态度和工作规律,乘虚而入。
>
> 黄某贪污案又一次告诫我们,要杜绝财务人员贪污犯罪,必须把好四关:一是教育管理关,加强财务人员教育和监督管理,防止思想滑坡,防止贪欲抬头,培养财务人员自觉抵御腐败的能力;二是人员交流轮岗关,对分管财务领导、会计和出纳要定期或不定期交流轮岗,防止出现思维定式,严防财务人员不互相监督的失职行为发生;三是检查审计关,严格财务审计和财务检查,严防检查走过场,及时发现问题,及时处理;四是惩处警示关,加大对财务人员违纪违法行为的打击力度,发现一起查处一起,召开案例通报会,教育警示他人。

1.2.5 出纳人员的回避制度

回避制度是指为了保证执法或者执业的公正性,对由于某种原因可能影响其公正执法或者执业的人员实行任职回避和业务回避的一种制度。回避制度已成为我国人事管理的一项重要制度。事实表明,在会计工作中由于亲情关系而串通作弊和违法违纪的,已不在少数,在会计人员中实行回避制度,其必要性已经十分明显。《会计基础工作规范》规定,国家机关、国有企业、事业单位任用会计人员应当实行回避制度。单位领导人的直系亲属不得担任本单位的会计机构负责人、会计主管人员。会计机构负责人、会计主管人员的直系亲属不得在本单位会计机构中担任出纳工作。至于其他单位是否实行会计人员回避制度,《会计基础工作规范》没有明确规定。但是,鉴于会计人员回避制度在防范上的积极作用,其他单位应当有必要对会计人员实行必要的回避或参照《会计基础工作规范》的有关规定执行。

知识链接1-2　何为需要回避的直系亲属关系

需要回避的直系亲属关系主要有以下3种。

(1) 夫妻关系。夫妻关系是血亲关系和姻亲关系的基础和源泉,它是亲属关系中最核心、最重要的部分,属亲属回避的主要内容之一。

(2) 直系血亲关系。直系血亲关系是指具有直接血缘关系的亲属。法律上有两种情况:一种是出生于同一祖先,有自然联系的亲属,如祖父母、父母、子女等;另一种是指本来没有自然的或直接的血缘关系,但法律上确定其地位与血亲相等,如养父母和养子女之间的关系。直系血亲关系是亲属关系中最为紧密的关系之一,也应当列入回避范围。

(3) 三代以内旁系血亲以及近姻亲关系。旁系血亲是指源于同一祖先的非直系的血亲。所谓三代,就是从自身往上或者往下数三代以内,除了直系血亲以外的血亲,就是三代以内旁系血亲,实际上就是自己的兄弟姐妹及其子女与父母的兄弟姐妹及其子女。所谓近姻亲,主要是指配偶的父母、兄弟姐妹,儿女的配偶及儿女配偶的父母。因为三代以内旁系血亲以及近姻亲关系在亲属中也是比较亲密的关系,所以也需要回避。

1.2.6　出纳人员的职业规划

出纳人员在不断的工作和实践中,知识结构、业务技能、思想道德、人际交往等各方面都会得到充实和发展,在做好本职工作的同时,出纳人员可以为自己的职业规划一张蓝图。

规划一:在一个普通单位先做出纳,再做普通会计,再做会计主管,再做财务经理,再做财务总监。

规划二:在会计师事务所从底层职员做到高级财务经理。

规划三:从底层的财务工作做起,然后脱离财务岗位,走向领导岗位;或进军会计服务行业,如创办会计咨询公司、创办会计培训学校、创办代理记账公司等。

任务1.3　出纳机构认知

1.3.1　出纳机构设置

出纳机构,一般设置在会计机构内部,如各企事业单位财会科、财会处内部设置专门处理出纳业务的出纳组、出纳室。《会计法》第三十六条规定:"各单位根据会计业务的需要设置会计机构,或者在有关机构中设置会计人员并指定会计主管人员;不具备设置条件的,应当委托经批准设立从事会计代理记账业务的中介机构代理记账。"《会计法》对各单位会计、出纳机构与出纳人员的设置没有做出硬性规定,只是要求各单位根据业务需要设定。各单位可根据单位规模大小和货币资金管理的要求,结合出纳工作的繁简程度设置出纳机构。以工业企业为例,大型企业可在财务处下设出纳科;中型企业可在财务科下设出纳室;小型企业可在财务科下配备专职出纳人员。有些主管公司,为了资金的有效管理和总体利用效益,把若干分公司的出纳业务(或部分出纳业务)集中办理,成立专门的内部"结算中心",这种"结算中心",实际上也是出纳机构。

1.3.2 出纳与其他会计的关系

会计,从其所分管的账簿来看,可分为总账会计、明细账会计和出纳。三者既相互区别又有联系,是分工与协作的关系。

1. 出纳与其他会计的区别

总账会计、明细账会计和出纳有着明确的分工。总账会计负责企业经济业务的总括核算,为企业经济管理和经营决策提供总括的、全面的核算资料;明细账会计分管企业的明细账,为企业经济管理和经营决策提供明细分类核算资料;出纳则分管企业票据、货币资金以及有价证券等的收付、保管、核算工作,为企业经济管理和经营决策提供各种金融信息。总体上讲,必须实行钱账分管,出纳人员不得兼管稽核和会计档案保管,不得负责收入、费用、债权债务等账目的登记工作。总账会计和明细账会计则不得管钱管物。

2. 出纳与其他会计的联系

出纳和明细账会计、总账会计之间,既相互联系又相互制约。他们核算的依据是相同的,都是会计原始凭证和会计记账凭证。这些作为记账凭据的会计凭证必须在出纳、明细账会计、总账会计之间按照一定的顺序传递;他们相互利用对方的核算资料;共同完成会计任务,缺一不可。同时,他们之间又互相牵制与控制。出纳的现金和银行存款日记账与总账会计的现金和银行存款总分类账,总分类账与其所属的明细分类账,明细账中的有价证券账与出纳账中相应的有价证券账在金额上是等量关系。这样,出纳、明细账会计、总账会计三者之间就构成了相互牵制与控制的关系,三者之间必须相互核对保持一致。

同步实训

□ 实训目标

了解出纳岗位的设置、出纳工作的内容、出纳应具备的基本素质。

□ 实训准备

联系1～2个独立核算单位。

□ 实训资料及要求

实地考察1～2个独立核算单位的出纳岗位,询问其出纳人员出纳岗位的设置、出纳工作的内容、出纳应具备的基本素质。根据了解内容编写实训报告。

扩展阅读

好出纳的"七心丹"

从事财务工作20年,两次担任出纳,感触良多。出纳承担着经济业务活动中最后一个环节的职责,应收的款项悉数尽收,该支的费用全部付清,相关经济业务方算完成。通过实践,我琢磨出做好出纳工作必须炼就"七心丹",列举如下。

开心:态度决定一切,心态左右行动。尽管本人有丰富的会计工作经验,一手筹建了一个会计公司,多年来同其一起成长,单位的财务成果似雪球越滚越大,本人也于10年前受聘为高级会计师,但我觉得有必要再当一回出纳。这种换位对当好会计大有益处:天天跑银行,时时收付款,具体琐碎的事务不但使财会业务能力与时俱进,更能提升综合判断分析力及有效解决问题的能力。目前,我忙得不亦乐乎,但感觉乐趣多多,十分开心。

细心:匠心独运出奇巧,妙手神抓显功夫。将钞票依不同面值分类摆放,付款时按从小到大或从大到小的顺序进行,这样做有两个好处,一是有次序地取款并报数付出,不会出错;二是和报账人之间建立了和谐的互动关系,收付款的过程对方看得一清二楚,可以说是同步复核了一遍。这样的付款方式看似慢,实则事半功倍,一次成功。

热心:举手之劳勤为之,抬腿几步与人便。为了保证会计凭证装订起来更美观,就要从原始单据的正确粘贴做起。对司机等经常报销者,出纳要热情地示范其按标准格式粘贴报销单据。报账人有时因业务繁忙,将报销凭证留在财务部门,等会计做好凭证后,出纳应电话通知报账人来领款,对无暇前来可亲自送钱过去。

耐心:微笑服务,不厌其烦。对进出财务办公室的,不论老少,报之以微笑,道一声问候。遇到报账人较多,都着急领钱时,出纳切记不能急躁,要指导大家安静地排队,在轻松友好的气氛中按次序领款。

虚心:处处留心皆学问。工作的过程固然积累了业务能力,时常抽空看看有用的书籍或浏览精品网站,从中学习方方面面的经验技巧,有助于全面提高人的整体素质,工作起来更能得心应手。诚恳征询各方对自己工作的意见和建议,采取有效方法加以改进。

公心:坚守职业道德。经手的公款千千万,出纳也只是过路财神,丝毫不能起贪心。

信心:紧跟时代步伐。科技的飞速发展给财务工作者创造了前所未有的良机,会计电算化使会计摆脱了烦琐的记账工作。电子银行频频向我们招手,那种提现金付钞票的事情将成为出纳的趣谈。对此,要充满信心,积极主动地利用高科技手段提高工作效率,真正成为纤纤十指拨键盘的"甩手掌柜"。

总之，以快乐的心态当出纳，细心处理每笔款项，耐心热情地对待报账人，抱着虚心，秉持公心，满怀信心地工作，就一定能炼成"七心丹"，使自己省心，会计称心，领导放心，让大家舒心。

职业判断能力训练

一、**单项选择题**（下列答案中有一个是正确的，将正确答案填入括号内）

1. 出纳工作的基本原则是指（　　）。
   A. 客观性原则　　B. 谨慎性原则　　C. 钱账分管原则　　D. 相关性原则

2. 根据内部控制制度的要求，出纳人员可以经办的是（　　）。
   A. 应收账款明细账的登记　　　　B. 主营业务收入明细账的登记
   C. 会计档案的保管业务　　　　　D. 银行存款收、付款业务

3. 下列属于出纳人员不可以从事的工作是（　　）。
   A. 办理现金、银行存款的收付　　B. 登记现金、银行存款日记账
   C. 监督货币资金的收支　　　　　D. 登记总分类账

4. 出纳人员的职责是（　　）。
   A. 维护财经纪律，执行财会制度，抵制不合法的收支和弄虚作假行为
   B. 参与货币资金计划定额管理的权力
   C. 管好用好货币资金的权力
   D. 按照国家有关现金管理和银行结算制度的规定，办理现金收付和银行结算业务

二、**多项选择题**（下列答案中有两个或两个以上是正确的，将正确答案填入括号内）

1. 企事业单位出纳人员的配备可采取的形式是（　　）。
   A. 一人一岗　　B. 一人多岗　　C. 一岗多人　　D. 多人多岗

2. 下列属于出纳人员不可以从事的工作是（　　）。
   A. 保管会计档案　　　　　B. 登记债权、债务账目
   C. 稽核　　　　　　　　　D. 登记收入、费用账目

3. 出纳工作的特点是（　　）。
   A. 社会性　　B. 专业性　　C. 政策性　　D. 时间性

4. 回避制度中的亲属关系是指（　　）。
   A. 夫妻关系　　　　　　　B. 直系血亲关系
   C. 三代以内旁系血亲关系　D. 近姻亲关系

5. 出纳人员的权限包括（　　）。
   A. 维护财经纪律，执行财会制度，抵制不合法的收支和弄虚作假行为
   B. 参与货币资金计划定额管理的权力
   C. 管好用好货币资金的权力
   D. 按照国家有关现金管理和银行结算制度的规定，办理现金收付和银行结算业务

6. 下列属于出纳人员可以从事的工作是( )。
   A. 办理现金、银行存款的收付　　　B. 登记现金、银行存款日记账
   C. 监督货币资金的收支　　　　　　D. 登记总分类账
7. 下列属于出纳人员的职责的是( )。
   A. 按照国家有关现金管理和银行结算制度的规定,办理现金收付和银行结算业务
   B. 保管库存现金和各种有价证券的安全与完整
   C. 保管有关印章、空白收据和空白支票
   D. 掌握银行存款余额,不准签发空头支票,不准出租出借银行账户
8. 实行回避制度的单位会计机构负责人、会计主管人员的( )不能在本单位担任出纳工作。
   A. 配偶　　　　B. 儿女　　　　C. 兄弟　　　　D. 侄子
9. 下列属于出纳工作内容的是( )。
   A. 办理现金收付业务　　　　　　B. 设置并登记日记账,保证日清月结
   C. 办理银行结算业务　　　　　　D. 监督货币资金的收支

三、判断题(正确的在括号内打"√",错误的在括号内打"×")

1. 出纳设置并登记日记账,保证日清日结。　　　　　　　　　　　(　)
2. 出纳工作的基本原则是钱账分管原则,所以出纳不能登记会计账簿。(　)
3. 审核工资单据,发放工资奖金不是出纳的工作内容。　　　　　　(　)
4. 《会计法》对各单位会计、出纳机构与出纳人员的设置没有做出硬性规定,只是要求各单位根据业务需要来设定。　　　　　　　　　　　　　　　　　(　)
5. 出纳人员不得兼管稽核、会计档案保管和收入、费用、债权债务账目的登记工作。(　)
6. 当天下班前,出纳应盘点现金实有数,进行账实核对,保证账实相符。(　)

项目 2　出纳基本技能

技能目标

1. 能正确书写会计数字。
2. 会运用多种方法进行点钞。
3. 能准确识别真假人民币。
4. 会操作出纳常用机具。

知识目标

1. 掌握会计数字的书写方法。
2. 掌握点钞的基本操作步骤和方法。
3. 掌握人民币的防伪特征和真假人民币的鉴别方法。
4. 掌握出纳常用机具的使用方法和注意事项。

案例导入

赵军是某高职院校 2022 届会计专业毕业生，实践操作能力较强。2022 年 6 月，他被一家企业录用，从事出纳工作。某天上午，企业采购员王英拿来零星报销单据，到赵军处报销，他应该如何用银行转账方式进行报销？下午，员工李明交来后勤公司的零星收入 1 528 元，赵军应如何运用手工点钞方式接收这笔款项并利用点钞机进行复核和鉴别真假？

任务 2.1　会计数字的书写技能

数字是会计核算中反映计算成果的记录，数字的书写是出纳工作的一项基本功。出纳工作最常用的数字有两种：一种是阿拉伯数字；另一种是中文大写数字。通常将阿拉伯数字表示的金额数字称为"小写金额",用中文大写数字表示的金额数字称为"大写金额"。数字的书写要求正确、清楚、规范化。

2.1.1 阿拉伯数字的书写规定

(1) 数字要清楚,书写笔画要流畅,不能连笔。

(2) 数字书写要从左至右、自上而下,数字间保留一定的间隙,而且距离相等;数字上下左右对齐,数字间不能留空格。

(3) 数字高度应占全格的1/3~1/2的位置。除"6、7、9"外,其他数字高低要一致。

(4) "0"不要写得太小,也不要有缺口。

(5) "1"不可写得过短,要保持倾斜度,以防止改写成其他数字。

(6) "4"的顶部不封口,写第1笔画时上抵中线,下至下半格的1/4处,并注意中竖是最关键的一笔,斜度应为60°。

(7) 书写"6"时,上半部分应斜出上半格的1/4的高度。

(8) 书写"7"和"9"时,上抵下半格的1/4,下伸次行的上半格的1/4。

(9) 书写"8"时,上边要稍小,下边应稍大,注意起笔应成斜"S",终笔与起笔交接处应成棱角,以防止将3改为8。

(10) 账表凭证上书写阿拉伯数字应使用斜体,斜度大约为60°。

(11) 在书写没有分位格的凭证时,要注意小数点"."和分节号","的区别。一个数的整数部分由个位数起向左数,每三位用分节号将数码隔开,例如￥76,385.29。

(12) 为了防止对小写金额的涂改和增添,在填写原始凭证时应在小写金额前加写人民币符号"￥",例如￥73.84。

(13) 所有以元为单位的阿拉伯数字,除表示单价等情况外,一律填写到角分;无角分的,角位和分位可写"00",或者符号"—";有角无分的,分位应当写"0",不得用符号"—"代替。

(14) 阿拉伯数字写错时应采用正确的方法进行更正,若填写凭证时金额写错或遗漏,不能涂改,要重新填;若过账错误应采用画线更正法进行更正。

阿拉伯数字书写范例如图2-1所示。

图2-1 阿拉伯数字书写范例

2.1.2 中文大写数字的书写规定

(1) 中文大写金额数字主要用于填写收款收据、支付凭证、支票、汇票、存款单、取款单、汇款单、发票等重要凭证上。汉字大写数字是零、壹、贰、叁、肆、伍、陆、柒、捌、玖、拾、佰、仟、万、亿等,不能用〇、一、二、三、四、五、六、七、八、九、十、百、千等小写汉字代替,也不得任意自造简化字。

(2) 大写金额到元为止的数字应在后面写个"整"或"正"字,到角为止的,在角后面可以不写"整"或"正",至分为止的,在分后面不写"整"或"正"。如￥36 789.00 应写作"人民币叁万陆仟柒佰捌拾玖元整";￥24 345.67 大写金额应写作"人民币贰万肆仟叁佰肆拾伍元陆角柒分"。

(3) 小写金额数字中间只有一个"0"的,大写金额数字要写"零"字;小写金额数字连续几个"0"的只需写一个"零"字,如￥46 004.83 大写金额应写作"人民币肆万陆仟零肆元捌角叁分";小写金额数字不连续的"0"则有几个应写几个"零"。￥20 304.06 应写作"人民币贰万零叁佰零肆元零陆分"。

小写金额数字万位和元位是"0",或者数字中间连续有几个"0",万位、元位也是"0",但千位、角位不是"0"时,中文大写金额中可以只一个"零"字,也可以不写"零"字。如￥2 680.32,应写成"人民币贰仟陆佰捌拾元零叁角贰分",或者写成"人民币贰仟陆佰捌拾元叁角贰分"。

(4) 大写金额如亿、万、仟、佰、拾、元等数字前面必须有数量字"壹""贰""叁"等不可省略。例￥120 000.00 大写金额应写作"人民币壹拾贰万元整",而不能写成"人民币拾贰万元整"。

(5) 大写金额数字前未印有人民币字样的,应写上"人民币"3 个字,人民币与数字之间不得留有空位。

(6) 原始凭证大写金额写错时,不允许用画线更正法改正,应作废重新更换凭证。

同步实训

□ **实训目标**

能正确掌握大写数字、阿拉伯数字的书写技能。

□ **实训准备**

数字书写练习用纸。

□ **实训资料及要求**

(一) 按标准书写大写数字

1. 大写数字书写标准。

| 零 | 壹 | 贰 | 叁 | 肆 | 伍 | 陆 | 柒 | 捌 | 玖 | 拾 | 佰 | 仟 | 万 | 亿 | | |

2. 大写数字书写练习用纸。

（二）指出下列各大写数字及数位词在书写上的正确与错误（正确的在下面方格内打"√"，错误的在下面方格内写上正确的）

1	2	3	4	5	6	7	8	9	0	2	3	4	6	7	8	9	1
壶	贰	参	肆	五	陆	染	扒	玖	另	二	叁	四	陆	柒	捌	九	壹

5	7	6	9	4	0	7	1	数位词									
伍	柒	六	玖	肆	0	柴	一	拾	佰	千	万	仟	乙	元	角	分	百

（三）把下列各人民币小写数字金额写成大写数字金额

1. ￥2 456.08　　　　　　　　应写成：
2. ￥206.00　　　　　　　　　应写成：
3. ￥732 456.18　　　　　　　应写成：
4. ￥900 006.07　　　　　　　应写成：
5. ￥240 056.03　　　　　　　应写成：
6. ￥209 456.00　　　　　　　应写成：
7. ￥92 456.00　　　　　　　 应写成：
8. ￥52 400.60　　　　　　　 应写成：
9. ￥987 008 400.08　　　　　应写成：
10. ￥36 552 400.08　　　　　应写成：

（四）把下列各人民币大写数字金额写成小写数字金额

1. 人民币陆拾元整　　　　　　应写成：
2. 人民币陆佰叁拾元伍角捌分　应写成：
3. 人民币柒拾元伍角捌分　　　应写成：
4. 人民币壹仟元零壹分　　　　应写成：
5. 人民币玖佰叁拾元伍角整　　应写成：
6. 人民币贰拾万零陆佰叁拾元伍角捌分　应写成：
7. 人民币捌仟零叁万元整　　　应写成：
8. 人民币肆拾元伍角捌分　　　应写成：
9. 人民币柒元伍角捌分　　　　应写成：
10. 人民币捌万零陆佰叁拾元伍角捌分　应写成：

（五）按标准书写阿拉伯数字

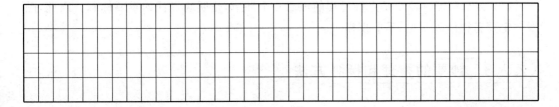

任务 2.2 点钞

点钞又称票币整点,是财会、金融和市场营销等专业学生应掌握的一项专业技术,是从事财会、金融和市场营销等工作必须具备的基本技能。点钞作为整理、清点货币的一项专门技术,是银行对货币进行管理的一个重要环节。货币在流通过程中会受到不同程度的折损,因而在清点时还要进行挑剔和辨别真假,使之整齐,数目清楚,以便保证货币的正常运转。点钞可分为手工点钞和机器点钞。手工点钞有多种方法,根据持钞的姿势可分为手持式点钞法、手按式点钞法、扇面式点钞法和扳点式点钞法。

2.2.1 点钞的基本程序

(1)拆把。把待点钞票的扎条拆掉,做好点数的准备工作。
(2)点数。手中点钞,眼睛紧盯捻动的钞票,同时大脑记数。
(3)扎把。把清点准确的100张钞票墩齐,用扎条扎紧,不足百张的在扎条上写出实点数和金额。
(4)盖章。每点完一把钞票,在扎条上加盖点钞人员的人名章,以明确责任。

案例评析:点燃激情 赛出风采

2.2.2 点钞的基本要求

(1)坐姿端正。点钞的坐姿会直接影响点钞技术的发挥和速度的提高。正确的坐姿应该是直腰挺胸、全身自然、肌肉放松、双肘自然放在桌上,持钞的左手腕部接触桌面,右手腕部稍抬起。整点货币轻松持久、活动自如。

(2)指法正确。必须严格掌握正确的点钞方法,正确运用10个手指及其关节,才能迅速提高点钞的技巧、准确率和速度。

(3)点数准确。点钞技术的关键是一个"准"字,清点时一是要精神集中;二是要坚持定型操作(即动作要有序连贯);三是要双手点钞,眼睛看钞,大脑记数,手、眼、脑紧密配合。

(4)扎把捆紧。点完一把后,要把钞票墩齐,扎把要扎紧,以提起把中第一张钞票不被抽出为准。

(5)盖章清晰。盖章是点钞过程的最后一个环节,是明确责任的重要标志。因此,图章一定要盖得清晰可见,不能模糊。

2.2.3 钞票的整理和捆扎方法

(1)钞票的整理。钞票的整理包括两个方面:一是现金出纳人员在清点票币前,应先按券别将钞票分类,同时挑出破残币,然后按完整券和破残币分别进行清点;同时进行真伪辨别;二是清点完一把钞票后,要进行捆扎前的整理,将券角拉平、钞票墩齐,然后再进行扎把。

(2)钞票的捆扎方法。钞票的捆扎主要是扎把,最常用的有两种方法:一种是半径拧扎法(拧扎法);另一种是缠绕折掖法。

① 半径拧扎法。左手横执已墩齐的钞票,钞票正面朝前,拇指按在票前,中指、无名指、小指在后,食指伸直在钞票的上侧。右手的拇指、食指和中指取扎条,拿住扎条的 1/3 处,把扎条搭在钞票的背面,用左手食指压住扎条,使扎条较短一端在钞票的背面,较长一端在钞票的前面,用拇指和中指捏住纸条长的一端往下外绕半圈,用食指钩住扎条短的一端,将扎条的两端在钞票的后面中间合拢捏紧,然后用左手稍用力握住钞票的正面,捏成斜瓦形,左手腕向外转动,右手捏住扎条向内转动,然后双手还原的同时将右手中的扎条拧成半径,用食指将扎条掖在斜瓦里,使扎条卡在下部,再将钞票扶平。

② 缠绕折掖法。将墩齐的钞票横执,左手拇指在票前,中指、无名指在票后,捏住钞票 1/3 处,食指在钞票上侧,把 100 张钞票分开一条缝,右手将扎条一端插入缝内(或将扎条一端以左手食指按在票背面中间),然后由内往外缠绕,将扎条一端留在票面上部,用右手食指和拇指捏住扎条向右折掖在钞票正面上侧。

2.2.4 手工点钞的方法

手工点钞的方法是金融部门及各单位财会出纳等最主要的票币整点方法,其种类很多,下面简单介绍手持式单指单张、手持式单指多张、手持式多指多张(四指四张)、扇面式、手按式捻点法、手按式单指单张推点法和扳点法 7 种常用的点钞方法。

1. 手持式单指单张点钞法

用一个手指一次点一张的方法叫单指单张点钞法。该种方法是点钞中最基本也是最常用的一种方法,使用范围较广,频率较高,适用于收款、付款和整点各种新旧大小钞票。该种点钞方法由于持票面小,能看到票面的 3/4,容易发现假钞票及残破票,缺点是点一张记一个数,比较费力,具体操作方法如下所述。

(1)持钞。左手横执钞票,下面朝向正面,左手拇指在钞票正面左端约 1/4 处,食指与中指在钞票背面与拇指同时捏住钞票,无名指与小指自然弯曲并伸向票前左下方,与中指夹紧钞票,食指伸直,拇指向上移动,按住钞票侧面,将钞票压成瓦形,左手将钞票从桌面上擦过,拇指顺势将钞票向上翻成微开的扇形,同时,右手拇指、食指做点钞准备(如图 2-2 所示)。

(2)清点。左手持钞并形成瓦形后,右手食指托住钞票背面右上角,用拇指尖逐张向下捻动钞票右上角,捻动幅度要小,不要抬得过高,要轻捻。食指在钞票背面的右端配合拇指捻动,左手拇指按捏钞票不要过紧,配合右手起自然助推的作用。右手的无名指将捻起的钞票向怀里弹,注意轻点快弹(如图 2-3 所示)。

图 2-2　单指单张点钞法持钞　　　　　图 2-3　单指单张点钞法清点

(3) 记数。与清点同时进行。在点数速度快的情况下,往往由于记数迟缓而影响点钞的效率,因此记数应该采用分组记数法。把 10 作 1 记,即 1、2、3、4、5、6、7、8、9、1(即10)、1、2、3、4、5、6、7、8、9、2(即 20),以此类推,数到 1、2、3、4、5、6、7、8、9、10(即 100)。采用这种记数法记数既简单又快捷,既省力又好记。但记数时默记,不要念出声,做到脑、眼、手密切配合,既准又快。

(4) 扎把。点钞完毕需要对所点钞票进行扎把,通常是 100 张捆扎成一把。

(5) 盖章。每点完一把钞票,加盖点钞人员的人名章,以明确责任。

2. 手持式单指多张点钞法

点钞时,一指同时点两张或两张以上的方法叫单指多张点钞法。它适用于收款、付款和各种券别的整点工作。点钞时记数简单省力,效率高。但也有缺点,就是在一指捻几张时,由于不能看到中间几张的全部票面,所以假钞和残破票不易发现。具体操作方法如下所述。

(1) 持钞。同手持式单指单张点钞法。

(2) 清点。清点时,右手食指放在钞票背面右上角,拇指肚放在正面右上角,拇指尖超出票面,用拇指肚先捻钞。单指双张点钞法,拇指肚先捻第一张,拇指尖捻第二张;单指三张点钞法拇指肚先捻第一张,指尖捻出第三张;以此类推。单指多张点钞法,拇指用力要均衡,捻的幅度不要太大,食指、中指在票后面配合捻动,拇指捻张,无名指向怀里弹。在右手拇指往下捻动的同时,左手拇指稍抬,使票面拱起,从侧边分层错开,便于看清张数,左手拇指往下拨钞票,右手拇指抬起让钞票下落,左手拇指在拨钞的同时下按其余钞票,左右两手拇指一起一落协调动作,如此循环,直至点完。

(3) 记数。采用分组记数法。如点双数,两张为一组记一个数,50 组就是 100 张;点三张,三张为一组记一个数,33 组余一张就是 100 张。

(4) 扎把。同手持式单指单张点钞法。

(5) 盖章。同手持式单指单张点钞法。

3. 手持式多指多张(四指四张)点钞法

点钞时用小指、无名指、中指、食指依次捻下一张钞票,一次清点四张钞票的方法叫多指多张点钞法,也叫四指四张点钞法。该种点钞法适用于收款、付款和整点工作。该种点钞方法不仅省力、省脑,而且效率高,能够逐张识别假钞票和挑剔残破钞票。具体操作方法如下所述。

(1) 持钞。钞票横立,手心向下,左手中指、食指弯曲分开,在钞票上侧边 1/4 处插入,将钞票夹住。五指配合将钞票弯折呈"U"形,手心转动 90°朝胸,凹面朝左,凸面朝右。中指、无名指夹住钞票,食指移到侧边,拇指轻轻按住钞票的外上角,向胸、向下推动使钞票展开一个坡形扇面。食指用指尖在侧边管住钞票,以免滑出。最后将钞票移至胸前 20cm 左右的位置,同时右手食指、中指、无名指和小指手沾水,做捻钞准备(如图 2-4 所示)。

(2) 清点。左手持钞在下,右手在上,右手拇指轻轻托住内上角的少量钞票,其余四指自然并拢、弯曲呈弓形,与拇指组成鸭蛋形,小指稍叠在无名指内,小指在下,食指在上,四指尖呈一条斜线。小指最先接触票面,捻下第一张,接着无名指、中指、食指顺序捻动钞票。每指捻一张,四指共四张,称为"一手",一手捻完接着捻第二手、第三手……直到第二十五手(如图 2-5 所示)。

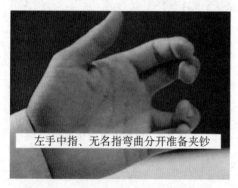

图 2-4 多指多张点钞法左手持钞准备

图 2-5 多指多张点钞法清点

捻动时动作连续迅速,同时右手拇指向前移动,手指与钞票的接触面要小,应用指尖接触面为佳。右手捻钞时,左手拇指要配合,每捻一手,左手拇指要推动一次。当右手食指下张时,小指马上跟上,一手与一手之间不要间歇,要连续不断。

(3) 记数。采用分组记数法。每次点 4 张为一组,记满 25 组为 100 张。

(4) 扎把。同手持式单指单张点钞法。

(5) 盖章。同手持式单指单张点钞法。

4. 扇面式点钞法

把钞票捻成扇面状进行清点的方法叫扇面式点钞法。该种点钞方法速度快,是手工点钞中效率最高的一种。但它只适合清点新票币,不适于清点新、旧、破混合钞票。具体操作方法如下所述。

(1) 持钞。钞票竖拿,左手拇指在票前下部中间票面约 1/4 处。食指、中指在票后同拇指一起捏住钞票,无名指和小指蜷向手心。右手拇指在钞票的上端,用虎口从右侧卡住钞票成瓦形,食指、中指、无名指、小指均横在钞票背面,做开扇准备。

(2) 开扇。开扇是扇面点钞的一个重要环节,扇面要开得均匀,为点数打好基础,做好准备。其方法是:以左手为轴,右手食指将钞票向胸前左下方压弯,然后再猛地向右方闪动,同时右手拇指在票前向左上方推动钞票,食指、中指在票后面用力向右捻动,左手拇指在钞票原位置向逆时针方向画弧捻动,食指、中指在票后面用力向左上方捻动,右手手指逐步向下移动,至右下角时即可将钞票推成扇面形(如图 2-6 所示)。如有不均匀地方,可双手持钞抖动,使其均匀。打扇面时,左右两手一定要配合协调,不要将钞票捏得过紧。

(3) 点数。左手持扇面,右手中指、无名指、小指托住钞票背面,拇指在钞票右上角 1cm 处,一次按下 5 张或 10 张;按下后用食指压住,拇指继续向前按第二次,以此类推,同时左手应随右手点数速度向内转动扇面,以迎合右手按动,直到点完 100 张为止(如图 2-7 所示)。

图 2-6 扇面式点钞法开扇

图 2-7 扇面式点钞法点数

(4) 记数。采用分组记数法。一次按 5 张为一组,记满 20 组为 100 张;一次按 10 张为一组,记满 10 组为 100 张。

(5) 合扇。清点完毕合扇时,将左手向右倒,右手托住钞票右侧向左合拢,左右手指向中间一起用力,使钞票竖立在桌面上,两手合拢轻墩,把钞票墩齐,准备扎把。

(6) 扎把。同手持式单指单张点钞法。

(7) 盖章。同手持式单指单张点钞法。

5. 手按式捻点法

手按式捻点法准确率高,看到票面较大,便于挑剔残、破票和发现假币。但速度较手持式点钞法慢,劳动强度较大,一般营业柜台用得较多。具体操作方法如下所述。

(1) 持钞。把钞票横放桌上,用左手无名指、小指按住钞票的左上角,右手拇指托起右下角的部分钞票,右手无名指按住右上角,使钞票右边成凹形(如图 2-8 所示)。

(2) 清点。用右手食指捻动钞票,每捻一张左手拇指即往上推动送到食指与中指之间夹住(也可数张送一次),即完成一次点钞动作(如图 2-9 所示)。

图 2-8　手按式捻点法持钞

图 2-9　手按式捻点法清点

（3）记数。同手持式单指单张点钞法。
（4）扎把。同手持式单指单张点钞法。
（5）盖章。同手持式单指单张点钞法。

6. 手按式单指单张推点法

手按式单指单张推点法点钞效率较高，但除了第一张外，其余各张票面可视面很小，不易发现假币。

（1）持钞。手按式单指单张推点法，持钞手法同单指单张点钞法。
（2）清点。拇指将一张钞票从右下角向内推起呈弓形，同时左手拇指即往上推动送到左手食指与中指之间夹住。
（3）记数。同手持式单指单张点钞法。
（4）扎把。同手持式单指单张点钞法。
（5）盖章。同手持式单指单张点钞法。

7. 扳点法

扳点法也叫手扳式点法，速度快，准确率较高，清点比较省力，劳动强度较小。

（1）持钞。将钞票捻成小扇形，竖放在桌上，左手手指自然弯曲于手心，用小指、无名指指关节按住钞票左侧中间；右手拇指与食指的指关节托起钞票右下角部分钞票，然后转动手掌，用拇指面与食指关节用力捻动部分钞票，使钞票上端展开（如图 2-10 所示）。
（2）清点。左手拇指在展开部分钞票的 1/3 外翻过 5 张送到左手食指与中指之间夹住，然后接着扳下一个 5 张（如图 2-11 所示）。

图 2-10　扳点法（手扳式）持钞

图 2-11　扳点法（手扳式）清点

(3) 记数。同扇面式点钞法。
(4) 扎把。同手持式单指单张点钞法。
(5) 盖章。同手持式单指单张点钞法。

2.2.5 机器点钞的方法

机器点钞,就是用点钞机代替部分手工操作的点钞方式。因为其速度一般是手工点钞的 2~3 倍,所以减轻劳动强度,从而提高了工作效率。

出纳人员在进行机器点钞之前,首先放置好点钞机,将点钞机放置在操作人员顺手的地方,一般是放置在操作人员的正前方或右上方。安放好后必须对点钞机进行调整和试验,力求转速均匀、下钞流畅、落钞整齐、点钞准确。机器点钞的操作步骤如下所述。

(1) 打开开关。打开点钞机的电源开关和计数器开关。

(2) 拆把。右手钞券横执,拇指在正前,其余四指在背面,捏住钞券,并稍用力使钞票形成瓦形,用食指勾断扎条或用左手将扎条取出。

(3) 清点。右手横握钞票,同时右手拇指在前,四指在后捏住钞券上侧,轻捻使钞券形成微扇面,即可将钞券放入下钞斗,这时不要用力,如果放钞方法不正确会影响点钞机的正常清点。钞票进入点钞机后,点钞人员的目光要迅速跟住输钞带,检查是否有夹杂券、破损券、假钞或其他异物。看清计数器显示的数字并与应点金额相符后,以左手拇指、中指将钞票取出。紧跟着左手取出钞票的同时,右手立即把第二把钞票下钞。目前的点钞机一般都带有防伪功能,如果点钞时发现有伪钞,应立即取出伪钞后,复位继续清点。

(4) 记数。当下钞斗和传送带上的钞券下钞完毕时,要查看数码显示是否为"100"。如反映的数字不为"100",必须重新复点。在复点前应先将数码显示器设置为"00"状态,并保管好原扎条。如经复点仍是原数,又无其他不正常因素时,说明该把钞券张数有误,即应将钞券用新的扎条扎好,并写上张数。

(5) 扎把。一把点完,计数显示为 100 张,即可扎把。左手取出钞票的同时,右手把第二把钞票下钞,随后,双手将第一把钞票墩齐进行扎把,扎好把的钞票一般放在左侧。

(6) 盖章。钞票全部经清点、复点、扎把完毕,点钞人员要在扎条的侧面盖上人名章,盖章要整齐、清晰。

2.2.6 硬币的整点方法

整点硬币有两种方法:一种是手工整点;另一种是工具整点。由于在出纳现金收付工作中硬币使用较少,所以多采用手工整点方法。

1. 手工整点硬币的操作方法

手工整点硬币包括拆卷、清点、记数、包装和盖章 5 个环节。手工整点硬币一般常用在收款、收点硬币尾零款,以 100 枚为一卷,一次可清点 5 枚、12 枚、14 枚或 16 枚,最多的可一次清点 18 枚,主要是依个人技术熟练程度而定。

(1) 拆卷。右手持硬币卷的 1/3 部位,放在待清点的包装纸中间,左手撕开硬币包装纸的一头,然后右手大拇指向下从左到右端打开包装纸,把纸从卷上面压开后,左手食指平压硬币,右手抽出已压开的包装纸,准备清点。

(2) 清点。按币值由大到小的顺序进行清点,用左手持币,右手拇指食指分组清点。为保证准确,用右手中指从一组中间分开查看,如一次点 18 枚为一组,即从中间分开,一边 9 枚;如一次点 10 枚为一组,一边为 5 枚。

(3) 记数。采用分组记数法,一组为一次,如以 10 枚为一组进行清点,则每点 10 枚为一组,记满 10 组为 100 枚,其他以此类推。

(4) 包装。硬币清点完毕后,用双手的无名指分别顶住硬币的两头,用拇指、食指、中指捏住硬币的两端,将硬币取出放入已准备好的包装纸 1/2 处,再用双手拇指把里半部的包装纸向外掀起掖在硬币底部,再用右手掌心用力向外推卷,然后用双手的中指、食指、拇指分别将两头包装纸压下均贴至硬币,这样使硬币两头压三折,包装完毕。

(5) 盖章。硬币包装完毕后,盖上整点人员人名章,以明确责任。

2. 工具整点硬币的操作方法

工具整点硬币是指大批的硬币用整点工具进行整点。

(1) 拆卷。拆卷分为震裂法拆卷和刀划法拆卷两种方法。

① 震裂法拆卷,是用双手的拇指与食指、中指捏住硬币的两端向下震动,在震动的同时左手稍向里扭动,右手稍向外扭动。值得注意的是,用力要适度,使包装纸震裂,取出震裂的包装纸准备清点。

② 刀划法拆卷,首先在硬币整点器的右端安装一个坚硬刃向上的刀片,拆卷时用双手的拇指、食指、中指捏住硬币的两端,由左端向右端从刀刃上划过,这样做包装纸被刀刃划破一道口,硬币进入整点器盘内,然后将被划开的包装纸拿开,准备点数。

(2) 清点。硬币放入整点器内进行清点时,用双手食指扶在整点器的两端,拇指推动弹簧轴,眼睛从左端到右端,看清每格内是否是 5 枚,如有伪币随时挑出,如数补充,然后准备包装。

(3) 包装。双手无名指和小指并拢顶住币槽内硬币两端,食指和中指在币卷前,拇指在币卷后中间,同时紧紧捏住,从币槽内提出,放在两角包装纸中间。后面的方法和手工整点硬币法相同。

(4) 盖章。同手工整点硬币法。

同 步 实 训

□ **实训目标**

能熟练运用多种点钞方法点钞。

□ 实训准备

练钞券、扎条、不同面额的硬币、封卷纸、印章、签字笔、沾指(海绵池)、点钞机。

□ 实训资料及要求

(一)手工点钞

把 1 500～2 000 张练钞券装在一筐子里,学生按要求分别选择两种方法进行测试,一类是单指单张,一类是多指多张,要求每 100 张扎成一把,10 分钟内完成。分三个等级来核定。一级:单指单张 1 000 张;多指多张 1 200 张;二级:单指单张 900 张;多指多张 1 100 张;三级:单指单张 800 张;多指多张 1 000 张。

(二)机器点钞

把 2 000～3 000 张练钞券装在一筐子里,学生按规定标准进行测试,要求每 100 张扎成一把,5 分钟内完成。

任务 2.3 人民币真假识别与处理

2.3.1 人民币的常识

人民币是我国的法定货币,中国人民银行自 1948 年 12 月 1 日成立以来共发行了 5 套人民币,现在流通的是第四套和第五套人民币。

(1)第一套人民币(1948 年版)简介。1949 年 1 月,北平解放,中国人民银行总行迁到北京。新中国成立后,各大区和省、自治区、直辖市中国人民银行相继成立。1951 年年底,除西藏自治区和台湾省外,全国范围内货币已经统一,人民币成为我国唯一的合法货币。到 1953 年 12 月,人民币发行券别有 1 元券、5 元券、10 元券、20 元券、50 元券、100 元券、200 元券、500 元券、1 000 元券、5 000 元券、10 000 元券、50 000 元券 12 种面额。由于当时各解放区的环境和全国解放初期条件的限制,第一套人民币的设计思想还不够统一。钞票种类多,面额大小差别大。从 1948 年 12 月至 1953 年 12 月,共印制发行了 12 种面额、62 种版别的人民币,最小面额只有 1 元,最大面额则是 50 000 元。

(2)第二套人民币(1955 年版)简介。1955 年 3 月 1 日公布发行第二套人民币共 11 种面额,当天发行 1 分、2 分、3 分、1 角、2 角、5 角、1 元、2 元、3 元和 5 元 10 种,1957 年 12 月 1 日又发行 10 元券 1 种。同时,为便于流通,国务院发布发行金属分币的命令,自 1957 年 12 月 1 日起发行 1 分、2 分、5 分三种金属分币(简称硬分币),与纸分币等值,混合流通。后来,对 1 元券和 5 元券的图案、花纹又分别进行了调整和更换颜色,于 1961 年 3 月 25 日和 1962 年 4 月 20 日分别发行了黑色 1 元券和棕色 5 元券,使第二套人民币的版别由开始公布的 11 种增加到 16 种。第二套人民币和第一套人民币折合比率为:第二套人民币 1 元等于第一套人民币 1 万元。

(3) 第三套人民币(1962年版)简介。第三套人民币从1962年4月20日发行1960年版枣红色1角券开始,到1974年1月5日发行最后一张1972年版5角券止,经过12年时间,共发行1分、2分、5分、1角、2角、5角、1元、2元、5元、10元10种面额。如果按冠号、印制工艺和钞纸的不同进行分类,至少可细分为24种。第三套人民币是我国截至目前发行、流通时间最长的一套人民币,于2000年7月1日起停止在市场上流通。这套人民币以其主题思想鲜明、设计风格新颖、券别结构合理、主辅币品种齐全、印刷工艺先进并有较强的防伪性能等特点,在我国货币发行史上写下了光辉的一页。从收藏角度分析,是最有升值潜力的一套人民币。

(4) 第四套人民币(1987年版)简介。第四套人民币从1987年4月27日开始发行,至1997年4月1日止,共发行9种面额,14种票券。其中1角券1种,2角券1种,5角券1种,1元券3种(1980年、1990年、1996年),2元券2种(1980年、1990年),5元券1种;10元券1种,50元券2种(1980年、1990年),100元券2种(1980年、1990年)。第四套人民币是筹划设计时间最长的一套人民币,从1967年1月总行提出设计第四套人民币的设想,到1985年5月定案,历时18年。

(5) 第五套人民币(1999年版和2005年版)简介。自1999年10月1日起陆续发行第五套人民币。第五套人民币有100元、50元、20元、10元、5元、1元、5角和1角8种面额。第五套人民币是由中国人民银行首次完全独立设计与印制的货币,其印制技术已达到了国际先进水平。在防伪性能和适应货币处理现代化方面有了较大提高。第五套人民币的主景人物、水印、面额数字均较以前放大,尤其是突出阿拉伯数字表示的面额,这样便于群众识别,会收到较好的社会效果。第五套人民币在票幅尺寸上进行了调整,票幅宽度未变,长度缩小。第五套人民币的面额结构在前四套人民币基础上也进行了一些调整,取消了2元券和2角券,增加了20元券。

2.3.2 假币的种类和特征

从人民币发行后进入流通开始,就出现了假钞,而且随着造假技术的不断提高,从过去的手工描绘、木版、石版到现在的照相印版、拓印、彩色复印等,使假钞更加逼真,为此,出纳人员必须掌握识别真假人民币的基本常识,提高鉴别真假人民币的能力。

1. 假币的种类

假币是指以非法手段、仿照真币的形象,采用印刷、复印、拓印、描绘以及挖补、剪切、拼凑等方式加工制作的票币。目前在流通中常见的假币主要有两种:一种是伪造币;另一种是变造币。

(1) 伪造币。伪造币是仿照真票币的图案、形状、色彩等,采用各种手段制作的假币。

(2) 变造币。变造币是指在真币的基础上,利用挖补、揭层、涂改、拼凑、移位、重印等多种方法制作,改变真币原形态的假币。

2. 假币的特征

(1) 假币的水印大部分是在纸张夹层中涂布白色浆料,图像模糊,层次较差,而且在水印所在的位置纸张明显偏厚。

(2) 假币的安全线是在钞票表面用油墨印刷一个线条,但是通过仪器可检测无磁性特征;或者是在纸张夹层中放置安全线,纸与纸有分离感,且极易抽出。

(3) 假币的纸张一般用普通纸张,手感比较平滑、绵软,且在紫外光下面会发出较强的蓝色荧光。

(4) 假币正反面均采用全胶印方式印刷,图案颜色不正、有断条,油墨深浅不一,图文平滑。

(5) 假币手摸无凹凸感。

2.3.3 假币的识别方法

1. 第五套人民币的防伪措施

(1) 水印。第五套人民币 100 元、50 元为毛泽东人头像固定水印,20 元为荷花固定水印,10 元为月季花,5 元为水仙花,1 元为兰花。2005 年版在冠号下方有白水印面额数字。

(2) 安全线。第五套人民币 1999 年版 100 元、50 元为磁性缩微文字安全线;20 元为明暗相间的磁性安全线;10 元、5 元为正面开窗全息安全线。2005 年版第五套人民币为全息磁性开窗安全线,50 元和 100 元的窗开在背面,20 元、10 元、5 元开在正面。

案例评析:用假币
买菜换真钞
夫妻双双获刑

(3) 隐形面额数字。第五套人民币纸币正面右上方有一装饰图案,将票面置于与眼睛接近平行的位置,面对光源作平面旋转 45°或 90°,可看到阿拉伯数字面额字样。

(4) 光变面额数字。第五套人民币 100 元正面左下方用新型油墨印刷了面额数字"100",当与票面垂直观察其为绿色,而倾斜一定角度则变为蓝色;50 元则可由金色变成绿色。

(5) 手工雕刻头像。第五套人民币所有面值纸币正面主景毛泽东头像,均采用手工雕刻凹版印刷工艺,形象逼真、传神,凹凸感强。

(6) 阴阳互补对印图案。第五套人民币正面左下角和背面右下方各有一圆形局部图案,透光观察,正背图案组成一个完整的古钱币图案。2005 年版 100 元、50 元的互补图案在左侧水印区的右缘中部。

(7) 雕刻凹版印刷。第五套人民币中国人民银行行名、面额数字、盲文面额标记等均采用雕刻凹版印刷,用手指触摸有明显凹凸感。1999 年版和 2005 年版各面值正面主景图案右侧,有一组自上而下规则排列的线纹,采用雕刻凹版印刷工艺印制,用手指触摸,有极强的凹凸感。

(8) 横竖双号码。第五套人民币 1999 年版 100 元、50 元为横竖双号码,横号为黑色,竖号为蓝色;其余面额为双色横号码,号码左半部分为红色,右半部分为黑色。2005 年版的100元、50元为双色异型横号码,中间大两边小。

(9) 胶印缩微文字。第五套人民币100元、50元、20元、10元等面额纸币印有胶印缩微文字"RMB100""RMB50""RMB20""RMB10"等字样,大多隐藏在花饰中。

(10) 红、蓝彩色纤维。在第五套人民币1999年版100元、50元、20元、10元、5元的票面上,可看到纸张中有红色和蓝色纤维(2005年版取消此措施)。

2. 假币的识别方法

(1) 感观识别法。靠眼、手、耳等感官,从钞票纸质、颜色图案、水印、弹捻、声音等几个方面来认定。

① 眼看。看票面的颜色、图案、花纹、水印、安全线等,如钞票水印是否清晰,有无层次和立体效果;看安全线是否容易抽出;看整张票面图案是否单一或偏色。

② 手摸。靠手指触摸钞票的感觉来分辨人民币的真假。真币均采用凹版印刷,触摸票面上凹凸部位的线条是否有凹凸感。真币手摸有布感,假币手摸有纸感的绵软。

③ 耳听。通过抖动钞票,根据声音来判断人民币的真假。真钞纸张是特殊的纸张,挺括耐折,用手抖动会发出清脆的声音,假币声音发闷。

(2) 仪器检测识别法。通过验钞机检测钞票的真假。如用紫光灯、磁性仪器检测荧光图文和磁性印记。还可以用一些简单工具,如放大镜来观察票面的清晰度、缩微文字等。

(3) 尺量法。看尺寸是否标准,如100元人民币票幅长155mm、宽77mm,而一般假钞会短一些。

(4) 比较法。和真币对比。如水印、雕刻凹版印刷、多色接线图纹、磁性印记、安全线等。

第五套100元人民币的防伪标志如图2-12所示。

图 2-12　第五套100元人民币防伪标志

2.3.4 出纳人员发现假币的处理

国家禁止出售、购买、运输、持有、使用伪造、变造的人民币。明知是假人民币却继续持有或使用,属于违法行为,由公安机关处以 15 日以下拘留、5 000 元以下罚款;情节严重的,则要追究刑事责任。为了维护正常的金融秩序,对假币应当予以没收。不过,假币的没收权属于银行、公安司法机关和海关,其他任何单位和个人如发现假币,不得擅自没收。

按照金融法规和中国人民银行的有关规定,银行发现或收到假币时应当按照下列程序和方法处理:应共同确认并必须当着顾客的面在假币上加盖假币戳记印章,同时开具统一格式的"假人民币没收收据"给顾客,并将所收假币登记造册,妥善保管。人民银行以外的其他银行对没收的假币,还应定期上缴中国人民银行当地分支行。

按照规定,单位出纳人员在收付现金时如发现假币,应立即送交附近银行鉴别,由银行开具没收凭证,予以没收处理,如有追查线索的应及时报告就近的公安部门,协助侦破;银行出纳人员发现可疑币不能断定真假时,不得随意加盖假币戳记和没收,而应向持币人说明情况,开具载明面值和号码的临时收据,连同可疑币及时报送中国人民银行当地分支行鉴定。经鉴定确属假币时,按前述处理方法处理;如确定不是假币的,应及时退还持币人。

知识链接2-1　人民币的反假工作

加强人民币的防伪与反假工作,不仅在国内具有促进经济发展,维护金融稳定和人民根本利益的重大意义,而且在国际上也有重要意义,因为它有利于维护人民币在国内外的信誉。国内,我国政府为打击货币伪造犯罪活动开展了大量工作。为了加强对人民币的管理,维护人民币的信誉,中国人民银行、公安部门采取了一系列措施,特别是《中华人民共和国人民币管理条例》《中国人民银行假币收缴、鉴定管理办法》等有关法律、法规文件的相继颁布和实施,加强了对反假货币工作的指导。

国务院有关部委建立了反假货币工作联席会议制度,并在全国各省、市、自治区、直辖市和部分地、市、县相继成立了反假币工作组织机构或建立起了工作机制,形成了比较完善的反假货币组织体系,为做好反假人民币工作提供了组织保证。人民银行及各商业银行每年组织反假币宣传活动,通过张贴人民币宣传画、发行人民币鉴别手册和举办各种类型的反假培训班,使得专业人员和人民群众识别真假人民币的能力进一步提高。

2.3.5 出纳人员对损伤币的处理

人民币在长期商品交换中,有的纸质松软,有的票面脏污,有的磨损或残缺。群众习惯称为"破钱",银行术语称为"损伤券"。一张人民币即使已经变旧、变脏,甚至已经破损,仍然可以在商品交换中起到价值职能,一样得到社会的承认。尽管如此,持币者却都愿意持有新的或比较新的人民币。为提高人民币的整洁度,银行出纳部门按照中国人民银行的有关规定,在收入现金过程中,要积极主动办理损伤人民币的挑剔、兑换和回收工作。单位的出纳员在办理现金收付、整点票币时,应随时把损伤票币挑剔出来,以配合银行出纳部门的工作。损伤人民币的挑剔参照以下标准办理。

(1) 票面缺少部分损及行名、花边、字头、号码、国徽之一的。
(2) 票面裂口超过纸幅1/3或损及花边、图案的。
(3) 票面纸质较旧、四周或中间有裂缝或断开而粘补的。
(4) 由于油浸、墨仿造成脏污面积较大或涂写痕迹过多,妨碍票面整洁的。
(5) 票面变色严重影响图案清晰的。
(6) 硬币残缺、穿孔、变形、磨损、氧化损坏花纹的。

知识链接2-2 残缺、污损人民币如何兑换

根据《中国人民银行残缺污损人民币兑换办法》,残缺人民币可以向当地银行办理兑换。凡办理人民币存取款业务的金融机构(以下简称金融机构)应无偿为公众兑换残缺、污损人民币,不得拒绝兑换。残缺人民币兑换办法的规定如下。

(1) 能辨别面额,票面剩余四分之三(含四分之三)以上,其图案、文字能按原样连接的残缺、污损人民币,金融机构应向持有人按原面额全额兑换。

(2) 能辨别面额,票面剩余二分之一(含二分之一)至四分之三以下,其图案、文字能按原样连接的残缺、污损人民币,金融机构应向持有人按原面额的一半兑换。纸币呈正十字形缺少四分之一的,按原面额的一半兑换。

(3) 兑付额不足一分的,不予兑换;五分按半额兑换的,兑付二分。

(4) 金融机构在办理残缺、污损人民币兑换业务时,应向残缺、污损人民币持有人说明认定的兑换结果。不予兑换的残缺、污损人民币,应退回原持有人。

(5) 残缺、污损人民币持有人同意金融机构认定结果的,对兑换的残缺、污损人民币纸币,金融机构应当面将带有本行行名的"全额"或"半额"戳记加盖在票面上;对兑换的残缺、污损人民币硬币,金融机构应当面使用专用袋密封保管,并在袋外封签上加盖"兑换"戳记。

(6) 残缺、污损人民币持有人对金融机构认定的兑换结果有异议的,经持有人要求,金融机构应出具认定证明并退回该残缺、污损人民币。持有人可凭认定证明到中国人民银行分支机构申请鉴定,中国人民银行应自申请日起5个工作日内做出鉴定并出具鉴定书。持有人可持中国人民银行的鉴定书及可兑换的残缺、污损人民币到金融机构进行兑换。

2.3.6 出纳人员如何保管人民币

(1) 不准毁损人民币。人民币票券本身是国家的宝贵财产,所以,出纳人员有义务保护好自己经手管理的人民币,尽可能地延长它的使用寿命。任何单位和个人都无权故意毁损人民币。

(2) 日常携带、保管和使用时要爱惜。人民币携带时要尽量使用合适的钞票夹或钱包,要防止折叠、压挤、团揉。使用时要避免污染或毁损。单位备用的人民币要整理好,平整存放在保险柜中,不得乱堆、乱放。

(3) 不要在人民币的票面上写字画记号。有些出纳人员为了自己清点方便,喜欢在成捆的钞票上画记号、写数字,这是一种不良习惯。记号应该做在捆钞的纸条上,或者另外夹进一个字条加以说明。

(4) 破损、残缺的人民币,应及时到银行去兑换,不要用纸条或不干胶条等随意粘贴、拼凑。

同 步 实 训

□ **实训目标**

能掌握不同面额的人民币防伪特征,正确辨别真假人民币。

□ **实训准备**

真钞、假钞。

□ **实训资料及要求**

1. 请将各面额的第五套人民币的防伪特征及规格尺寸填入表 2-1 中。

表 2-1　　　　　　　　　　人民币各券别防伪特征及规格尺寸

券别	防伪特征	规格尺寸
50 元		
10 元		
5 元		
1 元		

2. 请将图 2-13 中指出的 100 元人民币、20 元人民币的防伪特征填写在表 2-2 中。
3. 把真币和假币混合进行辨别。

图 2-13　100 元、20 元人民币的防伪特征

表 2-2　　　　　　　　　100 元、20 元人民币的防伪特征

序号	100 元人民币的防伪特征	序号	20 元人民币的防伪特征
1		1	
2		2	
3		3	
4		4	
5		5	
6		6	
		7	

任务2.4　出纳常用机具

　　出纳专用机具包括出纳点钞机、收银机、保险柜、电子计算器、假钞鉴别仪器、数字小键盘等，出纳的各类专用机具是出纳人员完成工作任务的重要工具，出纳人员要熟悉机具的性能，并正确、熟练地操作，以提高工作效率。

2.4.1 点钞机

随着金融事业的不断发展,出纳的收付业务量也日益增加,机器点钞就是使用点钞机整点钞以代替手工整点,由于机器点钞代替手工点钞,每小时可点5万张左右,提高了工作效率,减轻了出纳人员的劳动强度。

1. 点钞机使用前的准备工作

（1）检查设备。点钞机一般放在操作人员的正前方,离胸前约30cm,以便看清数字和机器运转情况。然后进行使用前的调试和试验,检查捻钞轮、传送带、接钞台运行是否正常;力求转速均匀、点钞准确、下钞流畅、落钞整齐。

（2）接通电源,按要求设置。接通电源,使计数显示为"0"。调整好点钞机后,拿一把钞票试行,看看机器转速是否均匀、下钞是否流畅、均匀,点钞是否准确,落钞是否整齐。如清点的同时要鉴别真伪,则要选择紫外光鉴伪功能,若发现有假钞,机器会自动停机报警。

（3）放置好钞票和工具。机器点钞是连续作业,且速度相当快,因此清点的钞票和操作的用具摆放位置必须固定,这样才能做到忙而不乱。一般准备要点的钞票放在点钞机的右侧,按大小票面顺序排列,或从大到小,或从小到大,切不可大小夹杂排列,点完后的钞票放在点钞机的左侧,扎条纸应横放在点钞机的前面,其他各种用具放置要适当、顺手。

2. 点钞机的操作程序

点钞机的操作程序与机器点钞操作程序基本相同。具体的操作步骤见子任务2.2.5。

2.4.2 保险柜

保险柜是保存贵重物品或机密文件的有可靠的保险装置的铁柜,可防火、防盗、防磁、防水及耐腐蚀等。每一种保险柜都有其国家标准。市面上的保险柜多为防火保险柜和防盗保险柜。依据不同的密码工作原理,防盗保险柜(箱)又可分为机械保险柜(箱)和电子保险柜(箱)两种,前者的特点是价格比较便宜,性能比较可靠。早期的保险柜(箱)大部分都是机械保险柜(箱)。电子保险柜(箱)是将电子密码、IC卡等智能控制方式的电子锁应用到保险柜(箱)中。

为了保障财产安全和完整,各单位都应配备专用保险柜,专门用于库存现金、各种有价证券、银行票据、印章及其他出纳票据等的保管。

1. 保险柜的操作方法

（1）机械保险柜的常规开法。先顺时针转3圈,对准12,再逆时针转过12,继续逆时针转到24,最后又是顺时针,直接对准36,转动钥匙就可开门。不需要从零开始,但是顺时就不能逆,错了重新开始,动作要轻缓。

（2）电子智能型保险柜的操作方法。电子智能型保险柜结构比机械保险柜要复杂，但是使用很方便。

① 开门。一般的电子智能保险柜的操作方法是：打开电源♯→输入正确密码→按确认键♯→开门。也有较早的产品，没有电源保护程序，直接就可以输入密码，按确认键♯开门。

② 密码更改。更改密码，也有两种版本。一种是早期产品，要在开门状态下更改密码，在门的后沿会有一个换码按键，按一下以后，在控制面板上，输入新的密码，按确认键♯确认就行；另一种就是直接在控制面板上修改密码，前提是必须知道保险柜的密码，才可以进入修改程序。具体操作是：打开电源♯→输入原密码→按确认键♯→再按修改键＊→输入新密码→再按确认键♯→更换密码成功。

2. 保险柜的管理

保险柜一般由总会计师或财务处（科、股）长授权，由出纳人员负责管理使用，主要包括以下几点。

（1）保险柜钥匙的配备。保险柜要配备两把钥匙，一把由出纳人员保管，供出纳人员日常工作开启使用；另一把交由单位总会计师或财务处（科、股）长负责保管，以备特殊情况下经有关领导批准后开启使用。出纳人员不能将保险柜钥匙交由他人代为保管。

（2）保险柜的开启。保险柜只能由出纳人员开启使用，非出纳人员不得开启保险柜。如果单位总会计师或财务处（科、股）长需要对出纳人员工作进行检查，如检查库存现金限额、核对实际库存现金数额，或有其他特殊情况需要开启保险柜的，应按规定的程序由总会计师或财务处（科、股）长开启，在一般情况下不得任意开启由出纳人员掌管使用的保险柜。

（3）财物的保管。每日下班前，出纳人员应将其使用的空白支票（包括现金支票和转账支票）、收款收据、印章等放入保险柜内。保险柜内存放的现金应设置和登记现金日记账，其他有价证券、存折、票据等应按种类造册登记，贵重物品应按种类设置备查簿登记其质量、重量、金额等，所有财物应与账簿记录核对相符。按规定，保险柜内不得存放私人财物。

（4）保险柜的密码设置。出纳人员应将自己保管使用的保险柜密码严格保密，不得向他人泄露，以防为他人利用。出纳人员调动岗位，新出纳人员应更换使用新的密码。

（5）保险柜的日常维护。保险柜应放置在隐蔽、干燥之处，注意通风、防湿、防潮、防虫和防鼠；保险柜外要经常擦拭干净，保险柜内财物应保持整洁卫生、存放整齐。一旦保险柜发生故障，应到公安机关指定的维修点进行修理，以防泄密或失盗。

（6）保险柜被盗的处理。出纳人员发现保险柜被盗后应保护好现场，迅速报告公安机关（或保卫部门），待公安机关勘查现场时才能清理财物被盗情况。节假日满两天以上或出纳人员离开两天以上没有派人代其工作的，应在保险柜锁孔处贴上封条，出纳人员到位工作时揭封。如发现封条被撕掉或锁孔处被弄坏，也应迅速向公安机关或保卫部门报

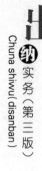

告,以使公安机关或保卫部门及时查清情况,防止不法分子进一步作案。

3. 使用保险柜应注意的事项

各单位应加强对保险柜的使用管理,制定保险柜使用办法,要求有关人员严格执行。一般来说,保险柜的使用应注意以下几点。

(1) 转动机械密码锁时,需静心顺势缓转,切勿猛力旋转,同时记清方向及次数,如不慎超过标记线,不可倒回,必须重新开始。

(2) 设置密码最好在保险柜门打开的情况下进行,密码设置完毕后,应输入新密码操作几次,确认无误后,方可将柜门锁上。

(3) 切勿把说明书、应急钥匙锁入保险柜内。

(4) 报警器使用时,对内部的各开关及电子元件不要随意调动,发现声音变小,表明电池用完,应及时更换。若发生误报可将灵敏度适当调低。

(5) 长期使用外接电池时,应将电池从电池盒中取出。

2.4.3 电子计算器

电子计算器作为一种先进和专业的计算工具,以其价格低廉、携带方便、计算迅速准确等特点,已经在经济工作和生活中得到了广泛的应用,成为不可缺少的计算工具。

1. 电子计算器的结构和分类

(1) 电子计算器的结构。电子计算器一般都是由显示屏、功能键、内存、运算器四部分组成。

① 显示屏,在计算器的表面,用于显示输入的数据、计算公式及各种运算结果。

② 功能键,各功能键也在计算器的表面,用来输入计算指令和需要计算的各种数据。

③ 内存,是电子计算器的仓库,用来存放指令和各种数据,以及运算器送来的各种运算结果。

④ 运算器,在计算器的内部,是对数据信息进行加工和处理的部件,它的主要功能就是在控制器的控制下完成各种算术运算。

(2) 电子计算器的分类。电子计算器按其功能和容量不同可以分为普通型和高级型两类。

① 普通型电子计算器,又可分为两种。

第一种是算术型计算器,可进行加、减、乘、除等简单的四则运算,又称简单型计算器,可代替算盘。

第二种是普通型计算器,除能完成加、减、乘、除四则运算外,还可以开平方和计算百分比,普通型电子计算器的功能比较简单,容量也比较小,显示位数在12位以下。由于计算器操作简单,便于携带,适用日常的一般运算,因此这种普通型的电子计算器在国内外应用极为普遍。

② 高级型电子计算器,又可分为4种。

第一种是函数型计算器,又称"科学型计算器"。除了具有普通型计算器的功能外,还具有三角函数、指数函数、反三角函数、对数、倒数、阶乘等方面的运算。这类计算器的功能较多,操作简便,适合大、中院校的学生和一般科技工作者、工程师等在日常计算工作中使用。

第二种是程序计算器,这类计算器除具有函数型计算器的功能,还可以把数学公式编成程序,把较复杂的运算步骤储存起来,进行多次重复的运算。

第三种是专用型计算器,这类计算器除了有一般的四则运算外,还有专门为某些特殊应用设计的专用功能键。目前,这类计算器应用最多的是一种供财会人员专门使用的计算器。它有自动累加、增值和贬值百分比计算,以及人民币专用计算等。很适合于财会工作、销售工作。

第四种是多功能型计算器,除了进行四则运算外,还具有一些特殊的功能,如带日历和计时功能的、带收音机功能的、可奏乐的、可玩电子游戏的等。

2. 电子计算器功能键及使用方法

利用计算器的各功能键输入各种信息或进行各种操作,不同的计算器,键的个数及排列的位置有所不同,但计算器一般由以下几个部分组成。

(1) 电源开关键。计算器键盘上的开启键 ON,其功能是接通电源,按下此键后,显示屏出现"0",表示可以开始操作使用;关闭键 OFF,其功能是切断电源,按下此键后,关闭电源,显示屏关闭。

(2) 清除键。"AC"总清除键,用来清除计算器中的一切运算及数据。"CE、C"是部分或又称更正清除键,用来清除最后输入的数或运算符号。

(3) 数据输入键。

"0~9"和"."数字及小数点输入键,用来输入计算时所需的数字,每按一次,就输入一个数字或小数点。

"+/−"符号键,用来输入数字的符号,要改变输入数的正负号时,只要按下反号键"+/−",正数就会变成负数,反之亦然。

"π"圆周率,按动一次可输入 3.1415926。

(4) 基本运算键。

"+、−、×、÷"四则运算键,是进行加、减、乘、除基本算术四则运算的按钮。

"="等号键,每按动一次,可显示出计算结果。

"%"百分比键,用于求百分数的计算。

(5) 函数键。

"1/x"倒数键,其作用是自动把显示器中的数字取倒数。如 6 的倒数,只要按"6 1/x"就可得出结果。

"x^2"平方键,求显示器上的数值的平方时使用。

"$\sqrt{}$"开平方键,进行平方运算,先输入数字,再按下此键。

"$\sqrt[3]{}$"立方根键,自动运算显示器功能键,求立方根时使用。

"log"常用对数键,求以 10 为底的对数时使用。

"hyp"双曲函数键,利用此键与相应的三角函数键,可以求出双曲函数的值。

"ln"自然对数键,求以 e 为底的对数时使用。

"sin、cos、tan"三角函数键,用这三个功能键分别求出数的正弦、余弦、正切三个三角函数。先输入某数,再按三角函数键即可。

(6)存储键。

"SUM"或"M+"存储累计键,这个键可代替等号显示运算结果,能把显示数据存入存储器和原存储器相加后,存入存储器。

"MC"存储数据清除键,清除存储器中存放的数值时使用。这个键无论何时按下,都和正在进行的运算过程无关,它只清除存储器内的数值。

"STO"数据存储输入键,按此键,计算器自动把显示器上的数字存入存储器。

"RCL"或"MR"数据存储调出键,若存储器中已存储数据,则按"RCL",即可将该数据调出,重新显示在显示屏上,并可用于各种计算。

"EXC"或"Mx"存储数与显示数交换键,按此键可以将显示器所显示的数和存储器中的数相交换。

(7)统计计算键。

"n"样本数字键盘,求输入计算器的统计数据的个数用。

"$\sum x$"样本总和显示键,求输入计算器的统计数据之和用。

"$\sum x^2$"样本的平方总和显示键,求输入计算器的统计数据的平方和用。

"$\bar{x}$"样本平均值显示键,求输入计算器的统计数据的平均数用。

"σ"标准差显示功能键,求总体参数取"n"的标准偏差时使用。

【例 2-1】

加减乘除运算类:39+21×5,操作顺序,按"C""21""×""5""+""39""=",显示为"144"。

【例 2-2】

改错类:将算式 321+48 改为 321+84,操作顺序,按"C""321""+""48""CE""84""=",显示为"405"。

【例 2-3】

折扣运算类:850-850×30%,操作顺序,按"C""850""-""30""%""=",显示为"595"。

【例 2-4】

幂的运算类:5^2+4^3,操作顺序,按"C""5""x^2""+""4""y""3""=",显示为"89"。

【例 2-5】

倒数运算类:1/(40+15)×5,操作顺序,按"C""(""40""+""15"")""×""5""x^{-1}""=",显示为"0.003636363"。

【例2-6】

对数运算类：log2.56，操作顺序，按"C""2.56""log""＝"，显示为"0.408239965"。

2.4.4　收银机

1. 收银机的结构及分类

（1）收银机的结构。收银机的结构非常简单，一般是由主机和钱箱两部分构成，其中主机包括显示器（分主显和客显两种）、打印机、键盘、方式锁、钱箱。

① 显示器。显示器是收银机的主要设备，通过显示器可以反映收银机的整个工作情况并能显示其处理结果。一般的收银机都有两个显示器：一个面向收款员，另一个面向顾客。面向顾客的显示板比较特殊，可拉起并作任意角度的旋转，可满足顾客在不同位置下的观察。

收银机的显示器可以显示两部分内容，数字位和信息指示位。数字位用来显示商品的编号、部类号、数量及金额。当商品以 PLU 方式销售时，显示器将显示 PLU 号及金额，当重复销售同一 PLU 时，PLU 号位置将显示数量。信息指示位在显示器两侧有 6 个箭头。其中，"小计"的箭头亮，表示当前收款员被设定为培训状态，此收款员所做的所有销售均不记入销售报表中；"总计"箭头亮，表示正在交易，结账后此箭头将消失；"找钱"箭头亮，表示打印机处于打印状态，此箭头灭，则收银机销售后打印机将不打印收据；"经理"箭头亮，表示收银机在"经理"档；"X"箭头亮，表示收银机在"X"档；"Z"箭头亮，表示收银机在"Z"档；"经理"＋"Z"两个箭头同时亮，表示收银机在"设置"档；"小计""总计"及"找钱"箭头指示只有在"收款"及"经理"档才会有效。

② 打印机。主要用于打印销售结算后的收据。

③ 键盘。常见的标准键盘有 41 键，分为 4 个部分，即数字键区、部门键区、结算功能键区和结算方式键区。不管哪类型号的收银机，键盘的功能只有在"收款"及"经理"档位上才有效。

④ 方式锁。收银机上的方向锁有 6 个档位，方式锁通过键盘来完成其功能。

方式锁＋"0"，相当于断开档，表示关闭显示器及键盘的电源。

方式锁＋"1"，收款档，表示进行正常交易输入，无输入时显示时间。

方式锁＋"2"，经理档，表示除可完成收款档所有功能外，还可进行变价交易。

方式锁＋"3"，X 档，X 档指示灯亮，表示读"X"报表，不清除报表数据。

方式锁＋"4"，Z 档，Z 档指示灯亮，表示读"Z"报表，同时清除报表数据。

方式锁＋"7"，设置档，经理指示灯和 Z 指示灯亮，此时可以对收银机进行功能及参数设置。

⑤ 钱箱。收银机上的钱箱是用来存放现金的，一般有 3 个钞票盒，5 个硬币盒。正常操作时会自动弹开。

(2) 收银机的分类。

① 收银机按其行业不同划分,有"超市"型收银机和"餐饮"型收银机,这两类收银机要通过键盘转换,才能实现各自的功能。

② 收银机按其功能不同划分,有数字收银机,汉字收银机和 POS 机 3 种。POS 机是性能较全的一种收银机,类似一台小型计算机,具有计算机的基本功能,输入设备就是计算机的键盘。

2. 收银机的功能键及使用方法

(1) 查询键:查询商品的价格。

(2) 磅秤键:对商品进行称重时使用。

(3) 回车键:用来确认各类操作。

(4) 数量键:收银员直接录入商品条码时,收款机默认的数量为"1",当录入的商品数量多于"1"的时候,要在录入商品条码之前敲入商品数量,然后按"数量"键,再录入商品条码或货号。

(5) 重复上次键:"重复上次"键用来重复上一次的销售。例如,收银员录入 5 个"可口可乐",此时按"重复上次"键,收款机将再增加 5 个可口可乐("重复上次"键只能在销售过程中使用,并且重复上一次的操作)。

(6) 小计键:使用"小计"键可以在顾客显示器上显示已经录入收款机的商品价值总计。

(7) 取消键:"取消"键取消一次操作。如:取消商品总计等功能键。取消商品:收款过程中,收银员如果取消某一个已经录入的商品时,按"取消商品"键(收款机提示:"请选择取消的商品或按取消键"),再用"向上一行""向下一行""向上翻页""向下翻页"4 个键,选择所要取消的商品,并按"取消商品"键,收款机提示:"是否要取消商品(Y/N)"。确定取消此商品时按"回车"确认键,反之按"取消"键。

(8) 清除键:"清除"键主要清除输入错误,前提是在没有按"回车"确认键之前。如收银员把"39"错输为"29",在没有按"回车"确认键之前,按"清除"键可以把"29"清除掉。

(9) 总计键:此键只在结账时使用。

(10) 向上翻页键:这个键用来切换选项。

(11) 向下翻页键:这个键用来切换选项。

(12) 向上一行键:这个键用来切换选项。

(13) 向下一行键:这个键用来切换选项。

(14) 现金键:如果用现金方式付款,应先输入顾客所付现金金额,再按"现金"键。

(15) 礼券键:用礼券支付,直接按"礼券"键,不需要输入应付现金金额。

(16) 支票键:用支票支付,直接按"支票"键,不需要输入应付现金金额。

(17) 银行卡/信用卡键:用银行卡/信用卡支付,直接按"银行卡/信用卡"键,不需要输入应付现金金额。

(18) 上岗键:上岗时使用的键。

(19) 下岗键:下岗时使用的键。

3. 收银机的操作流程

(1) 准备工作。确定收银机的电源接好,检查打印纸是否足够,检查备用金是否足够,检查时间和日期是否正确等准备工作。

(2) 开启收银机。启动收银机的电源,进行员工登录,输入工号、密码等,开始营业。

(3) PLU 销售。每一个商品都有自己的 PLU,即用一串数字表示的商品代码,在"销售"环节,输入或扫描商品代码。

(4) 交易开票。当前面交易完毕后,按"开票"就进入了交易开票,根据"应收、应找"的金额数,完成交易。

(5) 更改、退货。更正错误的输入,取消错误的输入而产生的交易或解决退货问题。

(6) 付款。交易结束时,要选择付款方式,一般的收银机有现金、记账、支票、信用卡 4 种付款方式,每笔交易可自由选择其中的全部或部分方式付款。

(7) 输入缴款单的操作。每个收银员交班或下班前,要选择进入"交款单输入"功能,收银员要按 100 元、50 元、20 元等不同面额的钞票逐项输入张数和金额,最后输入缴款单号,核对后确认上交,并自动打印交款单。

4. 收银机常见的故障与排除方法

(1) 收银机显示器不亮。收银机突然没有任何显示,先检查电源插头是否正常或各插件未插紧。可将主机内可插拔的设备拔出后重新插紧,如无效果,然后可以将主机内主要部件拔掉,在保持仅有芯片、内存及电源连接时进行接电。

在收银机各部分连接正常的情况下接通电源后,主机已经通电但是显示器显示为无信号输出,则有可能是主板有故障或主要部件已损坏从而引起主板电回路短路。可判定主板已损坏,需更换主板。

(2) 死机。收银机在正常工作时突然屏幕停在一个位置不动,键盘敲击也没有任何反应,此时可以判定该机器为死机。死机的原因很多,芯片和其他主要部件过热会引起死机。这时首先检查电源风扇与芯片风扇是否正常运转,如转速过低可以判定为芯片或电源温度过高引起收银机死机;然后需将设备逐一更换以做测试。

(3) 顾客显示屏无法显示。顾客显示屏突然无法显示,可以判定为顾客显示屏故障。故障原因可能是顾客显示屏老化、程序变动、主机接口损坏、COM3 口损坏等。可将顾客显示屏接至能正常显示的主机上检查能否正常显示,如能正常显示则逐一更换主机接口与 COM3 口。

(4) 时间错误。当收银机在正常收银状态时显示的时间与正常的时间不一致可以判定该机器的时间错误。造成故障原因:该收银机先于 SCO 服务器开机、该收银机单机、程序错误。

在发现收银机时间错误时,立即将收银机重新启动进入收银系统,如仍然时间错误,或处于联网状态,可判定为程序故障,此时可进入 CMOS 修改本机的时间,具体方法如下:在收银机接上 PC 键盘,在开始时按 DELETE 键进入 CMOS 设置,选择第一档,将光标移到 DATE 和 TIME 使用 PAGE UP 或者 PAGE DOWN 键将内容修改为正确的日期和时间,然后重新启动收银机即可。

(5) 收银箱卡住。收银员将钞票放在收银箱内,如果放置过多,超出容纳量,有可能造成卡住。所以,量比较多时,要取出一部分另外存放。

(6) 条码扫描故障。当条码扫描器扫描后,信息会传送给收银机,由于各种意外,可能造成无法正常通信。造成故障的原因可能是连接扫描器和收银机的线路由于接口意外松脱,或者是意外造成扫描器端口死住,不能进行数据传输,一般可以将扫描器电源断了,重新接通,对端口进行复位。

(7) 打印机卡纸。当打印机接电后,打印纸不能正常进入纸道,且控制板上 ERROR 红灯亮起,可以判定为打印机卡纸。造成故障原因:纸道内有碎屑、传感器损坏。此时将打印机翻转后轻拍底部,有碎屑倒出后再尝试,如仍然无法正常进纸则需送修。在将打印纸放入纸道前先将卷纸侧放轻拍,在处理一些碎屑后再做使用(碎屑可能会影响进纸,磨损齿轮等)。

对于不同型号的收银机,还有一些不同的常见故障,排除方法根据具体情况,进行分析解决。

2.4.5 数字小键盘

数字小键盘是出纳人员在微机录入过程中经常使用的功能键。它的功能之一是可以输入数字,具有强大的计算功能,另外它可以取代鼠标来操作电脑里的计算器,再有除了计算功能之外,它和编辑键区有异曲同工之处就是它也具有较强的编辑功能。输入的速度和准确性直接影响工作效率,出纳人员要做到能够快速地盲打输入。

(1) 小键盘的结构。位于键盘的右下部分,银行职员、财会人员用小键盘进行数字、符号的快速录入和传票的录入等。小键盘共有 17 个键位,包括数字操作键(10 个数字和小数点);数学运算符号键(加、减、乘、除、回车、数字锁定键);小键盘左上角的数字锁定键(NumLock)用来打开和关闭数字小键盘区。

(2) 小键盘正确的指法分工。右手食指:1、4、7;中指:2、5、8、/(除号);无名指:.(小数点)、3、6、9、*(乘号);小指:回车、+(加号)、-(减号);拇指:0(如图 2-14 所示)。数字 5 的键帽上有个凸起的小点,作用是定位,中指停留在 5 之上,指法就容易到位。

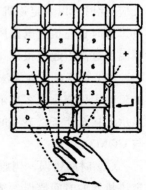

图 2-14 小键盘指法图

数字小键盘的技能训练方法有:利用传票练习,可以采用全国珠算比赛所用的传票进行练习;利用账表算练习;利用软件练习,数字小键盘练习软件界面如图 2-15 所示,目前常见的有《轻轻松松学五笔》《数字小键盘练习》等。几种练习方法结合起来训练,能达到更好的效果。

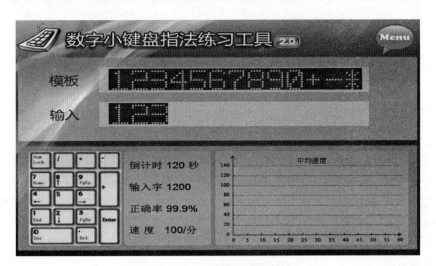

图 2-15 数字小键盘练习软件界面

同步实训

□ 实训目标

能熟练使用出纳的常用机具。

□ 实训准备

传票、计算机。

□ 实训资料及要求

（一）利用计算器计算下列各题

1. $(280-125)\div 25$
2. 8^7+9^6
3. $7\ 800-7\ 800\times 35\%$
4. $4\ 580\times 100^{-2}$

（二）小键盘测试

根据表 2-3 所示资料或准备好的传票进行小键盘的输入练习,多次通过数字键盘输入数字,并计算结果,一段时间练习后,利用计算机所安装的测试软件,给学生打分,评定结果。

表 2-3　　　　　　　　　　　　　　　数字资料

行数	第一组	第二组	第三组	第四组	合　计
1	4 325.00	83.05	62 135.69	47 953.05	
2	5 162.00	61 725.00	97 649.00	83 697.40	
3	1 576.00	1 256.34	57 768.58	67 849.40	
4	258.12	260.10	12 686.00	44 565.56	
5	15 260.00	62 213.05	755.30	5 463.88	
6	53 805.23	524.31	67.55	83 953.00	
7	62 342.56	456.80	3 275.86	429.88	
8	53 224.00	6 757.07	74 968.07	32 548.00	
9	74 324.05	24 342.02	6 768.08	89 673.47	
10	2 344.00	84 321.08	14 686.05	89 873.66	
合计					

第一次用时：　　　　　　　　正确结果数：

第二次用时：　　　　　　　　正确结果数：

第三次用时：　　　　　　　　正确结果数：

第四次用时：　　　　　　　　正确结果数：

第五次用时：　　　　　　　　正确结果数：

 扩展阅读

假币案例及处理办法

1. 假币诈骗案例

一位60多岁的老大娘到银行取现金3 900元，在银行柜台清点完毕后乘车到医院为住院的老伴交手术费。在乘车到医院的路上，老大娘被一男一女故意碰伤，随后送到医院治疗。到医院后，一男一女问她："老大娘，你取那么多钱有没有假的？我们都遇到过假钱，你拿出来看一下吧。"在看的过程中，这一男一女偷偷将3 900元调换成了假币。

一犯罪团伙以收购二手手机为名，将交易地点选在银行网点附近，谎称自己现金不够需要取钱，假装在自助取款机上操作，然后将早已准备好的假币递给顾客。顾客误以为钱是刚从自助取款机取出，自然放松警惕，交易之后才发现钱是假的。经审讯得知，该团伙涉嫌使用假币4万元，向20多名受害人购买手机等物品，再倒卖牟利。

2. 如何防范不法分子使用假币实施诈骗

（1）在集市、车站、个体商贩等处交易时，一定要提高警惕，对收到的钞票要仔细对比查看。

（2）大额交易尽量选择银行卡、转账支付等非现金方式。

（3）现金交易时，如果对方收到钞票后又以各种理由要求更换，仔细鉴别对方还回的钞票，防止真币被调包。

（4）认清骗术别动贪念，在所谓中大奖、见到钱物平分、低价兑换外汇等诱惑面前要保持冷静，不能掉进骗子的圈套。

（5）鉴别货币真伪时应多选择几种防伪特征综合判断，必要时可拿出真币进行对比。

3. 收到假币如何处理

主动上缴持有的假币是公众应尽的责任和义务。公众无论何种原因取得假币,当得知持有的是假币时,应主动上缴至公安机关、人民银行或金融机构。

4. 举报假币犯罪奖励办法

对举报伪造、变造货币,出售、购买、运输、持有、使用、走私假币等违法犯罪行为或线索的单位和个人,有一定金额的奖励金。

举报人可通过拨打110、来信方式举报,也可到各级公安机关或向执勤民警当面举报。

职业判断能力训练

一、单项选择题(下列答案中有一个是正确的,将正确答案填入括号内)

1. 人民币玖万零叁元整的阿拉伯数字正确写法是(   )。
   A. ¥90 003.00   B. ¥90 003
   C. 90 003   D. 90 003 元

2. 下列表述正确的是(   )。
   A. 小写金额的货币符号与阿拉伯数字之间可以适当留有空位
   B. 第五套人民币 100 元正面左下方用新型油墨印刷了面额数字"100",当与票面垂直观察其为绿色,而倾斜一定角度则变为红色
   C. 破损、残缺的人民币要用纸条或不干胶条等随意粘贴好使用
   D. 使用数字小键盘时的中指手指分工是 2、5、8、/(除号),数字 5 的键帽上有个凸起的小点,中指停留在 5 之上,指法就容易到位

3. ¥8 100.92 的大写金额正确写法是(   )。
   A. 人民币捌仟壹佰元玖毛贰分
   B. 人民币捌仟壹佰元玖毛贰分整
   C. 人民币捌仟壹佰零玖角贰分
   D. 人民币捌仟壹佰元玖角贰分

4. 第五套人民币 100 元正面左下方用新型油墨印刷了面额数字"100",当与票面垂直观察其为(   )色。
   A. 黄   B. 绿   C. 橘黄   D. 红

5. 下面对第五套人民币水印表述正确的是(   )。
   A. 20 元为兰花   B. 5 元为水仙花
   C. 10 元为菊花   D. 1 元为荷花

6. 账簿中书写的文字或数字应占格距的(   )。
   A. 1/2   B. 1/3 至 1/2
   C. 2/3   D. 3/4

7. 点钞中最基本、最常用的方法是（   ）。
   A. 手持式单指单张点钞法　　　　　　B. 手持式四指四张点钞法
   C. 扇面式点钞法　　　　　　　　　　D. 手按式捻点法

二、**多项选择题**（下列答案中有两个或两个以上是正确的，将正确答案填入括号内）

1. 点钞的基本要求是（   ）。
   A. 坐姿端正　　　　B. 指法正确　　　　C. 点数准确
   D. 扎把捆紧　　　　E. 盖章清晰

2. 下列属于假币识别方法的是（   ）。
   A. 眼看　　　　　　B. 手摸　　　　　　C. 耳听
   D. 仪器检测　　　　E. 尺量法

3. 第五套人民币纸币采用手工雕刻凹版印刷工艺的是（   ）。
   A. 100元　　　　　 B. 50元　　　　　　C. 20元
   D. 10元　　　　　　E. 5元

4. 第五套人民币纸币印有胶印缩微文字的是（   ）。
   A. 100元　　　　　 B. 50元　　　　　　C. 20元
   D. 10元　　　　　　E. 5元

5. 手工整点硬币的环节包括（   ）。
   A. 拆卷　　　　　　B. 清点　　　　　　C. 记数
   D. 包装　　　　　　E. 盖章

三、**判断题**（正确的在括号内打"√"，错误的在括号内打"×"）

1. 点钞的基本程序是拆把→扎把→点数→盖章。（   ）
2. 扇面式点钞时持钞的动作是：钞票竖拿，左手拇指在票前下部中间票面约1/4处。
 （   ）
3. 原始凭证中金额写错时可用划线更正法。（   ）
4. 数字书写时为了体现数字的流畅性可连笔。（   ）
5. 账表凭证上书写阿拉伯数字使用斜体，斜度在60°左右。（   ）
6. 已经破损的人民币不可以在商品交换中起到价值职能，得不到社会的承认。（   ）
7. 票面残缺不超过1/5，其余部分的图案、文字能照原样连接的人民币可按全额兑换。（   ）
8. 明知是假人民币却继续持有或使用，属于违法行为，由公安机关处以15日以下拘留、5 000元以下罚款；情节严重的，则要追究刑事责任。（   ）
9. 第五套人民币20元纸币背面主景是长江三峡。（   ）
10. 第五套人民币各面额纸币上的盲文点均在票面正面的右下方。（   ）

现金业务处理

项目3
Xiangmu 3

技能目标

1. 能填制收付款业务相关凭证。
2. 会登记现金日记账。

知识目标

1. 了解现金管理的基础知识。
2. 掌握有关现金收付款业务原始凭证的开具方法和处理程序。
3. 掌握现金日记账的登记方法。
4. 掌握现金长短款的会计处理。

案例导入

李明是某高职院校2022届会计专业毕业生,应聘到荣达食品有限责任公司从事出纳工作。业务员刘强将于2022年12月8日到上海采购,12月7日刘强拿着领导签字的借条到出纳处借钱,出纳李明审核借款单后将3 000.00元现金付给了刘强,借条留在出纳处。12月10日刘强出差回来报销差旅费2 800.00元,刘强将2 800.00元的报销单据和剩余200.00元现金交给出纳,出纳审核报销单后,将借款单退给刘强,然后将报销单交给会计复核,制证员编制记账凭证,出纳员根据记账凭证在现金日记账上登记现金减少2 800.00元。出纳员李明的做法对吗?如不对,正确的做法是什么?

任务3.1 现金收入业务处理

按国际惯例解释,"现金"是指随时可作为流通与支付手段的票证,不论是法定货币还是信用票据,只要具有购买或支付能力,均可视为现金。现金从理论上讲有广义与狭义之

分,广义现金包括库存现金、视同现金的各种银行存款和流通证券等;狭义现金又称库存现金,是指存放在企业并由出纳人员保管的现钞,可以随时用以购买所需物资,支付日常零星开支,偿还债务等,包括库存的人民币和各种外币。现金是流动性最强的一项资产。因此,出纳人员需要妥善保管现金。企业必须按照国务院颁发的《现金管理暂行条例》规定,严格遵守国家有关现金的管理制度办理现金业务,正确进行现金收支的核算,监督现金使用的合法性和合理性。本书所讲的现金是狭义现金。

3.1.1 现金收入的管理原则

1. 现金收入必须合法合理

单位的现金有多种来源,不管是哪种来源,都必须做到合法合理。不能乱列开支项目提取现金或出售商品(产品)金额在结算起点以上的拒收银行结算凭证而收取现金或按一定比例搭配收取现金;单位在国家规定的使用范围和限额内要使用现金,应从开户银行提取,提取时应写明用途,由本单位财务部门负责人签字或盖章,经开户银行审核后,予以支付现金,不得编造用途套取现金等。

2. 现金收入手续必须严格

为了防止差错和引起纠纷,收入现金时必须坚持先收款,在当面清点现金无误后,再开给收款人收据,不能先开收据后收款。一切现金的收入都应开具收款收据。收入现金时,签发收据人和收款经手人也应当分开,以防作弊。

3. 现金收入坚持一笔一清

现金收入时,要办理完一笔,再办理另一笔,几笔收款不能混在一起办理,以免互相混淆或调换。一笔款项未办理妥当,出纳人员不得离开座位,收款与开收据应在同一时间内完成,不准收款后过一段时间再来开收据;出纳人员与付款人当面点清后,应再询问一次付款人金额是否正确,如无异议,开出收据或发票,对已完成的收款收据应加盖"现金收讫"章,对已完成的发票应加盖"单位发票专用章",即可将发票或收据交给付款人,完成收款手续。

4. 现金收入要及时送存银行

《现金管理暂行条例》第十一条第一款明确规定:"开户单位现金收入应于当日送存开户银行,当日送存确有困难的,由开户银行确定送存时间。"各单位收入的现金超过库存限额的,也应将超过限额的部分送存银行。因此,收入的现金和超库存限额的现金应及时送存银行,不准擅自坐支现金。

知识链接3-1 现金及时送存、坐支与库存现金限额核定

及时送存:一般是指当日送存,如有的单位离开户银行较远,交通不便,可由开户银

行确定送存时间,如果收进的现金是开户银行当天停止收款以后发生的,也应在第二天送存银行。

坐支:是指从单位的现金收入中直接用于支付各种开支。坐支现金容易打乱现金收支渠道,不利于开户银行对单位的现金进行有效地监督和管理。有些单位业务经营确实需要坐支现金的,应事先向开户银行提出申请,在开户银行批准的坐支范围内,才能坐支现金,并定期向开户银行报告坐支金额和使用情况。

库存现金限额核定的具体程序:库存现金限额每年核定一次,经核定的库存现金限额,开户单位必须严格遵守。其具体的核定程序如下。

(1) 开户单位与开户银行协商核定库存现金限额。

库存现金限额＝每日零星支出额×核定天数

每日零星支出额 = $\frac{月(或季)平均现金支出额(不包括定期性的大额现金支出和不定期的大额现金支出)}{月(或季)平均天数}$

(2) 开户单位填制"库存现金限额核定表"(如表3-1所示)。

表3-1　　　　　　　　　库存现金限额核定表

单位名称:
开户银行:　　　　　　　　　　　　　　　　　　　　　职工人数:
账　　号:　　　　　　　　　　　　　　　　　　　　　单位:元

部　门	限额				简要说明
	库存限额		找零备用金定额		
	申请数	核定数	申请数	核定数	
1. 财务出纳部门					财务部门每天零星开支的平均金额为_____元。
2. 各附属单位					
(1)					
(2)					
核准单位盖章　　　年　月　日	开户银行意见　　　年　月　日		申请单位盖章　　　年　月　日		

(3) 开户单位将申请批准书报送单位主管部门,经主管部门签署意见,再报开户银行审查批准,开户单位凭开户银行批准的限额数作为库存现金限额。库存现金限额一般按照单位3~5天的日常零星开支核定,边远地区和交通不便地区可按多于5天,但不超过15天的日常零星开支需要量确定。经银行核定批准后,开户单位应当严格遵

守,每日现金的结存数不得超过核定的限额。如库存现金不足限额时,可向银行提取现金,不得在未经开户银行准许的情况下坐支现金;库存现金限额一般每年核定一次,单位因生产和业务发展、变化需要增加或减少库存限额时,可向开户银行提出申请,经批准后,方可进行调整,单位不得擅自超出核定限额增加库存现金。

3.1.2 现金收入原始凭证的种类

由于各单位从事经济业务的性质不同,在具体办理现金收入业务时,采用的原始凭证也有所不同,一般来说,现金收入业务原始凭证包括发票和收据两种。

1. 发票

发票是指在购销商品、提供或者接受劳务以及从事其他经营活动中,开具、收取的收付款的书面证明。它是确定经营收支行为发生的法定凭证,是会计核算的原始依据,也是税务稽查的重要依据。发票按其适用的范围不同主要包括增值税专用发票、增值税普通发票和专业发票。

(1)增值税专用发票。增值税专用发票是指专门用于结算销售货物和提供加工、修理修配劳务使用的一种发票(如表3-2所示)。增值税专用发票只限于增值税一般纳税人领购使用,增值税小规模纳税人不得领购使用。一般纳税人如有法定情形的,不得领购使用增值税专用发票。

微课:手把手教你查发票

表 3-2　　　　　　　　　浙江增值税专用发票

购买方	名　称:					密码区	(略)		
	纳税人识别号:								
	地址、电话:								
	开户行及账号:								
货物或应税劳务、服务名称	规格型号	单位	数量	单价	金额		税率	税额	
合　计									
价税合计(大写)					(小写)				
销售方	名　称:					备注			
	纳税人识别号:								
	地址、电话:								
	开户行及账号:								

3300222130　　　抵扣联　　　No 18000554　开票日期:　年　月　日

第二联:抵扣联　购买方扣税凭证

税总函[2022]102号 海南华森实业公司

收款人:　　　复核:　　　开票人:　　　销售方:(章)

增值税专用发票基本联次:一式三联,分别为记账联,即销售方记账凭证;抵扣联,即购买方扣税凭证;发票联,即购买方记账凭证。

(2)增值税普通发票。增值税普通发票主要由增值税小规模纳税人使用,增值税一般纳税人在不能开具增值税专用发票的情况下可使用增值税普通发票(如表3-3所示)。

表3-3　　　　　　　　　　浙江增值税普通发票

3300222320　　　　　　　　　发票联　　　　　　　　　　　　No00946896

开票日期：　　年　月　日

购买方	名　　　称：		密码区	(略)		
	纳税人识别号：					
	地　址、电　话：					
	开户行及账号：					
货物或应税劳务、服务名称	规格型号	单位	数量	单价	金额	税率	税额

（表格：货物或应税劳务、服务名称 | 规格型号 | 单位 | 数量 | 单价 | 金额 | 税率 | 税额；合计行；价税合计(大写)　　(小写)）

销售方	名　　　称：	备注
	纳税人识别号：	
	地　址、电　话：	
	开户行及账号：	

收款人：　　　　　复核：　　　　　开票人：　　　　　销售方：(章)

增值税普通发票按发票联次分为两联票和五联票两种,基本联次为两联,分别为记账联,销售方记账凭证;发票联,购买方记账凭证。此外为满足部分纳税人的需要,在基本联次后添加了三联的附加联次,即五联票,供企业选择使用。

知识链接3-2 | 普通发票和专用发票的区别

(1)联次不同,专用发票有3联,普通发票则有1、2、5联多种。

(2)发票使用人不同,专用发票一般只能由增值税一般纳税人领购使用,普通发票由从事经营活动并办理了税务登记的各种纳税人使用。

(3)作用不同,专用发票可以抵扣进项税,普通发票除特殊情况,是不能抵扣进项税的。

(3)专业发票。专业发票是指国有铁路、国有航空企业和交通部门、国有公路、水上运输企业的客票、货票等(如图3-1所示)。

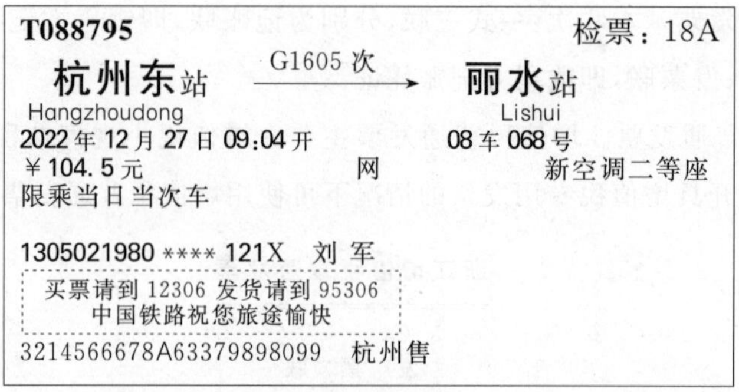

```
T088795                          检票：18A
杭州东站      G1605 次    → 丽水站
Hangzhoudong                     Lishui
2022 年 12 月 27 日 09:04 开    08 车 068 号
￥104.5 元          网           新空调二等座
限乘当日当次车

1305021980 **** 121X    刘 军
买票请到 12306 发货请到 95306
中国铁路祝您旅途愉快
3214566678A63379898099    杭州售
```

图 3-1 火车票

知识链接 3-3 | 电子发票的产生与推广

电子发票是信息时代的产物，同普通发票一样，采用税务局统一发放的形式给商家使用，发票号码采用全国统一编码，采用统一防伪技术，分配给商家，在电子发票上附有电子税务局的签名机制。

2012 年年初在北京、浙江、广州、深圳等 22 个省市开展网络（电子）发票应用试点后，国家税务总局在发布的《网络发票管理办法（征求意见稿）》中提到，国家将积极推广使用网络发票管理系统开具发票，并力争在三年内将网络发票推广到全国。

2013 年 6 月 27 日，北京市国家税务局、北京市地方税务局、北京市商务委员会、北京市工商行政管理局发布关于电子发票应用试点若干事项的公告。公告称，经研究决定，自 2013 年 6 月 27 日起，在北京市开展电子发票应用试点。

2015 年 2 月 9 日，中国人寿率先开出我国内地金融保险业首张电子发票，慧择网也因此成为首个和国寿联手推出保险电子发票的保险电子商务公司。据介绍，消费者选择电子发票后，将取得相关查验信息，凭此依据可以随时通过企业官网和税务机关电子发票服务平台进行查验，从而避免消费者因丢失纸质发票带来的诸多不便。

统计数据显示，2018 年我国电子发票开具数量达 32.7 亿张，预计 2022 年电子发票开具量将达到 550 亿张。

2. 收据

收据主要是指财政部门印制的盖有财政票据监制章的收付款凭证，用于行政事业性收入，即非应税业务。一般没有使用发票的场合，都应该使用收据。收据与我们日常所说的"白条"不能画等号。收据可以分为外部收据（如表 3-4 所示）和内部收据（如表 3-5 所示）。

（1）外部收据又分为税务部门监制、财政部门监制、部队监制收据 3 种。单位之间发生业务往来，收款方在收款以后不需要纳税的，收款方就可以开具税务部门监制的收据。行政事业单位发生的行政事业性收费，可以使用财政部门监制的收据。单位与部队之间发生业务往来，按照规定不需要纳税的，可以使用部队监制的收据，这种收据也是合法的凭据,可以入账。

除上述几种收据外,单位或个人在收付款时使用的其他自制收据,就是日常所说的"白条",不能作为凭证入账。

表 3-4　　　　　　　　　浙江省统一收款收据

涉税举报电话
12366

本发票限于 2022 年 12 月 31 日前填开使用有效

开票日期：

收据代码：2440899654
收据号码：00951888

缴款单位或个人			
款项内容		收款方式	
人民币（大写）		¥	
收款单位盖章	收款人盖章	备注	
		本收据不得用于经营款项收入	

浙税印8404×209.6×250×25×3　丽水市财税劳动服务公司承印

第二联　收据联

（2）内部收据是单位内部的自制收据,用于单位内部发生的业务,如材料内部调拨、收取员工押金、退还多余出差借款等,这时的内部自制收据是合法的凭证,可以作为成本费用入账。

表 3-5　　　　　　　　　　收款收据
　　　　　　　　　　　　　年　月　日　　　　　　　　　　　　　No1158945

交款部门		交款人		交款方式							
人民币（大写）					十万	千	百	十	元	角	分
交款事由											

收款单位：　　　　　主管：　　　　　会计：　　　　　出纳：

第二联　收据联

收据一般为三联套写,第一联为存根联,开票单位存查;第二联为交款人收执,需加盖财务专用章（或发票专用章）;第三联为本单位记账依据,需加盖现金收讫章。在填开现金收款凭证时,如发生错误,应将该凭证保留在发票本上,并盖上"作废"章,以示注销,不得随意将错误凭证丢弃,或连同凭证存根一并撕去。

3.1.3　现金收入业务的处理程序

现金收款业务是各单位在其所开展的生产经营和非生产经营性业务过程中取得现

金的业务,各单位在办理有关经济业务时,按国家有关制度和规定,现金收入的主要渠道包括:单位或职工交回的备用金借支剩余款,单位或职工交纳的赔偿款、罚款,收取单位或个人不能转账的销售收入,收取不足转账结算金额起点的小额收入,从银行提取现金,无法查明原因的现金溢余等,现金收入的顺序和来源不同,其程序也不一致。主要有出纳部门直接收款和从银行提取现金两种情况,从银行提取现金的程序的具体内容将在子任务4.2.5讲解。在此只讲出纳部门直接收款的程序。直接收款,是指交款人直接持现金到出纳部门交款,出纳人员根据有关收款凭据办理收款事宜。收款的一般程序如下所述。

1. 审核收款凭证

出纳员应核对客户的相关信息,并对现金来源的合法性与合理性进行审核。

2. 清点现金

当场清点现金是否与实际结算金额相符,并检查货币的真伪性,做到收付两清,一笔一清。

案例评析:虚开发票 后果严重

3. 开具发票或收据

正确填写相关内容。

知识链接3-4 | 发票开具的基本要求

(1)单位和个人应在发生经营业务、确认营业收入时,才能开具发票,未发生经营业务一律不得开具发票。

(2)开具发票时应按号码顺序填开,填写项目齐全、内容真实、字迹清楚、全部联次一次性复写或打印,内容完全一致,并在发票联和抵扣联加盖单位财务专用章或者发票专用章。

(3)填写发票应当使用中文,民族自治地区可以同时使用当地通用的一种民族文字,外商投资企业和外资企业可以同时使用一种外国文字。

(4)使用电子计算机开具发票必须报主管税务机关批准,并使用税务机关统一监制的机打发票。开具后的存根联应当按照顺序号装订成册,以备税务机关检查。

(5)开具发票时限、地点应符合规定。

(6)任何单位和个人不得转借、转让、代开发票;未经税务机关批准,不得拆本使用发票;不得自行扩大专业发票使用范围。

---

4. 盖章

将发票联(或客户联)加盖发票章(或现金收讫章)后给交款人,如果是增值税专用发票应将抵扣联一并给交款人。其余联次留存企业,记账联交制证员制证,再交复核会计复核。

5. 审核记账凭证

有关现金收款的记账凭证是出纳人员办理现金收入业务的依据,为确保记账凭证的合法、真实和准确,出纳人员在登账前应先复核记账凭证的下列内容。

(1) 记账凭证的填写日期是否正确。记账凭证的填写日期应为编制记账凭证的当天,不得提前或推后。

(2) 记账凭证的编号是否正确。记账凭证编号每月从第1号开始,应无重号、漏号、空号。

(3) 记账凭证的摘要栏记录的内容与原始凭证反映的经济业务内容是否相符。

(4) 记账凭证中使用的会计科目是否正确。

(5) 记账凭证中的金额和原始凭证的金额是否相符。

(6) 记账凭证中的"附单据"栏的张数与所附原始凭证张数是否相符。

(7) 记账凭证中的签名或盖章是否齐全。

在审核过程中,如发现记账凭证有错误,应查明原因,及时更正。

6. 根据审核无误的记账凭证登记现金日记账

(1) 现金日记账的设置。企业创立开始经营时,为了加强现金收支管理,出纳人员必须及时设置现金日记账来登记现金收入、支出、结存的情况。

知识链接3-5 如何启用日记账簿

(1) 检查账簿页数。日记账一般为三栏式订本式账,页码在启用前已印好,一般为50页和100页两种,企业选用哪一种,可根据企业业务量多少决定。

(2) 正确填写账簿启用表。

(3) 在印鉴处加盖企业财务专用章。

(4) 在贴印花处粘贴印花税税票,并在票体上画线以示完税证明。

(2) 现金日记账的基本内容。

① 日期:应与记账凭证上所记录的经济业务日期一致。

② 凭证号数:应填制记账凭证的种类和编号,作为登记账簿的依据。

③ 摘要:简明扼要地记录经济业务的内容。

④ 对方科目:填入对应账户的名称,表示业务的来龙去脉。

⑤ 借方栏、贷方栏:将记账凭证中的金额登记到现金日记账相对应方向的金额栏中。

⑥ 余额。

本日期末余额=本日期初余额+本日收入发生额合计−本日支出发生额合计

(3) 现金日记账的登记。现金日记账是出纳根据审核无误的收付款凭证,按照业务发生的先后顺序逐日逐笔登记,同时在记账凭证中"记账"栏画上记账符号"√",并在记账凭证下方加盖出纳章。每天业务终了时,出纳要进行"本日合计",结出本日收入合计、本日支出合计和本日期末余额,同时还应将账面余额与库存现金余额进行核对,保证账款

相符。

(4) 现金日记账的对账。对账是指核对账目。为了保证账簿记录的真实、正确、可靠，出纳对账簿和账户所记录的有关数据加以检查和核对。应坚持对账制度，做到账证相符、账账相符、账实相符。

① 账证核对，是指出纳将现金日记账与相关记账凭证及其所附的原始凭证进行核对。核对会计账簿记录与原始凭证、记账凭证的时间、凭证字号、内容、金额是否一致，记账方向是否相符。

② 账账核对，是指现金日记账与总分类账之间的有关数字进行核对。

③ 账实核对，是指现金日记账账面余额与现金实际库存数核对。

(5) 现金日记账的结账。结账是把一定时期(月份、季度、半年度、年度)内发生的经济业务在全部登记入账的基础上，结算出各账户本期发生额和期末余额的记账行为。现金日记账的结账包括"日结""月结"和"年结"(如表 3-6 所示)。

案例评析：看似微小 实则事重

表 3-6　　　　　　　　　现金日记账　　　　　　　　　第 18 页

2022 年		凭证		摘　要	对方科目	收入(借方)	支出(贷方)	结余(余额)
月	日	种类	号数					
12	1			承前页		10 780.00	9 800.00	1 648.00
	1	记	1	正杭服装厂交违约金	营业外收入	900.00		
	1	记	2	销货款	主营业务收入	4 250.00		6 798.00
				〰〰〰〰	〰〰〰〰	〰〰〰〰	〰〰〰〰	〰〰〰〰
	1			本日合计		12 842.00	10 000.00	4 490.00
				〰〰〰〰	〰〰〰〰	〰〰〰〰	〰〰〰〰	〰〰〰〰
	31			本月合计		17 680.50	16 060.50	3 268.00
	31			本年合计		234 568.00	236 731.00	3 268.00
				结转下年				

① 日结。每天业务终了时结出余额，如果现金收付业务较多，可进行"本日合计"，在最后一笔业务下面的摘要栏注明"本日合计"，结出本日发生额合计及余额，同时还应将账面余额与实际库存数进行核对，保证账款相符。

② 月结。月末要进行"本月合计",先在最后一笔经济业务记录下面画一条通栏红线,在红线下面的一行的摘要栏注明"本月合计",结出本月发生额合计及余额,然后在此行下面画一条通栏红线,表示本月结账工作结束。

③ 年结。年末需要进行"本年合计",在本年最后一个月的月结下面一行摘要栏注明"本年合计",结出本年的发生额合计及余额,然后在此行下面画两条通栏红线,在下一行的摘要栏注明"结转下年"字样,将此页的空白行画红色斜线注销,并将上一行的年末余额结转到下年度新的现金日记账的年初余额栏中,表示本年结账工作结束。

(6) 现金日记账的保管和更换。出纳在将上一年的旧账对账、结账完毕,要及时地将日记账交由档案人员造册归档,并登记"会计账簿归档登记表"(如表3-7所示),以便明确责任。现金日记账的保管年限为25年。

日记账每年末更换,一般在启用新账时,可以直接将各旧账的年末余额结转入相应的新账本中,在新账本的第一页第一行的"摘要"栏中注明"上年结转",并将余额过入"余额"栏中。

表 3-7　　　　　　　　　会计账簿归档登记表

编　号	会计账簿名称	归档日期	保管年限	送档人签字	经手人签字

【例 3-1】

2022年12月1日,丽百商场财务部门收到正杭服装厂交来违约金900元现金,12月1日现金的期初余额是1 648.00元,出纳李月梅办理相关收款业务。

(1) 审核收款凭据(合同)。

(2) 收款后开具收款收据(如表3-8所示)。

表 3-8　　　　　　　　　浙江省统一收款收据

涉税举报电话　　　　　　　　　　　　　　　　　　收据代码:2440899654
12366　　　　　　　　　存　根　联　　　　　　　收据号码:00951888
本发票限于2023年12月31日前填开使用有效
开票日期:2022 年 12 月 01 日

缴款单位或个人	正杭服装厂		
款项内容	违约金	收款方式	现金
人民币(大写)	玖佰元整	￥900.00	
收款单位盖章	收款人盖章	备注	
		本收据不得用于经营款项收入	

浙税印8404×209.6×250×25×3 丽水市财税劳动服务公司承印

第一联　存根联

(3) 将第二联盖章后交付款人(如表3-9所示)。

表 3-9　　　　　　　　　浙江省统一收款收据

涉税举报电话　12366　　　　　　　收据联　　　　　　收据代码：2440899654
本发票限于 2023 年 12 月 31 日前填开使用有效　　　　收据号码：00951888
开票日期：2022 年 12 月 01 日

缴款单位或个人	正杭服装厂		
款项内容	违约金	收款方式	现金
人民币（大写）	玖佰元整	￥900.00	
收款单位盖章	丽百商场财务专用章	收款人盖章　李月梅印	备注 本收据不得用于经营款项收入

第二联　收据联

（4）将第三联记账联盖章后交会计复核（如表 3-10 所示），复核后传递给制证员编制记账凭证。

表 3-10　　　　　　　　浙江省统一收款收据

涉税举报电话　12366　　　　　　　记账联　　　　　　收据代码：2440899654
本发票限于 2023 年 12 月 31 日前填开使用有效　　　　收据号码：00951888
开票日期：2022 年 12 月 01 日

缴款单位或个人	正杭服装厂		
款项内容	违约金	收款方式	现金
人民币（大写）	玖佰元整	￥900.00	
收款单位盖章	丽百商场财务专用章	收款人盖章　李月梅印	备注 本收据不得用于经营款项收入

第三联　记账联

附：制证员根据审核无误的表 3-10 编制记账凭证（如表 3-11 所示）。

（5）出纳根据审核无误的表 3-11 登记现金日记账（如表 3-12 所示）。

微课：通用记账凭证填制

表 3-11　　　　　　　　　　　　　记 账 凭 证

2022 年 12 月 01 日　　　　　　　　　　　　记字第 1 号

摘要	会计科目		借方金额	贷方金额	记账符号
	总账科目	明细科目	十万千百十元角分	十万千百十元角分	
收到正抗服装厂违约金	库存现金		9 0 0 0 0		
	营业外收入	罚款收入		9 0 0 0 0	
合计金额			¥ 9 0 0 0 0	¥ 9 0 0 0 0	

附凭证 1 张

会计主管：　　　　　记账：　　　　　审核：　　　　　制单：刘英

表 3-12　　　　　　　　　　　　　现 金 日 记 账　　　　　　　　　　　　第 18 页

2022 年		凭证		摘要	对方科目	收入(借方)	支出(贷方)	结余(余额)
月	日	种类	号数					
12	1			承前页		10 780.00	9 800.00	1 648.00
	1	记	1	正抗服装厂交违约金	营业外收入	900.00		

附：出纳登记现金日记账后的记账凭证（如表 3-13 所示）。

微课：现金收款
业务核算

表 3-13　　　　　　　　　　　　　记 账 凭 证

2022 年 12 月 01 日　　　　　　　　　　　　记字第 1 号

摘要	会计科目		借方金额	贷方金额	记账符号
	总账科目	明细科目	十万千百十元角分	十万千百十元角分	
收到正抗服装厂违约金	库存现金		9 0 0 0 0		√
	营业外收入	罚款收入		9 0 0 0 0	
合计金额			¥ 9 0 0 0 0	¥ 9 0 0 0 0	

附凭证 1 张

会计主管：　　　　　记账：李月梅　　　　　审核：谢辉　　　　　制单：刘英

【例 3-2】

2022 年 12 月 1 日，丽百商场营业柜台收款员送来当日销货款现金收入 4 250 元（如表 3-14 所示），出纳李月梅办理收款业务。

表 3-14　　　　　　　　　　　商品销售日报表
柜组：童装柜　　　　　　　　2022 年 12 月 01 日

商品类别	品名或规格	计量单位	数量	单价	金额	备注
内衣	1023	套	50	25.00	1 250.00	
外衣	2019	件	30	80.00	2 400.00	
外衣	2014	件	12	50.00	600.00	
		合计金额			￥4 250.00	

实物负责人：李明　　　　　复核：王红　　　　　制表：李明

（1）根据审核无误的表 3-14 收取现金，并开具内部交款单（如表 3-15 所示）。

表 3-15　　　　　　　　　　　内部交款单
交款柜组：童装柜　　　　　　2022 年 12 月 01 日

交款项目	交款金额分析	金额
销货款	现金	4 250.00
合计	人民币（大写）肆仟贰佰伍拾元整	￥4 250.00

第一联　存根联

缴款人：刘玲　　　收款人：李月梅　　　复核：王红　　　制单：刘玲

（2）将第二联盖章后交付款人（如表 3-16 所示）。

表 3-16　　　　　　　　　　　内部交款单
交款柜组：童装柜　　　　　　2022 年 12 月 01 日

交款项目	交款金额分析	金额
销货款	现金	4 250.00
	现金收讫	
合计	人民币（大写）肆仟贰佰伍拾元整	￥4 250.00

第二联　客户联

缴款人：刘玲　　　收款人：李月梅　　　复核：王红　　　制单：刘玲

（3）将第三联记账联（如表 3-17 所示）交制证员编制记账凭证，再交复核会计复核。

附：制证员根据审核无误的表 3-14 和表 3-17 编制记账凭证（如表 3-18 所示）。

注：复核会计复核无误后在记账凭证的审核处签字，签字后的记账凭证略。

(4)出纳根据审核无误的表 3-18 登记现金日记账(如表 3-19 所示)。

表 3-17　　　　　　　　　　　　　内部交款单
交款柜组：童装柜　　　　　　　2022 年 12 月 01 日

交款项目	交款金额分析	金　　额
销货款	现金	4 250.00
		（现金收讫）
合　计	人民币(大写)肆仟贰佰伍拾元整	￥4 250.00

缴款人：刘玲　　　收款人：李月梅　　　复核：王红　　　制单：刘玲

第三联　记账联

表 3-18　　　　　　　　　　　　　记账凭证
　　　　　　　　　　　2022 年 12 月 01 日　　　　　　　　　　记字第 2 号

摘　要	会计科目		借方金额								贷方金额								记账符号
	总账科目	明细科目	十万	千	百	十	元	角	分	十万	千	百	十	元	角	分	
收到销货款	库存现金			4	2	5	0	0	0								
	主营业务收入	童装柜									4	2	5	0	0	0	
合计金额			￥	4	2	5	0	0	0	￥	4	2	5	0	0	0	

附凭证 2 张

会计主管：　　　　记账：　　　　审核：　　　　制单：刘英

表 3-19　　　　　　　　　　　　　现金日记账　　　　　　　　　　　　第 18 页

2022 年		凭　证		摘　要	对方科目	收入(借方)	支出(贷方)	结余(余额)
月	日	种类	号数					
12	1			承前页		10 780.00	9 800.00	1 648.00
	1	记	1	正杭服装厂交违约金	营业外收入	900.00		
	1	记	2	销货款	主营业务收入	4 250.00		6 798.00

同步实训

□ **实训目标**

1. 能正确填制有关现金收款业务的原始凭证。
2. 能熟练办理现金收款业务。
3. 能正确设置、登记现金日记账。

□ **实训准备**

1. 准备空白的增值税专用发票1份、增值税普通发票1份、普通发票1份、收款收据2份、差旅报销单1份、印章1套、空白的记账凭证8张、空白的现金日记账1页。

2. 准备3个资料袋,分别代表企业留存另行保管、送交客户、提交银行,然后将填好的非该企业记账凭证附件的原始凭证正确分放。

□ **实训资料及要求**(相关原始凭证见附录,后同)

1. 2022年1月1日,丽水宏达服装有限责任公司库存现金期初余额3 261元。要求:出纳赵玉珏启用现金日记账(附空白的账簿启用表见表1),账簿共计100页,编号为01号。

2. 2022年1月9日,丽水宏达服装有限责任公司销售童装5件给丽百商厦有限责任公司,每件150元,增值税税率13%,收到现金847.50元。要求:①开票员开票。②出纳赵玉珏办理收款业务。③制证员(学生代替)编制记账凭证,记账凭证编号为记字第1号。④复核会计复核记账凭证。⑤出纳登记现金日记账(附原始凭证见表2~表4,1月9日前没有发生与现金相关的业务,1月9日发生的与现金有关的业务是资料2~资料4)。

3. 2022年1月9日,丽水宏达服装有限责任公司销售蓝色里子布100米给个体户张玲,张玲电话138×××2132,每米6.2元,增值税税率13%,收到现金。要求:①开票员开票。②出纳赵玉珏办理收款业务。③制证员编制记账凭证,记账凭证编号为记字第2号。④复核会计复核记账凭证。⑤出纳登记现金日记账(附原始凭证见表5和表6)。

4. 2022年1月9日,丽水宏达服装有限责任公司业务员刘军出差回来,报销差旅费777元,交回多余现金223元。要求:①出纳赵玉珏审核报销凭证,办理报销业务。②制证员编制记账凭证,记账凭证编号为记字第3号。③复核会计复核记账凭证。④出纳登记现金日记账(附原始凭证见表7~表10、图1~图3)。

注:丽百商厦有限责任公司相关资料如下。

纳税人识别号:91331801331112324A

地址:丽水市中山街406号

电话:0578-2213695

开户行:工商银行丽水中山支行

账号：6541278312666

丽水宏达服装有限责任公司相关资料如下。

纳税人识别号：91331801001312333B

法人郭朝阳，会计主管李林，开票员王英

地址：丽水市灯塔街238号

电话：0578-2211368

开户行：农业银行丽水灯塔支行

账号：7254361812345

复核会计由学生代替，制证员编制完记账凭证后和同学交互复核记账凭证。

任务3.2 现金支出业务处理

3.2.1 现金支出的管理原则

《现金管理暂行条例》规定，开户单位可以使用现金的范围是：①职工工资、津贴；②个人劳务报酬；③根据国家规定颁发给个人的科学技术、文化艺术、体育等各种奖金；④各种劳保、福利费用以及国家规定的对个人的其他支出；⑤向个人收购农副产品和其他物资的价款；⑥出差人员必须随身携带的差旅费；⑦结算起点（目前是1 000元）以下的零星支出；⑧中国人民银行确定需要支付现金的其他支出。除此以外，如有特殊情况必须使用现金的，开户单位应当向开户银行提出申请，由本单位财会部门负责人签字盖章，经开户银行审核后，予以支付现金。

3.2.2 现金支出原始凭证的种类

现金支出业务的原始凭证分为外来付款原始凭证和自制付款原始凭证两种。

1. 外来付款原始凭证

外来付款原始凭证如发票、车票等。

2. 自制付款原始凭证

自制付款原始凭证常用的有工资表、报销单、借款单、领款单、现金缴款单、差旅费报销单等。

（1）工资表。工资表是各单位按月向职工支付工资的原始凭证（如表3-20所示）。出纳按每个员工的工资数计算工资总额，根据实际发放金额填写现金支票提取现金、发放工资，或者通过银行代发工资，并附以工资发放清单。

表 3-20　　　　　　　　　　　工　资　表
　　　　　　　　　　　　　　　　年　　月

序号	姓名	应付工资					代扣款项						实发金额
		基本工资	加班工资	地方增资	津贴	合计	养老保险	医疗保险	失业保险	公积金	所得税	合计	
	合计												

（2）报销单。报销单是单位内部所属机构为单位购买零星办公用品、接受外单位或个人劳务以及单位职工报销医药费等办理报销业务时使用的单据（如表 3-21 所示）。

表 3-21　　　　　　　　　　（　　　　　）零星费用报销单
　　　　　　　　　　　　　　　　年　月　日

报销部门		附件张数	
报销金额	人民币（大写）		￥ _____
款项内容			
审批意见		报销人	

原始凭证附后

（3）借款单。借款单一般适用于单位内部所属机构为购买零星办公用品，或职工因公出差等原因向公司借款时填写的凭证。借款单格式有多种，下面介绍其中一种（如表 3-22、表 3-23 所示）。

表 3-22　　　　　　　　　　　借　款　借　据
　　　　　　　　　借款日期：　年　月　日

借款部门		借款理由	
借款金额（大写）			￥ _____
部门领导意见：		借款人签章：	

借款记账联

表 3-23   借 款 借 据

借款日期：　年　月　日

借款部门		借款理由	
借款金额（大写）			￥_____
部门领导意见：		借款人签章：	

借款人留存

（4）领款单。领款单是本单位职工领取各种非工资性的奖金、津贴、劳务费和其他各种现金款项及其他单位或个人向本单位领取劳务费、服务费时填制的，作为付款依据的凭证（如表 3-24 所示）。

表 3-24   领 款 单

领款人_____　　单位_____

领款金额（大写）■■■■■■■■■■　￥_____

用途_____

审批　　　　　部门意见　　　　　领款人（盖章）

　　　　　　　　　　　　　　　　　　　　　年　月　日

（5）现金缴款单。现金缴款单是出纳将现金存入银行时填写的凭证（如表 3-25 所示）。

表 3-25   中国农业银行 现金缴款单

年　月　日　　　　　　　　　序号：

客户填写部分	收款人户名														
	收款人账号				收款人开户银行										
	缴款人				款项来源										
	币种(√)	人民币( )	大写：			亿	千	百	十	万	千	百	十	元	角	分
		外币( )														
	券别	100元	50元	20元	10元	5元	1元			辅币（金额）					
	张数														
银行填写部分	日期：		日志号：		交易号：				币种：						
	金额：		终端号：		主管：				柜员：						

第二联 记账联

现金缴款单一式三联或一式两联，第一联一般为回单，由银行盖章后退回存款单位。出纳填写缴款单时，要用双面复写纸复写。交款日期必须填写实际交款的日期，收款人名称应填写全称，款项来源也要如实填写，大小写金额要相符，券别和数额栏按实际送存的各种券面的张数和券别填写。

（6）差旅费报销单。差旅费报销单是单位职工出差回来报销时所填写的一种汇总原始凭证,后附有报销的相关票据(如表 3-26 所示)。

表 3-26 差旅费报销单

报销日期 年 月 日

部门			出差人			事由					
出差日期	起止地点		飞机	火车	汽车	市内交通费	住宿费	补贴	其他	合计	单据
合 计											
报销金额	人民币(大写)					¥					
原借款		报销额				应找补(退还)					
财会审核意见		审批人意见									

主管: 会计: 出纳: 报销人:

3.2.3 现金支出业务的处理程序

单位支出现金的情况不同,其程序也不一致。主要有主动支付现金、被动支付现金和向银行送存现金 3 种情况。

1. 主动支付现金业务的处理程序

主动支付是指出纳部门主动将现金付给收款单位或个人,如发放工资、奖金、薪金、津贴以及福利等支出。主动支付现金应按以下程序处理。

(1)出纳审核有关部门交来的付款单,或根据有关资料编制付款单。

(2)出纳根据付款金额清点现金,按单位或个人分别装袋,如有不足从银行提取。

(3)出纳发放现金时,如果是直接发给收款人的,要当面清点并由收款人签收(签字或盖章);如果是他人代为收款的,由代收人代签。对于因公出差或因事外出,当天未能领取的津贴,出纳应将其放入保险柜妥善保管,或者送交保卫部门保管,以免丢失或被盗。

(4)出纳将支付完毕的凭证交制证员编制记账凭证,再传递给复核会计复核。

(5)出纳根据审核无误的记账凭证登记现金日记账。

2. 被动支付现金业务的处理程序

被动支付是指收款单位或个人持有关凭证到出纳部门领取现金。被动支付现金应按以下程序处理。

微课:现金支付业务办理

(1)出纳审核原始凭证,在审核无误的付款凭证上加盖"现金付讫"印章。

(2)出纳支付现金并进行复点,并要求收款人当面点清。

(3)出纳将支付完毕的凭证交制证员编制记账凭证,再传递给复核会计复核。

(4)出纳根据审核无误的记账凭证登记现金日记账。

3. 向银行送存现金业务的处理程序

各单位对当天收入的现金或超过库存限额的现金应及时送存银行。向银行送存现金应按以下程序处理。

（1）出纳整点票币。送款前应将送存款清点整理，按券别、币种分开。

（2）出纳填写现金送款单（或现金缴款单）。

（3）出纳向银行提交现金送款单（或现金缴款单）和整点好的票币。票币要一次交清，当面点清。

（4）开户银行受理后，在现金送款单（或现金缴款单）上加盖银行印鉴后退出纳一联，表示已收妥。

（5）出纳将银行退回的加盖银行印鉴的一联交制证员编制记账凭证，再传递给复核会计复核。

（6）出纳根据审核无误的记账凭证登记现金日记账。

微课：现金缴存业务办理

知识链接3-6　出纳如何审核原始凭证

出纳审核发票与主管领导审核发票的侧重点是不同的，这主要表现在技术性方面。出纳主要是审核以下几方面。

（1）审核票面。看有无涂改的痕迹，如果有，要认真盘查，防止把别的发票拿来报销，或者小数改大数。

（2）审核出具发票的单位名称。看与本单位有无经济业务关系。

（3）审核发票的抬头。看所填单位名称是否是本单位，防止把私人或者其他单位的购货发票拿来报销。

（4）审核发票的数字。看数量乘以单价是否等于总金额；看大小写金额是否一致；看小写金额前面是否有"￥"字样，大写金额前面是否顶格。如有差错，一定要查清原因。

（5）审核发票所开物品价格。看与以往所购同种物品是否相同，如相差过大，应及时查明原因。

（6）审核发票的编号。看有无连号现象，防止把别人的发票拿来报销。

（7）审核发票开出的时间。一是看是否有同一经济内容、同一金额的发票在相近时间内出现，防止重复报账；二是看发票之间在时间和内容上的内在联系，如购买大件商品与其运费发生的时间是否前后相距太远等。

（8）审核发票的印章。一是看有无税务部门监制章；二是看有无售货单位的财务专用章；三是看有无经手人签章。只有印章齐全，才能报销。

（9）审核发票的备注。看备注栏有何规定或说明，如有无"违章罚款不得报销"、"滋补药品费用自理"等字样。

（10）审核发票的背面。发票背面虽然没有内容，但由于发票基本上都是用复写纸写的，因而背面一般应有复写的印痕，如果没有，则应特别注意。

（11）审核发票的印制日期。按照规定，开具发票的单位每年度都应从税务部门领取本年度版本的发票，即便使用上一年度版本的发票按规定也不宜时间跨度太长。审核发票印制日期,就是看是否把作废发票又拿来重新使用,如果是,不但不能报销,而且还要向有关发票管理机构反映。

(12)审核发票的报销手续。看有无经手人、验收人、批准人签字,如果没有,应先补齐手续。

另外,审核发票时还要注意分析一些不能通过票面反映出来的问题。例如,采购物资是否舍近求远、舍优求劣;购买的办公用品只写金额,没有具体内容,是否是一些非办公用品等。如有类似的问题必须问清原因,防止被少数人钻空子。

【例 3-3】

接例 3-2,2022 年 12 月 2 日,丽百商场采购员张明到上海采购,借款 1 500 元,以现金支付。要求:出纳办理相关业务。

(1) 审核借款单,在审核无误的借款单上加盖"现金付讫"章(如表 3-27 所示)。

表 3-27　　　　　　　　　借款借据
借款日期:2022 年 12 月 02 日

借款部门	供应科	借款理由	到上海采购材料
借款金额(大写)壹仟伍佰元整			￥ 1 500.00
部门领导意见: 同意借支,返回报销。 郭朝刚 2022.12.2		借款人签章: 现金付讫　张明 2022.12.2	

借款记账联

(2) 支付现金并进行复点,并要求借款人张明当面点清。

(3) 将支付完毕的借款单传递给制证员编制记账凭证,再传递给复核会计复核。

附:制证员根据审核无误的表 3-27 编制记账凭证(如表 3-28 所示)。

表 3-28　　　　　　　　　记账凭证
2022 年 12 月 02 日　　　　　　　　　　　　　　　　记字第 27 号

摘 要	会 计 科 目		借方金额	贷方金额	记账
	总账科目	明细科目	十万千百十元角分	十万千百十元角分	符号
张明出差借款	其他应收款	张明	1 5 0 0 0 0		
	库存现金			1 5 0 0 0 0	
合计金额			￥1 5 0 0 0 0	￥1 5 0 0 0 0	

附凭证 1 张

会计主管:　　　　记账:　　　　出纳:　　　　审核:　　　　制单:刘英

注:复核会计复核无误后在记账凭证审核处签字,签字后的记账凭证略。

（4）出纳员根据审核无误的表 3-28 登记现金日记账(如表 3-29 所示)。

表 3-29　　　　　　　　　现金日记账　　　　　　　　第 18 页

2022年		凭证		摘要	对方科目	收入(借方)	支出(贷方)	结余(余额)
月	日	种类	号数					
12	1			承前页		10 780.00	9 800.00	1 648.00
	1	记	1	正抗服装厂支违约金	营业外收入	900.00		
	1	记	2	销货款	主营业务收入	4 250.00		6 798.00
	2	记	27	张明出差借款	其他应收款		1 500.00	5 298.00

同步实训

□ 实训目标

1. 能正确填制有关现金付款业务的原始凭证。
2. 能熟练办理现金付款业务。
3. 能正确登记现金日记账并结账。

□ 实训准备

1. 准备空白的增值税专用发票 1 份、增值税普通发票 1 份、普通发票 1 份、收款收据 2 份、差旅报销单 1 份、印章、空白的记账凭证 8 张、空白的现金日记账 1 页。
2. 准备 3 个资料袋,分别代表企业留存另行保管、送交客户、提交银行,然后将填好的非该企业记账凭证附件的原始凭证正确分放。

□ 实训资料及要求

1. 2022 年 1 月 9 日,丽水宏达服装有限责任公司员工领取独生子女费,以现金支付。要求:①出纳办理独生子女费发放业务。②制证员编制记账凭证(记账凭证编号为 10 号)。③复核会计复核记账凭证。④出纳登记现金日记账(接任务 2.1 的同步实训,附原始凭证见表 11)。

2. 2022 年 1 月 9 日,丽水宏达服装有限责任公司业务经理李杰报销招待费 1 000 元,以现金支付。要求:①出纳办理报销业务。②制证员编制记账凭证(记账凭证编号为 13 号)。③复核会计复核记账凭证。④出纳登记现金日记账(附原始凭证见表 12 和表 13)。

3. 2022 年 1 月 9 日,丽水宏达服装有限责任公司办公室李刚报销购荣誉证书费 158 元,以现金支付。要求:①出纳办理报销业务。②制证员编制记账凭证(记账凭证编号为 16 号)。③复核会计复核记账凭证。④出纳登记现金日记账(附原始凭证见表 14)。

4. 2022 年 1 月 9 日,丽水宏达服装有限责任公司业务员刘英出差回来报销差旅费,以现金补付差额。要求:①出纳办理报销业务。②制证员编制记账凭证(记账凭证编号为 19 号)。③复核会计复核记账凭证。④出纳登记现金日记账(附原始凭证见表 15~表 17)。

5. 2022年1月9日,丽水宏达服装有限责任公司后勤部王晶报销卫生服务费,以现金支付。要求：①出纳办理报销业务。②制证员编制记账凭证(记账凭证编号为26号)。③复核会计复核记账凭证。④出纳登记现金日记账并日结(附原始凭证见表18)。

任务3.3 现金的保管和清查

3.3.1 现金的保管

现金的保管是单位一项重要的安全管理工作,主要指对每日收取的现金和库存现金的保管,现金是流动性最强的资产,因而,现金是犯罪分子谋取的最直接目标。因此各单位应建立健全现金保管制度,防止由于制度不严、工作疏忽而给犯罪分子以可乘之机,给国家和单位造成损失。现金保管制度一般包括以下几项内容。

(1)现金要有专人保管。库存现金保管的责任人是出纳及其他所属单位的兼职出纳,出纳应选择诚实可靠、工作责任心强、业务熟练的人员担任。

(2)送取现金要有安全措施。向银行送存和提取现金时,一般应有两人以上,数额较大的,途中最好用专箱装好,专车运送,必要时可采取武装押运。

(3)库存现金,包括纸币和铸币,应实行分类保管。各单位的出纳对库存票币分别按照纸币的票面金额和铸币的币面金额,以及整数(即大数)和零数(即小数)分类保管。

纸币一定要打开铺平存放,并按照纸币的票面金额,以每一百张为一把,每十把一捆扎好。凡是成把、成捆的纸币即为整数(即大数),均应放在保险柜内保管,随用随取;凡不成把的纸币即为零数(或小数),也要按照票面金额,每十张为一扎,分别用曲别针别好,放在传票箱内或抽屉内,一定要存放整齐,秩序井然。

铸币也是按照币面金额,以每一百枚为一卷,每十卷为一捆,同样将成捆、成卷的铸币放在保险柜内保管,随用随取;不成卷的铸币,应按照不同币面金额,分别存放在特别的卡数器内。

(4)库存现金存放要有安全措施。出纳办公室应选择坚固实用的房间,能防潮、防火、防盗、通风,并配备专用保险柜。

3.3.2 现金的清查

为了及时如实地反映库存现金的余额,加强对出纳工作的监督,保证账实相符,防止现金发生差错、丢失、贪污等,各单位应经常对库存现金进行核对和清查。库存现金的清查包括出纳每日的清点核对和清查小组定期或不定期的清查。

1. 库存现金清查的方法

库存现金清查的方法按清查的时间不同分为两种:一种是出纳人员每日进行的定期清查;另一种是清查小组进行的不定期的清查。清查时采用的技术方法是实地盘点法。

2. 库存现金清查的程序

（1）清查人员对库存现金的实有数进行盘点。

（2）清查人员将盘点数与现金日记账的余额进行核对，查明账实是否相符。

（3）清查后根据清查结果编制库存现金盘点报告表（如表 3-30 所示）。

（4）将清查的结果汇报给有关领导，对于账实不符的情况按领导批示的意见进行处理，将账实不符的盘点表传递给制证员编制记账凭证。

（5）根据审核无误的记账凭证登记现金日记账。

表 3-30　　　　　　　　　　库存现金盘点报告表

单位名称：　　　　　　　　　　年　月　日　　　　　　　　　　单位：元

面值	数量	金额	总经理：	
100元				
50元			主管批准	
20元				
10元				
5元				主管经理：
1元				
5角				
1角				
合计				财务主管：
账面数				
盘点盈亏				

上列款项于　　月　　日盘点，盘点时本人在场，并如数归还无误。

出纳：　　　　　　主管：　　　　　　盘点人：

3. 现金清查时的注意事项

（1）以个人或单位名义借款或取款而没有按手续编制凭证的字条（即白条），不得充抵现金。

（2）代私人存放的现金等，如事先未作声明又无充分证明的，应暂时封存。

（3）如发现私设的"小金库"，应视作溢余，另行登记，等候处理。

（4）如果是清查小组对现金进行清点，应采用突击盘点，不预先通知出纳；盘点时间最好在一天业务没有开始之前或一天业务结束后，由出纳将截止清查时现金收付款项全部登记入账，并结出账面余额，这样可以避免干扰正常的业务。

（5）清查时，出纳应在场提供情况，积极配合；清查后，应由清查人员填制"现金盘点报告表"，列明现金账存、实存和差异的金额及原因，并及时上报有关负责人。

（6）清查中，如果发现账实不符，应立即查找原因，及时更正，不得以今日长款弥补他日短款。

4. 现金短缺和溢余的核算

(1) 查明原因前的账务处理。

① 属于现金短缺。

借:待处理财产损溢——待处理流动资产损溢
　　贷:库存现金

② 属于现金溢余。

借:库存现金
　　贷:待处理财产损溢——待处理流动资产损溢

(2) 查明原因后的账务处理。

① 现金短缺。

借:其他应收款——××责任人(属于应由责任人赔偿的部分)
　　　　　　　——应收保险赔款(属于应由保险公司赔偿的部分)
　　管理费用——现金短缺(属于无法查明的其他原因)
　　贷:待处理财产损溢——待处理流动资产损溢

② 现金溢余。

借:待处理财产损溢——待处理流动资产损溢
　　贷:其他应付款——××单位或××个人(属于应支付给有关人员或单位的)
　　　　营业外收入——现金溢余(属于无法查明原因的)

【例3-4】

2022年12月31日,丽百商场清查小组对出纳保管的现金进行抽查,由出纳李月梅、盘点人王庆共同进行清查,会计主管周云监督,清查结果如表3-31所示。

表3-31　　　　　　　　　库存现金盘点报告表
单位名称:丽百商场　　　　2022年12月31日　　　　　　　　　　　　单位:元

面值	数量	金　额	主管批准	总经理:
100元	40	4 000.00		
50元	21	1 050.00		
20元	6	120.00		主管经理:
10元	2	20.00		
5元	1	5.00		
1元	3	3.00		
5角				
1角				
合计		¥5 198.00		财务主管:
账面数		5 298.00		
盘点盈亏		盘亏100.00		

上列款项于12月31日盘点,盘点时本人在场,并如数归还无误。

出纳:*李月梅*　　　　主管:*周云*　　　　盘点人:*王庆*

要求：①制单员刘英根据盘点结果编制记账凭证（记账凭证编号为123号）。②复核会计谢辉复核记账凭证。③出纳李月梅登记现金日记账。

（1）制单会计刘英根据审核无误的表3-31编制记账凭证（如表3-32所示）。

表3-32　　　　　　　　　　　　记　账　凭　证

2022年12月31日　　　　　　　　　　　　记字第123号

摘要	会计科目		借方金额								贷方金额								记账符号
	总账科目	明细科目	十万	万	千	百	十	元	角	分	十万	万	千	百	十	元	角	分	
现金盘亏	待处理财产损溢	待处理流动资产损溢				1	0	0	0	0									
	库存现金													1	0	0	0	0	
合计金额			¥			1	0	0	0	0	¥			1	0	0	0	0	

会计主管：　　　记账：　　　出纳：　　　审核：　　　制单：刘英

附凭证1张

（2）复核会计谢辉复核记账凭证后的记账凭证（如表3-33所示）。

表3-33　　　　　　　　　　　　记　账　凭　证

2022年12月31日　　　　　　　　　　　　记字第123号

摘要	会计科目		借方金额								贷方金额								记账符号
	总账科目	明细科目	十万	万	千	百	十	元	角	分	十万	万	千	百	十	元	角	分	
现金盘亏	待处理财产损溢	待处理流动资产损溢				1	0	0	0	0									
	库存现金													1	0	0	0	0	
合计金额			¥			1	0	0	0	0	¥			1	0	0	0	0	

会计主管：　　　记账：　　　出纳：　　　审核：谢辉　　　制单：刘英

附凭证1张

（3）出纳根据审核无误的表3-33登记现金日记账（如表3-34所示），然后将记账凭证传递给其他会计登记相关账。

【例3-5】

2022年12月31日，领导对盘亏现金批示结果如表3-35所示。要求：①制单会计刘英编制记账凭证（记账凭证编号为124号）。②出纳李月梅对现金日记账进行月结、年结，本年库存现金借方发生额合计124 130.00元，贷方发生额合计126 251.00元。

表 3-34　　　　　　　　　　　　现金日记账　　　　　　　　　　　　第 18 页

2022年		凭证		摘　要	对方科目	收入(借方)	支出(贷方)	结余(余额)
月	日	种类	号数					
12	1			承前页		10 780.00	9 800.00	1 648.00
	1	记	1	正杭服装厂交违约金	营业外收入	900.00		
	1	记	2	销货款	主营业务收入	4 250.00		6 798.00
	2	记	27	张明出差借款	其他应收款		1 500.00	5 298.00
	31	记	123	现金盘亏	待处理财产损溢		100.00	5 198.00

表 3-35　　　　　　　　　库存现金盘点报告表
单位名称:丽百商场　　　　2022 年 12 月 31 日　　　　　　　　　　单位:元

面值	数量	金额	总经理:
100 元	40	4 000.00	
50 元	21	1 050.00	
20 元	6	120.00	
10 元	2	20.00	
5 元	1	5.00	主管经理:
1 元	3	3.00	
5 角			
1 角			
合计		￥5 198.00	财务主管:
账面数		5 298.00	出纳人员差错,由其赔偿。
盘点盈亏		盘亏 100.00	周云 2022.12.31

(主管批准栏合并)

上列款项于 12 月 31 日盘点,盘点时本人在场,并如数归还无误。
出纳:李月梅　　　　主管:周云　　　　盘点人:王庆

(1) 制单会计刘英根据审核无误的表 3-35 编制记账凭证(如表 3-36 所示)。
(2) 出纳李月梅对现金日记账进行月结、年结(如表 3-37 所示)。

表 3-36　　　　　　　　　　　记 账 凭 证

2022 年 12 月 31 日　　　　　　　　　记字第 124 号

摘要	会计科目		借方金额	贷方金额	记账符号
	总账科目	明细科目	十万千百十元角分	十万千百十元角分	
处理现金盘亏	其他应收款	李月梅	1 0 0 0 0		
	待处理财产损溢	待处理流动资产损溢		1 0 0 0 0	
合计金额			¥　　1 0 0 0 0	¥　　1 0 0 0 0	

附凭证 1 张

会计主管：　　　　记账：　　　　出纳：　　　　审核：　　　　制单：刘英

表 3-37　　　　　　　　　　　现 金 日 记 账　　　　　　　　　　　第 18 页

2022年		凭证		摘要	对方科目	收入（借方）	支出（贷方）	结余（余额）
月	日	种类	号数					
12	1			承前页		10 780.00	9 800.00	1 648.00
	1	记	1	正杭服装厂交违约金	营业外收入	900.00		
	1	记	2	销货款	主营业务收入	4 250.00		6 798.00
	2	记	27	张明出差借款	其他应收款		1 500.00	5 298.00
	31	记	123	现金盘亏	待处理财产损溢		100.00	5 198.00
	31			本月合计		5 150.00	1 600.00	5 198.00
	31			本年合计		124 130.00	126 251.00	5 198.00
	31			结转下年				

扩展阅读

现金长短款的原因及常见差错

在实际工作中，现金的长款、短款大都是由于工作差错造成的，出纳人员应在工作中特别注意避免以下情况，尽量减少长款、短款的发生。

1. 收款中容易引起差错的情况

（1）一笔款未收完，又接着收第二笔，搞乱交款者的款项。

（2）收款清点完毕，对券别加计总数时不认真复核，发生加错金额、看错金额、看错券别、看错大数、点错尾数等差错。

（3）把自己的款与他人的款混淆在一起，误作长款退给了他人。

（4）初点不符，复点相符，不再进行第三次核实，实际有误，就作无误收下。

（5）交款者交来的现金零乱，只以初次清查计算的数目为准。

（6）忘记将应找补的现金还给交款者。

(7) 清点10张或20张的折叠钞票时,只点平版的9张或19张,忽视了折起来的那张。

(8) 手工清点现金时贪快,有夹杂其中的不同面额的票币未能发现。

(9) 用机器点完一把钞票,拿起来捆扎时,没有看清接钞台上是否仍留有人民币,或人民币被卷入输送带未发现,以至产生一把多、一把少的现象。

2. 付款中容易引起差错的情况

(1) 备用金的放置不定位,付款时取错券别,既不细看又不复核,随手付出,或者凭证连同款项一起交给收款人。

(2) 小沓折叠钞票,每沓不固定,有时10张一沓,有时20张一沓,付出时不复点。

(3) 未看清凭证上所列的付款金额数,粗心大意,随手付出。

(4) 贪图方便,付款时不用计算器加计券别,单靠心算,以致出错。

3. 现金收、付款中常见的差错

(1) 看错凭证的金额位数,或将金额颠倒看错。如把元看成角、分,把69看成96等。

(2) 凭证大、小写金额不一致,未严格复核,就按大写(或小写)金额收款或付款。

(3) 一笔收款(或付款)有若干张凭证,加计总数时没有认真进行复核,为图省事,不使用计算器,总金额计算有误。

(4) 在收款、付款中有抵收抵付的现金凭证,在计算扣减时未认真复核,以致计算错误。

(5) 违背收款、付款操作规则,没有及时在凭证上加盖"收讫"或"付讫"专用章,以致发生重付、少收。

(6) 没有及时登记"现金日记账",不慎将凭证遗失。

(7) 去银行提现金或收取外单位(个人)大额款项,未能核对查实就予以签收,造成错款。

(8) 将外币与人民币混放,造成错收错付。

(9) 出纳人员之间工作移交时,未办理交接手续或交接手续不清而发生差错。

摘自中华会计网校

职业判断能力训练

一、**单项选择题**(下列答案中有一个是正确的,将正确答案填入括号内)

1. 下列不能用现金支付的是( )。

  A. 购买办公用品 250 元   B. 向个人收购农副产品 20 000 元
  C. 从某公司购入工业产品 60 000 元   D. 支付职工差旅费 10 000 元

2. 某公司职工王强预支差旅费 8 000 元,财会部门以现金支付。下列会计分录正确的是( )。

  A. 借:其他应收款——王强   8 000

　　　　贷：库存现金　　　　　　　　　　8 000
　　B. 借：应收账款——王强　　　　　　8 000
　　　　贷：库存现金　　　　　　　　　　8 000
　　C. 借：其他应付款——王强　　　　　8 000
　　　　贷：库存现金　　　　　　　　　　8 000
　　D. 借：管理费用　　　　　　　　　　8 000
　　　　贷：库存现金　　　　　　　　　　8 000

3. 关于库存现金限额的规定，以下说法错误的是（　　）。
　　A. 限额是由人民银行与开户单位商定的
　　B. 现金限额一般按照单位3～5天的日常零星开支核定
　　C. 边远地区、交通不便地区可按5～15天的日常零星开支核定
　　D. 库存现金限额一般每年核定一次

4. 现金清查发现现金短款时，应贷记（　　）账户。
　　A. 其他应收款　　　　　　　　　　B. 库存现金
　　C. 营业外支出　　　　　　　　　　D. 待处理财产损溢

5. 对于现金进行盘点时，（　　）必须在场。
　　A. 会计人员　　　　　　　　　　　B. 出纳人员
　　C. 单位负责人　　　　　　　　　　D. 上级主管单位负责人

二、多项选择题（下列答案中有两个或两个以上是正确的，将正确答案填入括号内）

1. 下列项目中，违反现金管理规定的是（　　）。
　　A. 坐支现金
　　B. "白条"抵库
　　C. 将企业的现金收入按个人储蓄方式存入银行
　　D. 现金收入应于当天送存开户银行

2. 针对现金管理制度，以下说法错误的是（　　）。
　　A. 出纳人员下班前应将所有的现金送存银行
　　B. 出纳人员可将单位日常开支使用的备用金放在办公桌内，其余的应存入银行
　　C. 为保证现金安全，出纳人员可以将日常开支使用的备用金存入个人存折
　　D. 库存现金，包括纸币和铸币，应分类保管

3. 企业支付现金，不得（　　）。
　　A. 从企业库存现金限额中支付　　　B. 从开户银行中提取支付
　　C. 坐支现金　　　　　　　　　　　D. 从本企业的现金收入中直接支付

4. 下列符合现金管理内部控制规定的是（　　）。
　　A. 出纳人员登记现金日记账　　　　B. 出纳人员负责稽核
　　C. 出纳人员每日盘点现金　　　　　D. 出纳人员管理现金

5. 以下属于现金收入范围的是（　　）。
　　A. 从银行提取现金
　　B. 向个人出售商品时取得的零星现金收入

C. 职工借用备用金，报销后退回的余款
D. 其他应收取的利用现金结算的款项

6. 下列属于现金收入管理原则的是(   )。

A. 现金收入必须合法合理　　　　　B. 现金收入手续必须严格
C. 现金收入坚持一笔一清　　　　　D. 现金收入要及时送存银行

三、判断题(正确的在括号内打"√"，错误的在括号内打"×")

1. 现金日记账应由出纳人员根据收付款凭证逐日逐笔登记，定期结出余额与库存现金核对。（   ）
2. 现金付出都要有原始凭证、经办人员填写签字、有关负责人签字批示、主管会计人员审查同意后，才能支付现金。（   ）
3. 现金支付不可以超出结算起点以上。（   ）
4. 坐支现金是指单位将收入的现金直接用于支付的行为。（   ）
5. 盘点现金出现溢余，可以先不处理，待日后短缺时用于抵扣。（   ）

银行结算业务处理

项目 4
Xiangmu 4

技能目标

1. 会填制银行结算的相关票据。
2. 能办理银行结算业务。
3. 会登记银行存款日记账。
4. 能找出未达账项。
5. 会编制银行存款余额调节表。
6. 会编制出纳报告表。

知识目标

1. 了解银行账户开设与管理的基础知识。
2. 熟练掌握各种银行结算凭据的填制方法。
3. 理解掌握各种银行业务处理程序。
4. 熟练掌握银行存款日记账的登记方法。
5. 了解银行存款余额调节表的格式。
6. 掌握银行存款余额调节表的编制方法。
7. 了解出纳报告单的格式。
8. 掌握出纳报告单的编制方法。

案例导入

昌盛公司是一食品加工企业,公司前景很好,现准备开设一分公司,需招聘一名出纳员,2022届高职院校会计专业毕业生刘英到该公司应聘,被昌盛公司录用到分公司担任出纳员,刘英该如何开设银行账户,面对众多的结算业务,该如何选择结算方法并办理结算业务?

任务 4.1 银行账户开设与管理

银行账户又称为银行存款账户或存款账户,是指机关、团体、部队、企业、事业单位、个体工商户和个人(以下简称存款人)在中国境内的银行金融机构(以下简称银行)开立的人民币存款、支取、转账结算和贷款户头的总称。按照资金的不同性质、用途和管理要求,存款账户可分为基本存款账户、一般存款账户、临时存款账户和专用存款账户4种。

4.1.1 基本存款账户

基本存款账户是指存款人办理日常转账结算和现金收付的账户。存款人的工资、奖金等现金支出,只能通过基本存款账户办理。一般情况下,存款人只能开立一个基本存款账户,它是独立核算单位在银行开立的主要账户。

1. 开设基本存款账户的条件

根据《人民币银行结算账户管理办法》的规定,可以申请开立基本存款账户的存款人有:企业法人,非法人企业,机关和实行预算管理的事业单位,军队、武警团级(含)以上单位以及分散执勤的支(分)队,社会团体,民办非企业组织,外地常设机构,外国驻华机构,个体工商户,居民委员会、村民委员会、社区委员会,独立核算的附属机构,其他组织。

2. 开设基本存款账户应向开户银行提交的证件和资料

不同的存款人开设基本存款账户应向开户银行提交的证件和资料各不相同,企业开设基本存款账户应向开户银行提交的证件和资料如下。

(1)企业营业执照(正本)或登记证书、批文原件和复印件。
(2)组织机构代码证(正本)原件和复印件。
(3)国税、地税税务登记证(正本)原件和复印件。
(4)法人代表身份证原件和复印件,由委托人代办的还应出具委托书和被委托人的身份证原件和复印件。
(5)单位行政公章、财务专用章、法人代表或财务负责人印章。

3. 申请开立基本存款账户的手续

存款人申请开立基本存款账户应填制开户申请书(如表4-1所示),提供证明自身达到开立银行账户条件的证件,即开户证明,并送交盖有存款人印章的"印鉴卡片"(如表4-2所示),经银行审核同意即可开立该账户。

表 4-1　　　　　　　　　　××银行开立单位银行结算账户申请书

交易代码：		申请日期： 年 月 日		编号：	
银行打印					
存款人名称			电　话		
地　址			邮　编		
存款人类别		组织机构代码			
法定代表人（　） 单位负责人（　）	姓　名				
	证件种类		证件号码		
行业分类	A（ ） B（ ） C（ ） D（ ） E（ ） F（ ） G（ ） H（ ） I（ ） J（ ） K（ ） L（ ） M（ ） N（ ） O（ ） P（ ） Q（ ） R（ ） S（ ） T（ ）				
注册资金		地区代码		经营范围	
证明文件种类			证明文件编号		
税务登记证编号					
账户性质	基本（ ）　一般（ ）　专用（ ）　临时（ ）　验资/增资（ ）				
资金性质			有效日期至	年 月 日	
支取方式	凭印鉴支取		凭密码支取	备　注	
以下为存款人上级法人或主管单位信息					
上级法人或主管单位名称					
基本存款账户开户许可证核准号			组织机构代码		
法定代表人（　） 单位负责人（　）	姓　名				
	证件种类		证件号码		
以下栏目由开户银行审核后填写					
开户银行名称			开户银行代码		
账户名称			账　号		
基本存款账户开户许可证核准号			开户日期		
本存款人申请开立单位银行结算账户，并承诺所提供的开户资料真实、有效。 　　　存款人（公章）：　法定代表人或 　　　　　　　　　　　　负责人（签章）： 　　　　　　　　　　　　　　年　月　日			开户银行审核意见： 经办人（签章）： 主办会计（签章）： 银行（签章）： 　　　　　　　年　月　日		
人民银行审核意见：　　　　经办人（签章）：　　　人民银行（签章）： （非核准类账户除外）　　　　　　　　　　　　　　　　　　年　月　日					

填表说明：

(1) 申请开立临时存款账户，必须填列有效日期；申请开立专用存款账户，必须填列资金性质。

(2) 该行业标准由银行在营业场所公告，"行业分类"中各字母代表的行业种类如下：A. 农、林、牧、渔业；B. 采矿业；C. 制造业；D. 电力、燃气及水的生产供应业；E. 建筑业；F. 交通运输、仓储和邮政业；G. 信息传输、计算机服务及软件业；H. 批发和零售业；I. 住宿和餐饮业；J. 金融业；K. 房地产业；L. 租赁和商务服务业；M. 科学研究、技术服务和地质勘查业；N. 水利、环境和公共设施管理；O. 居民服务和其他服务业；P. 教育业；Q. 卫生、社会保障和社会福利业；R. 文化、教育和娱乐业；S. 公共管理和社会组织；T. 其他行业。

(3) 带括号的根据选项在括号内填"√"。

(4) 本申请书一式三联：一联开户行留存；一联中国人民银行当地分支行留存；一联存款人留存。

表 4-2 ××银行××分行印鉴卡

户名		联系人	
账号		电话	
地址		邮编	
印鉴公章(财务专用章)	法定代表人或其授权代理人名章	启用日期	年 月 日
		备注	

注：印鉴卡片一式两张：一张开户银行留存；一张开户单位留存。

4. 基本存款账户的变更和撤销

各单位变更账户名称或撤销基本存款账户，必须按规定办理有关手续。存款单位申请改变账户名称的，应撤销原账户，按规定再开立新账户；存款单位撤销账户，必须与开户银行核对账户余额并结算利息，全部核对无误后开出支取凭证结算余额，同时将未用完的各种重要空白凭证(未用的银行汇票、商业汇票、银行本票、支票、信用卡卡片)交回银行，经开户银行审查同意后，由办理销户的存款单位填制好一式四联的《单位申请撤销(转)银行账户审批表》，开户银行据以办理销户。《单位申请撤销(转)银行账户审批表》第一联由开户单位留存，第二、第三、第四联由开户银行凭以销户和存查。其基本格式如表 4-3 所示。

表 4-3 中国人民银行××市分行
单位申请撤销(转)银行账户审批表

单位基本情况	单位名称					
	地 址					
	开 户 行		账 号		账户性质	
	经济性质					
	法人代表					
	有关证件					
销(转)户理由		单位(公章)　　年　月　日				由人民银行留存归档
开户行审核意见	负责人(签章)： 经办人(签章)： 年 月 日		预留银行印鉴			
人民银行审核意见	负责人(签章)： 经办人(签章)： 年 月 日					

另外,开户银行对于1年(按对月对日计算)未发生收付活动的账户,会通知存款单位销户,存款单位应自发出通知起30日内到开户银行办理销户手续,逾期视同自愿销户。

4.1.2 一般存款账户

一般存款账户是存款人因借款或其他结算需要,在基本存款账户开户银行以外的银行营业机构开立的银行结算账户。如附属非独立核算单位在距离主管单位较远的情况下,为了方便非独立核算的附属单位款项收付而另行开立的账户,是基本存款账户的延伸和补充。一般经银行审查同意后,在就近银行开设。存款单位可以通过本账户办理转账结算和现金缴存,但不能办理现金支取。一个单位不得在同一家银行的几个分支机构开立一般存款账户。

1. 开立一般存款账户的条件

存款单位可以申请开立一般存款账户的情况有:在基本存款账户以外的银行取得的借款;与基本存款账户的存款单位不在同一地点的附属非独立核算单位。

2. 开立一般存款账户应出具的证明

存款单位申请开立一般存款账户,应向开户银行出具下列证明文件之一。
(1)借款合同或借款借据。
(2)基本存款账户的存款单位同意其附属的非独立核算单位开户的证明。

3. 一般存款账户的开立和撤销

存款单位申请开立一般存款账户,应填制开户申请书,提供规定的证明文件,送交盖有存款单位印章的印鉴卡片,经银行审核同意后开立账户。具体手续可参照基本存款账户办理。

一般存款账户的撤销与基本存款账户相同,不再赘述。

4.1.3 临时存款账户

临时存款账户是存款人因临时需要并在规定期限内使用而开立的银行结算账户。用于办理临时机构以及存款人临时经营活动发生的资金收付。临时存款账户应根据有关开户证明文件确定的期限或存款人的需要确定其有效期限,最长不得超过2年。临时存款账户支取现金,应按照国家现金管理的规定办理。注册验资时的临时存款账户在验资期间只收不付。

1. 开立临时存款账户的条件

存款单位可以申请开立临时存款账户的情况有:设立临时机构;异地临时经营活动;注册验资、增资。

2. 开立临时存款账户需要出具的证件

存款单位申请开立临时存款账户,应向开户银行出具下列证明文件之一。

(1) 临时机构,应出具其驻在地主管部门同意设立临时机构的批文。

(2) 异地建筑施工及安装单位,应出具其营业执照正本或其隶属单位的营业执照正本,以及施工及安装地建设主管部门核发的许可证或建筑施工及安装合同。

(3) 异地从事临时经营活动的单位,应出具其营业执照正本以及临时经营地工商行政管理部门的批文。

(4) 注册验资,应出具工商行政管理部门核发的企业名称预先核准通知书或有关部门的批文。

3. 临时存款账户的开立和撤销

临时存款账户的开立和撤销与基本存款账户相同,不再赘述。

4.1.4 专用存款账户

专用存款账户是存款人按照法律、行政法规和规章,对其特定用途资金进行专项管理和使用而开立的银行结算账户。

1. 开立专用存款账户的条件

存款人可以申请开立专用存款账户的资金有:基本建设资金;更新改造资金;财政预算外资金;粮、棉、油收购资金;证券交易结算资金;期货交易保证金;信托基金;金融机构存放同业资金;政策性房地产开发资金;单位银行卡备用金;住房基金;社会保障基金;收入汇缴资金和业务支出资金;党、团、工会设在单位的组织机构经费;其他需要专项管理和使用的资金。

2. 开立专用存款账户需要出具的证明

存款单位申请开立专用存款账户时,应向开户银行出具下列证明文件之一。
(1) 经有关部门批准立项的文件。
(2) 国家有关文件的规定。

3. 专用存款账户的开立与撤销

专用存款账户的开立与撤销和基本存款账户相同,不再赘述。

4.1.5 银行账户的使用规定

《人民币银行结算账户管理办法》和《违反银行结算制度处罚规定》对银行账户的使用做出如下规定。

（1）存款人可以自主选择银行开立账户，银行也可以自愿选择存款人，任何单位和个人不得干预存款人在银行开立或使用账户。

（2）存款人在其账户内应有足够资金保证支付。

（3）银行应依法为存款人保密；维护存款人资金自主支配权，不代任何单位和个人查询、冻结、扣划存款人账户内存款，国家法律规定和国务院授权中国人民银行总行的监督项目除外。

（4）存款人已在银行开立一个基本存款账户的，可以根据其资金性质和管理需要另开立一个基本存款账户的情况有：管理财政预算资金和预算外资金的财政部门；实行财政预算管理的行政机关、事业单位；县级（含）以上军队、武警单位。

（5）存款人申请改变账户名称的，应撤销原账户，再开立新账户。

（6）存款人撤销账户，必须与开户银行核对账户余额，经开户银行审查同意后，办理销户手续。

（7）存款人销户时，应交回各种重要空白凭证。否则，所造成的后果应由存款人承担责任。

（8）存款人撤销基本存款账户后，可以在另一家银行开立新账户。

（9）开户银行对一年（按对月对日计算）未发生收付业务活动的账户，应通知存款人自发出通知日起30日内来行办理销户手续，逾期视同自愿销户。

（10）存款人不得在多家银行机构开立基本存款账户。存款人不得在同一家银行的几个分支机构开立一般存款账户。如果单位违反，责令其限期撤销账户，并根据其性质和情节处以5 000～10 000元罚款。

（11）存款人不得因开户银行严格执行制度、执行纪律，转移基本存款账户。如果单位违反，根据其性质和情节处以5 000～10 000元罚款。

（12）存款人的账户只能办理存款人本身的业务活动，不得出租和转让账户。

（13）单位出租、转让账户，除责令其纠正外，按账户出租、转让发生金额的5%但不低于1 000元的罚款，并没收出租账户的非法所得。

任务4.2 支票结算

4.2.1 支票概述

支票是出票人签发的，委托办理支票存款业务的银行或其他金融机构在见票时无条件支付确定的金额给收款人或者持票人的票据。支票实际上是存款人开出的付款通知。

1. 支票的分类

支票按照支付票款的方式不同可以分为现金支票、转账支票和普通支票。

按照《支付结算办法》规定，支票印有"现金"字样的为现金支票，"现金支票"的正面和背面样式分别如表4-4和表4-5所示，现金支票只能用于支取现金；支票上印有"转账"字样的为转账支票，"转账支票"的正面和背面样式分别如表4-6和表4-7所示，转账支票只能用于转账；支票上未印有"现金"或"转账"字样的为普通支票，普通支票可以用于支取现金，也可以用于转账。在普通支票左上角画两条平行线的为画线支票，画线支票只能用于转账，不得支取现金。

2. 支票的使用范围

单位和个人的各种款项结算，均可使用支票。

表4-4　　　　　　　　　　中国工商银行现金支票正面

表4-5　　　　　　　　　　中国工商银行现金支票背面

表4-6　　　　　　　　　　中国工商银行转账支票正面

表 4-7　　　　　　　　中国工商银行转账支票背面

附加信息：	被背书人 背书人签章 　年　月　日	被背书人 背书人签章 　年　月　日	（贴粘单处）	根据《中华人民共和国票据法》等法律法规的规定，签发空头支票由中国人民银行处以票面金额5%但不低于1 000元的罚款。

4.2.2　支票的填制要求

（1）支票一律记名。即签发的支票必须注明收款人的名称，并只准收款人或签发人向银行办理转账或提取现金。在中国人民银行总行批准的地区，转账支票可以背书转让。

（2）签发支票使用规定墨水填写（或支票打印机打印）。签发支票应使用墨汁、碳素墨水或蓝黑墨水填写，未按规定填写，被涂改冒领的，由签发人负责。支票上各项内容要填写齐全，内容要真实，字迹要清晰，数字要标准，大小写金额要一致。支票大小写金额、签发日期和收款人不得更改，其他内容如有更改，必须由签发人加盖预留银行印鉴章之一证明。

（3）支票正面不能有涂改痕迹，否则本支票作废。受票人如果发现支票填写不全，可以补记，但不能涂改。

（4）签发日期应填写实际出票日期，支票正联出票日期必须使用中文大写，支票存根部分出票日期可用阿拉伯数字书写。在支票正联用大写填写出票日期时，为防止变造支票的出票日期，在填写月、日时应注意以下事项。

① 月为壹、贰和壹拾的，日为壹至玖、壹拾、贰拾和叁拾的，应在其前加"零"。
② 日为拾壹至拾玖的，应在其前加"壹"。

（5）在签发人签章处加盖预留银行印鉴，签章不能缺漏。

（6）对约定使用支付密码作为支付票据金额的，出票人可在小写金额栏下方的空格中记载支付密码。

4.2.3　支票结算的基本规定

（1）支票的出票人，为在经中国人民银行当地分支行批准办理支票业务的银行机构开立可以使用支票的存款账户的单位和个人。

（2）支票的金额、收款人名称，可以由出票人授权补记。未补记前不得背书转让和提示付款。

（3）支票的出票人签发支票的金额不得超过付款时在付款人处实有的存款金额。禁止签发空头支票。

（4）支票的出票人预留银行签章是银行审核支票付款的依据。银行也可以与出票人约定使用支付密码,作为银行审核支付支票金额的条件。

(5) 出票人不得签发与其预留银行签章不符的支票;使用支付密码的,出票人不得签发支付密码错误的支票。

(6) 出票人签发空头支票、签章与预留银行签章不符的支票、使用支付密码地区,支付密码错误的支票,银行应予以退票,并按票面金额处以5%但不低于1 000元的罚款;持票人有权要求出票人赔偿支票金额2%的赔偿金。对屡次签发的,银行应停止其签发支票。

(7) 支票的提示付款期限自出票日起10日,但中国人民银行另有规定的除外。超过提示付款期限提示付款的,持票人开户银行不予受理,付款人不予付款。

持票人可以委托开户银行收款或直接向付款人提示付款。用于支取现金的支票仅限于收款人向付款人提示付款。

持票人委托开户银行收款的支票,银行应通过票据交换系统收妥后入账。

持票人委托开户银行收款时,应作委托收款背书,在支票背面背书人签章栏签章、记载"委托收款"字样、背书日期,在被背书人栏记载开户银行名称,并将支票和填制的进账单送交开户银行。持票人持用于转账的支票向付款人提示付款时,应在支票背面背书人签章栏签章,并将支票和填制的进账单交送出票人开户银行。收款人持用于支取现金的支票向付款人提示付款时,应在支票背面"收款人签章"处签章,持票人为个人的,还需交验本人身份证件,并在支票背面注明证件名称、号码及发证机关。

(8) 出票人在付款人处的存款足以支付支票金额时,付款人应当在见票当日足额付款。

(9) 存款人领购支票,必须填写"票据和结算凭证领用单"并签章,签章应与预留银行的签章相符。存款账户结清时,必须将全部剩余空白支票交回银行注销。

(10) 已签发的现金支票遗失,可以向银行申请挂失。挂失前已经支付的,银行不予受理;已签发的转账支票遗失,银行不受理挂失,但可请求收款人协助防范。

4.2.4 签发支票必须记载的事项

(1) 表明"支票"的字样。
(2) 无条件支付的委托。
(3) 确定的金额。
(4) 付款人名称。
(5) 出票日期。
(6) 出票人签章。

欠缺记载上列事项之一的,支票无效。支票的付款人为支票上记载的出票人开户银行。

4.2.5 支票结算业务的处理程序

1. 现金支票结算业务的处理程序

现金支票一般用于提取现金,很少用于对外结算,在此只介绍提取现金时出纳处理业务程序。

(1)填写支票。按要求正确填写现金支票,并由印鉴管理人员在支票的正联加盖预留银行印鉴,如果收款人是单位,再在背面加盖收款单位预留印鉴,之后凭现金支票正联直接到开户银行提取现金。如果收款人是个人则背面不盖章,背面写上自己的身份证号码和发证机关名称,凭身份证和现金支票正联到银行提现。

知识链接4-1 | 如何保管印章

支票印鉴章一般应由会计主管人员或指定专人保管,支票和印鉴必须由两人分别保管。负责保管的人员不得将印章随意存放或带出工作单位。各种印章应与现金的保管相同,不得随意放入抽屉内保管,否则极易让不法分子有机可乘,给国家和单位造成不必要的经济损失。

(2)传递凭证。将支票存根传递给制证员编制记账凭证。

(3)登记日记账。根据审核无误的记账凭证登记现金、银行存款日记账,银行存款日记账的填写规定和现金日记账基本相同。

【例4-1】

2022年12月7日,苏中吉达有限责任公司提现金5 000元备用,银行存款日记账的期初余额为2 567 890.00元。要求:出纳办理提现业务。

(1)填写支票。按要求正确填写现金支票,并由印鉴管理人员在正联加盖预留银行印鉴(如表4-8所示)。持加盖预留银行印鉴的正联(如表4-9和表4-10所示)到银行提取现金。

表4-8　　　　　　　　中国工商银行现金支票正面

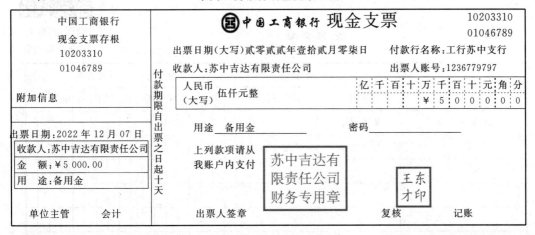

表 4-9　　　　　　　　　中国工商银行现金支票正联

```
中国工商银行 现金支票                10203310
                                    01046789
出票日期(大写)贰零贰贰年壹拾贰月零柒日   付款行名称：工行苏中支行
收款人：苏中吉达有限责任公司              出票人账号：1236779797
人民币
(大写) 伍仟元整                      ￥5000 0 0
用途  备用金           密码
上列款项请从
我账户内支付   [苏中吉达有
             限责任公司    [王东
             财务专用章]    才印]
出票人签章              复核      记账
```

付款期限自出票之日起十天

表 4-10　　　　　　　　　中国工商银行现金支票背面

```
附加信息：
        [苏中吉达有
        限责任公司    [王东
        财务专用章]    才印]
                       收款人签章
                       2022年12月7日
        身份证件名称：      发证机关：
        号
        码
```
(贴粘单处)

（2）传递凭证。将存根联传递给制证员编制记账凭证。

制证员根据现金支票存根联编制记账凭证（如表 4-11 所示）。

微课：提取备用金业务核算

表 4-11　　　　　　　　记 账 凭 证

2022 年 12 月 07 日　　　　　　　记字第 10 号

摘 要	会计科目		借方金额	贷方金额	记账符号
	总账科目	明细科目	十万千百十元角分	十万千百十元角分	
提现金备用	库存现金		5 0 0 0 0 0		
	银行存款			5 0 0 0 0 0	
	合计金额		￥ 5 0 0 0 0 0	￥ 5 0 0 0 0 0	

附凭证 1 张

会计主管：　　　　记账：　　　　审核：　　　　制单：刘黄

(3) 登记日记账。根据审核无误的表 4-11 登记银行存款日记账（如表 4-12 所示）和现金日记账（略）。

表 4-12　　　　　　　　　　　银行存款日记账　　　　　　　　　　　第 18 页

账号：1236779797

2022年		凭证		结算凭证		摘要	对方科目	收入	支出	结余
月	日	种类	号数	种类	号数					
12	7					承前页		8 256 870.00	7 785 620.00	2 567 890.00
	7	记	10	现支	6789	提现金备用	库存现金		5 000.00	2 562 890.00

2. 转账支票结算业务的处理程序

转账支票结算按收款人收款方式的不同分为正送和倒送两种方式。

（1）转账支票正送。转账支票正送是指由付款方出纳人员签发支票交给收款单位，由收款方出纳人员送至收款人开户银行办理转账结算的支票结算方式。付款方出纳处理业务程序如下。

① 填写支票。出纳按要求正确填写转账支票，再由印鉴管理人员在其正面加盖预留银行印鉴。

② 传递凭证。出纳将加盖银行预留印鉴的支票正联交给收款人，将支票存根联传递给制证员编制记账凭证。

微课：转账支票业务结算理论知识

③ 登记银行存款日记账。出纳根据审核无误的记账凭证登记银行存款日记账。

收款方出纳处理业务程序如下。

① 审核收到的转账支票。出纳收到转账支票，应注意审核以下内容：支票收款人或被背书人是否为本企业；支票签发日期是否在付款期内；大小写金额是否一致；背书转让的支票其背书是否连续，有无"不准转让"字样；大小写金额、签发日期和收款人有无更改；签发人盖章是否齐全。

微课：转账支票正送收款业务办理

② 传递凭证。出纳将审核无误的支票传递给印鉴管理人员，由其作委托收款背书，在支票背面"背书人签章"栏签章，记载"委托收款"字样及背书日期，在"被背书人"栏记载收款人开户银行名称。

知识链接4-2 | 什么是背书

背书是指票据持有人将票据权利转让给他人的一种票据行为。票据权利是指票据持有人向票据债务人直接请求支付票据中所规定的金额的权利。通过背书转让其权利的人称为背书人,接受经过背书汇票的人就被称为被背书人。由于这种票据权利的转让,一般都是在票据的背面(如果记在正面就容易和承兑、保证等其他票据行为混淆)进行的,所以叫作背书。

③ 填写进账单。出纳按要求正确填写进账单,银行进账单是持票人或收款人将票据款项存入收款人银行账户的凭证,也是银行将票据款项记入收款人账户的凭证。银行进账单分为二联式进账单和三联式进账单(如表4-13所示)。不同的持票人应按照规定使用不同的银行进账单。二联式进账单的第一联为给持票人的回单(即收账通知),第二联为银行的贷方凭证。三联式进账单的第一联是回单,第二联是贷方凭证,第三联是收账通知。进账单填写时注意要套写而不能分联次填写。

表4-13　　　　　　　中国农业银行**进账单**(回单)　1

出票人	全称		收款人	全称											此联是收款人开户银行交持票人的回单
	账号			账号											
	开户银行			开户银行											
金额	人民币(大写)				千	百	十	万	千	百	十	元	角	分	
票据种类		票据张数													
票据号码															
		复核:	记账:							开户银行盖章					

④ 办理进账。出纳将支票正联和填写好的进账单交给开户银行委托银行收款,银行受理盖章后将进账单回单联和第三联(收账通知)退给收款方。

⑤ 再传递凭证。出纳将银行受理后的收账通知联传递给制证员编制记账凭证。

⑥ 登记银行存款日记账。出纳根据审核无误的记账凭证登记银行存款日记账。

(2) 转账支票倒送。转账支票倒送是指由付款方出纳人员签发支票并由付款方出纳人员送至付款人开户银行办理转账的结算方式。

付款方出纳处理业务程序如下。

① 填写支票。出纳按要求正确填写转账支票,再由印鉴管理人员在其正面加盖预留银行印鉴。

② 传递凭证。出纳将加盖银行预留印鉴的支票正联交给收款人,将支票存根联传递给制证员编制记账凭证。

③ 填写进账单。出纳根据转账支票正联填写进账单。

④ 办理转账。出纳将填写的进账单和支票正联直接交其开户银行,要求转账,银行

受理后将进账单的回单退回付款方出纳,然后银行将款项划转收款人账户。

⑤ 登记银行存款日记账。出纳根据审核无误的记账凭证登记银行存款日记账。

收款方出纳处理业务程序如下。

① 审核收到的进账单收账通知。收款人开户银行办妥进账手续后,通知收款人收款入账。收款方出纳审核收到的从银行拿到的进账单收账通知。

② 传递凭证。出纳将审核无误的进账单收账通知联传递给制证员编制记账凭证。

③ 登记银行存款日记账。出纳根据审核无误的记账凭证登记银行存款日记账。

【例 4-2】

2022 年 12 月 8 日,苏中吉达有限责任公司采用支票正送方式开出转账支票归还前欠黄河有限责任公司货款 885 500.00 元。请双方出纳办理相关业务。

苏中吉达有限责任公司(付款方)出纳业务处理程序如下。

(1) 填写支票。正确填写转账支票(如表 4-14 所示),并由印鉴管理人员加盖预留银行印鉴。

微课:转账支票签发

表 4-14　　　　　中国工商银行转账支票正面

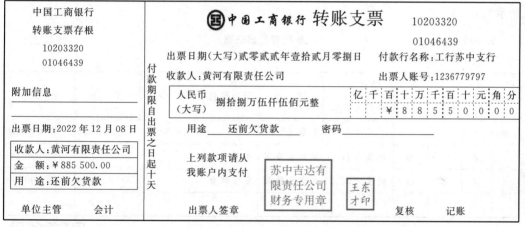

(2) 传递凭证。将加盖预留银行印鉴后的正联(如表 4-15 所示)交给收款人,将支票存根联传递给制证员编制记账凭证。

表 4-15　　　　　中国工商银行转账支票正联

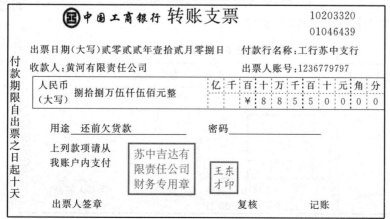

附:制证员根据转账支票存根联编制记账凭证(如表 4-16 所示)。

表 4-16　　　　　　　　　　记 账 凭 证
2022 年 12 月 08 日　　　　　　　　　　记字第 18 号

摘要	会计科目		借方金额	贷方金额	记账符号
	总账科目	明细科目	十万千百十元角分	十万千百十元角分	
还前欠货款	应付账款	黄河有限责任公司	8 8 5 5 0 0 0 0		
	银行存款			8 8 5 5 0 0 0 0	
合 计 金 额			8 8 5 5 0 0 0 0	8 8 5 5 0 0 0 0	

附凭证 1 张

会计主管:　　　　记账:　　　　审核:　　　　　　　　制单:刘黄

(3) 登记银行存款日记账。根据审核无误的表 4-16 登记银行存款日记账(如表 4-17 所示)。

表 4-17　　　　　　　　银行存款日记账　　　　　　　　第 18 页

账号:1236779797

2022年		凭证		结算凭证		摘要	对方科目	收入	支出	结余
月	日	种类	号数	种类	号数					
12	7					承前页		8 256 870.00	7 785 620.00	2 567 890.00
	7	记	10	现支	6789	提现金备用	库存现金		5 000.00	2 562 890.00
	8	记	18	转支	6439	还前欠货款	应付账款		885 500.00	1 677 390.00

黄河有限责任公司(收款方)出纳处理业务程序如下。

(1) 审核收到的转账支票。出纳认真审核收到的转账支票。

(2) 传递凭证。出纳将收到的转账支票正联传递给印鉴管理人员,由其作委托收款背书(如表 4-18 所示)。

微课:转账支票支付广告费业务核算

表 4-18　　　中国工商银行转账支票正联背面

附加信息:	被背书人　工行苏中支行	被背书人　工行苏中支行	(贴粘单处)
	委托收款　　黄河有限责任公司财务专用章　　王大平印		
	背书人签章　2022 年 12 月 08 日	背书人签章　年 月 日	

(3) 填写进账单（如表 4-19 所示）。出纳按要求正确填写进账单。

表 4-19　　　　　　　中国工商银行**进账单**（回单）　　1
2022 年 12 月 08 日

出票人	全称	苏中吉达有限责任公司	收款人	全称	黄河有限责任公司	此联是收款人开户银行交持票人的回单
	账号	1236779797		账号	1238980987	
	开户银行	工商银行苏中支行		开户银行	工商银行东海分行	
金额	人民币（大写）	捌拾捌万伍仟伍佰元整			千 百 十 万 千 百 十 元 角 分 ¥　　　8　8　5　5　0　0　0　0	
票据种类	转账支票	票据张数	1			
票据号码	10203320 01046439					
		复核：		记账：	开户银行盖章	

（4）办理进账。将支票正联（如表 4-18 所示）和填写好的一式三联进账单（回单联如表 4-19 所示，其余联次略）交给开户银行委托银行收款。

（5）传递凭证。将银行受理后的进账单收账通知联（如表 4-20 所示）传递给制证员编制记账凭证。

表 4-20　　　　　　　中国工商银行**进账单**（收账通知）　　3
2022 年 12 月 08 日

出票人	全称	苏中吉达有限责任公司	收款人	全称	黄河有限责任公司	此联是收款人开户银行交收款人的收账通知
	账号	1236779797		账号	1238980987	
	开户银行	工商银行苏中支行		开户银行	工商银行东海分行	
金额	人民币（大写）	捌拾捌万伍仟伍佰元整			千 百 十 万 千 百 十 元 角 分 ¥　　　8　8　5　5　0　0　0　0	
票据种类	转账支票	票据张数	1	工商银行 东海分行 2022.12.08 转讫		
票据号码	10203320 01046439					
		复核：		记账：	开户银行盖章	

附：制证员根据审核无误的表 4-20 编制记账凭证（如表 4-21 所示）。

微课：销售产品收到
转账支票业务核算

表 4-21

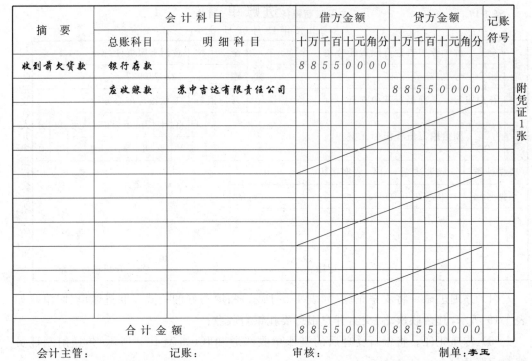

记 账 凭 证
2022 年 12 月 08 日　　　　　记字第 48 号

摘要	会计科目		借方金额	贷方金额	记账符号
	总账科目	明细科目	十万千百十元角分	十万千百十元角分	
收到前欠货款	银行存款		8 8 5 5 0 0 0 0		
	应收账款	苏中吉达有限责任公司		8 8 5 5 0 0 0 0	
合计金额			8 8 5 5 0 0 0 0	8 8 5 5 0 0 0 0	

附凭证 1 张

会计主管：　　　　记账：　　　　审核：　　　　制单：李玉

（6）登记银行存款日记账。根据审核无误的表 4-21 登记银行存款日记账（略）。

知识链接 4-3 ｜ 支票结算程序

支票正送结算程序如图 4-1 所示。

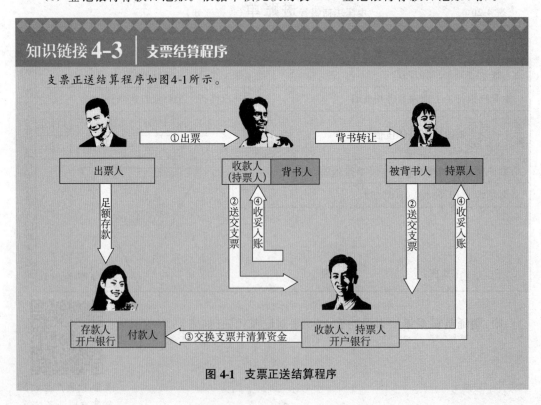

图 4-1　支票正送结算程序

支票倒送结算程序如图4-2所示。

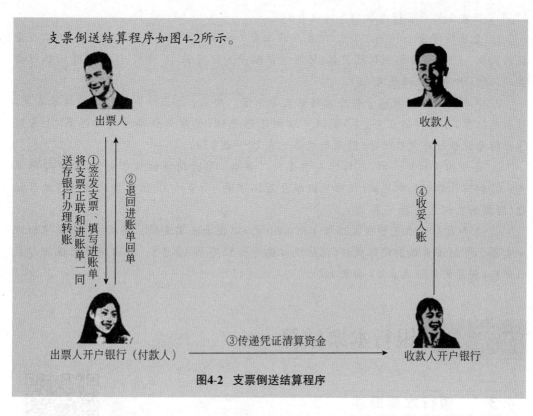

图4-2 支票倒送结算程序

同步实训

□ 实训目标

1. 能熟练填制现金支票、转账支票。
2. 能正确办理现金提取业务。
3. 能正确填制进账单、办理进账业务。
4. 能正确登记银行存款日记账。

□ 实训准备

1. 准备空白的现金支票2份、转账支票1份、进账单1份、印章、记账凭证5张、银行日记账1页。

2. 准备3个资料袋,分别代表企业留存另行保管、送交客户、提交银行,然后将填好的非该企业记账凭证附件的原始凭证正确分放。

□ 实训资料及要求

2022年12月1日,丽水宏达服装有限责任公司银行存款期初余额3 261 000.00元,

12月1日发生的与银行存款相关的业务如下。

1. 企业提现金40 000.00元,准备发放工资。要求:①出纳填制现金支票,办理现金提取业务。②制证员编制记账凭证(记账凭证编号为记字第13号)。③出纳登记银行存款日记账(附原始凭证见表19)。

2. 收到丽百商厦有限责任公司转账支票一张。要求:①出纳审检收到的转账支票,填制进账单,办理转账业务。②制证员编制记账凭证(记账凭证编号为记字第21号)。③出纳登记银行存款日记账(附原始凭证见表20～表23)。

3. 企业购买材料一批,以转账支票支付。要求:①出纳填制转账支票,办理转账业务。②制证员编制记账凭证(记账凭证编号为记字第36号)。③出纳登记银行存款日记账(附原始凭证见表24～表26)。

4. 业务员李林出差暂借差旅费4 500.00元,以现金支票支付。要求:①出纳填制现金支票。②制证员编制记账凭证(记账凭证编号为记字第45号)。③出纳登记银行存款日记账(附原始凭证见表27和表28)。

任务4.3 银行本票结算

4.3.1 银行本票概述

银行本票是由出票人签发的,承诺自己在见票时无条件支付确定的金额给收款人或者持票人的票据。银行本票的出票人为经中国人民银行当地分支机构批准办理银行本票的银行机构。

微课:银行本票结算业务理论知识

1. 银行本票的种类

银行本票按照金额是否预先固定分为不定额银行本票(如表4-22～表4-24所示)和定额银行本票(如表4-25所示)。不定额银行本票由经办银行签发和银行兑付,定额银行本票由人民银行发行,各银行代办签发和兑付。定额本票的面额分为1 000元、5 000元、10 000元和50 000元4种。

2. 银行本票的使用范围

单位和个人在同一票据区域需要支付的各种款项均可以使用。银行本票可以用于转账,注明"现金"字样的银行本票可以用于支取现金。

3. 银行本票的特点

与其他银行结算方式相比,银行本票结算具有以下特点。

(1)使用方便。单位、个体经商户和个人不管其是否在银行开户,他们之间在同城范围内的所有商品交易、劳务供应以及其他款项的结算都可以使用银行本票。收款单位和个人持银行本票可以办理转账结算,也可以支取现金,同样也可以背书转让。银行本票见票即付,结算迅速。

（2）信誉度高,支付能力强。银行本票是由银行签发,并于指定到期日由签发银行无条件支付,因而信誉度很高,一般不存在得不到正常支付的问题。其中定额银行本票由中国人民银行发行,各大国有商业银行代理签发,不存在票款得不到兑付的问题。不定额银行本票由各大国有商业银行签发,由于其资金力量雄厚,因而一般也不存在票款得不到兑付的问题。

表 4-22　　　　　　　　　　中国工商银行本票第一联正面

中国工商银行　　　本票(卡片)　1　　10203375 20471917
出票日期(大写)　　　年　月　日
收款人：　　　　申请人：
凭票即付人民币(大写)　　　亿千百十万千百十元角分
□转账　　□现金　　密押　　　行号
备注　　　　　　　　出纳　　复核　　经办

（左侧竖排：提示付款期限自出票之日起壹个月）

表 4-23　　　　　　　　　　中国工商银行本票第二联正面

中国工商银行　　　本票　2　　10203375 20471917
出票日期(大写)　　　年　月　日
收款人：　　　　申请人：
凭票即付人民币(大写)　　　亿千百十万千百十元角分
□转账　　□现金　　密押　　　行号
备注　出票行签章　　出纳　　复核　　经办

（左侧竖排：提示付款期限自出票之日起壹个月）

表 4-24　　　　　　　　　　中国工商银行本票第二联背面

被背书人	被背书人
背书人签章　年　月　日	背书人签章　年　月　日
持票人向银行提示付款签章：	身份证件名称：　　发证机关：
	号码

（右侧竖排：贴粘单处）

表 4-25　　　　　　　　　　　　　定额本票

××银行本票存根	付款期限 ×个月	农业银行 **本　票**	本票号码
出本票号码：			
地　　名：		出票日期　年　月　日	
收 款 人：	收款人	（大写）	
金　　额：**壹万元整**			
用　　途：	凭票即付人民币	**壹万元整**	
科 目（借）：			
对方科目（贷）：	转账　　现金	￥10 000.00	
出票日期　年　月　日			
出纳　复核　经办		出票行签章	

4.3.2　银行本票结算的基本规定

（1）银行本票一律记名。

（2）收款人可以将银行本票背书转让给被背书人。被背书人受理银行本票时，除按照《支付结算办法》第一百零六条的规定审查外，还应审查：背书是否连续，背书人签章是否符合规定，背书使用粘单的是否按规定签章；背书人为个人的，应验证其个人身份证件。

（3）银行本票的提示付款期限自出票日起最长不得超过 2 个月（不分大月、小月，统一按次月对日计算，到期日遇节假日顺延）。持票人超过付款期限提示付款的，代理付款人不予受理。银行本票的代理付款人是代理出票银行审核支付银行本票款项的银行。

（4）银行本票见票即付，不予挂失。跨系统银行本票的兑付，持票人开户银行可根据中国人民银行规定的金融机构同业往来利率向出票银行收取利息；遗失的不定额银行本票在付款期满后 1 个月确实未被冒领，可以办理退款手续。

（5）在银行开立存款账户的持票人向开户银行提示付款时，应在银行本票背面"持票人向银行提示付款签章"处签章，签章须与预留银行签章相同，并将银行本票、进账单送交开户银行。银行审查无误后办理转账。

（6）未在银行开立存款账户的个人持票人，凭注明"现金"字样的银行本票向出票银行支取现金的，应在银行本票背面签章，记载本人身份证件名称、号码及发证机关，并交验本人身份证件及其复印件。

持票人对注明"现金"字样的银行本票需要委托他人向出票银行提示付款的，应在银行本票背面"持票人向银行提示付款签章"处签章，记载"委托收款"字样、被委托人姓名和背书日期以及委托人身份证件名称、号码、发证机关。被委托人向出票银行提示付款时，也应在银行本票背面"持票人向银行提示付款签章"处签章，记载证件名称、号码及发证机关，并同时交验委托人和被委托人的身份证件及其复印件。

（7）申请人使用银行本票，应向银行填写"银行本票申请书"，填明收款人名称、申请人名称、支付金额、申请日期等事项并签章。申请人和收款人均为个人需要支取现金的，应在"支付金额"栏先填写"现金"字样，后填写支付金额。申请人或收款人为单位的，不得申请签发现金银行本票。

持票人超过提示付款期限不获付款的，在票据权利时效内向出票银行作出说明，并提供本人身份证件或单位证明，可持银行本票向出票银行请求付款。

（8）申请人因银行本票超过提示付款期限或其他原因要求退款时，应将银行本票提交到出票银行，申请人为单位的，应出具该单位的证明；申请人为个人的，应出具本人的身份证件。出票银行对于在本行开立存款账户的申请人，只能将款项转入原申请人账户；对于现金银行本票和未在本行开立存款账户的申请人，才能退付现金。

（9）银行本票丧失，失票人可以凭人民法院出具的其享有票据权利的证明，向出票银行请求付款或退款。

4.3.3　签发银行本票必须记载的事项

（1）表明"银行本票"的字样。
（2）无条件支付的承诺。
（3）确定的金额。
（4）收款人名称。
（5）出票日期。
（6）出票人签章。
欠缺记载上列事项之一的，银行本票无效。

4.3.4　银行本票结算业务的处理程序

1. 付款方出纳处理业务程序

（1）填写银行结算业务申请书。出纳正确填写银行结算业务申请书（如表4-26～表4-28所示），并由印鉴管理人员在第一联的申请人签章处加盖预留银行印鉴。申请书填写要求如下所述。

① 申请日期：用小写数字填写申请当日的日期。
② 业务类型：在选择的本票申请方式方框内打"√"。
③ 申请人全称、账号或地址、开户行名称：分别填写申请单位的名称、开户银行账号或地址、开户行名称等相关信息。
④ 收款人全称、账号或地址、开户行名称：分别填写收款单位的名称、开户银行账号或地址、开户行名称等相关信息。
⑤ 汇票金额：与支票的填写相同。
⑥ 附加信息及用途：填写需要说明的事项或银行本票的用途。附加信息如申请银行签发的本票用于支取现金、转账等信息；用途如货款等。

表 4-26　中国农业银行　结算业务申请书　Ⅶ　0128232185

申请日期：　年　月　日

客户填写	业务类型	□电汇　□信汇　□汇票　□本票 其他＿＿＿＿＿	汇款方式	□普通　□加急	第一联 记账联
	申请人	全称	收款人	全称	
		账号或地址		账号或地址	
		开户行名称		开户行名称	
	金额（大写）人民币		亿千百十万千百十元角分		
	上列款项及相关费用请从我账户内支付		支付密码		
			附加信息及用途：		
	申请人签章				

银行打印

会计主管：　　　　复核：　　　　记账：

表 4-27　中国农业银行　结算业务申请书　Ⅶ　0128232185

申请日期：　年　月　日

客户填写	业务类型	□电汇　□信汇　□汇票　□本票 其他＿＿＿＿＿	汇款方式	□普通　□加急	第二联 发报或出票依据联
	申请人	全称	收款人	全称	
		账号或地址		账号或地址	
		开户行名称		开户行名称	
	金额（大写）人民币		亿千百十万千百十元角分		
	转账日期： 年　月　日		支付密码		
			附加信息及用途：		

银行打印

会计主管：　　　　复核：　　　　记账：

表 4-28　　　中国农业银行　结算业务申请书　　Ⅷ　0128232185

申请日期：　　年　月　日

客户填写	业务类型	□电汇　□信汇　□汇票　□本票 其他_____		汇款方式	□普通　□加急	
	申请人	全　　　称		收款人	全　　　称	
		账号或地址			账号或地址	
		开户行名称			开户行名称	
	金额(大写)人民币			亿千百十万千百十元角分		
	付出行签章：			支付密码		
				附加信息及用途：		
银行打印						

第三联 回单联

会计主管：　　　　　　复核：　　　　　　记账：

中国农业银行结算业务申请书一式三联：分别为记账联，受理业务银行留存，据以记账；发报或出票依据联，汇出行汇款后作记账依据；回单联，退回申请人，作记账依据。

（2）申请办理银行本票。出纳将填写好的一式三联的银行结算业务申请书递交给银行柜员，银行柜员在办妥转账或收妥款项后，据以签发银行本票。银行柜员将银行本票第二联与加盖银行印章的结算业务申请书"回单联"一并交给申请人。

（3）传递凭证。出纳将银行本票交给单位有关人员办理结算，将结算业务申请书"回单联"传递给制证员编制记账凭证。

（4）登记银行存款日记账。出纳根据审核无误的记账凭证登记银行存款日记账。

2. 收款方出纳处理业务程序

（1）审核收到的银行本票。出纳审核收到的银行本票。审核内容主要包括：收款人是否确为本单位或本人；银行本票是否在提示付款期限内；必须记载的事项是否齐全；出票人签章是否符合规定，不定额银行本票是否有压数机压印的出票金额，并与大写出票金额一致；出票金额、出票日期、收款人名称是否更改，更改的其他记载事项是否由原记载人签章证明，背书是否连续。

（2）传递凭证。出纳将审核无误的银行本票传递给印鉴管理人员，由其在本票背面"持票人向银行提示付款签章"处加盖预留银行印鉴。如果收款人为个人，在本票背面"持票人向银行提示付款签章"处加盖个人印章，同时填写身份证件的名称和号码。

（3）填写进账单办理进账。出纳根据审核无误的银行本票正确填写进账单，将填写好的一式三联进账单连同收到的银行本票交本单位开户银行办理收款入账手续，经银行审核无误后，在进账单"收账通知联"加盖银行印章，退回收款人。

（4）传递凭证。将开户银行退回的"收账通知联"交给制证员编制记账凭证。

(5) 登记银行存款日记账。根据审核无误的记账凭证登记银行存款日记账。

【例 4-3】

2022年12月1日，临海副食有限责任公司购买食用胶一批，货款600 000元，增值税78 000元，采用银行本票结算。要求：出纳办理本票一张。

(1) 填写银行结算业务申请书。出纳正确填写银行结算业务申请书，并由印鉴管理人员在第一联申请人签章处加盖预留银行印鉴(如表4-29所示)，银行结算业务申请书三联套写，其余两联略。

表 4-29　　　　中国农业银行　结算业务申请书　　　Ⅷ 0128232185

申请日期：2022 年 12 月 01 日

客户填写	业务类型	□电汇　□信汇　□汇票　☑本票 其他＿＿＿＿＿	汇款方式	☑普通　□加急	第一联 记账联
	申请人 全称	临海副食有限责任公司	收款人 全称	临海化工有限责任公司	
	账号或地址	72673618908	账号或地址	180100112200100	
	开户行名称	农业银行临海支行	开户行名称	工商银行临海分行	
	金额(大写) 人民币陆拾柒万捌仟元整		亿 千 百 十 万 千 百 十 元 角 分 ￥　　　　　　6 7 8 0 0 0 0 0		
	上列款项及相关费用请从我账户内支付		支付密码		
	〔临海副食有限责任公司财务专用章〕	〔王大平印〕 申请人签章	附加信息及用途：材料款		
银行打印					

会计主管：　　　　　　　复核：　　　　　　　记账：

(2) 申请办理银行本票。出纳将一式三联的银行结算业务申请书递交给银行柜员，银行柜员收妥款项后，据以签发银行本票。银行柜员将银行本票(如表4-30所示)与加盖银行印章的结算业务申请书"回单联"(如表4-31所示)一并交给申请人。

表 4-30　　　　　中国农业银行本票第二联正面

中国农业银行　　本票　2　　10203375　09878901

出票日期(大写)　贰零贰贰年壹拾贰月零壹日

收款人：临海化工有限责任公司　　申请人：临海副食有限责任公司

凭票即付人民币(大写) 陆拾柒万捌仟元整	亿 千 百 十 万 千 百 十 元 角 分
	￥　　　　　　6 7 8 0 0 0 0 0

☑转账　□现金　　　　密押＿＿＿＿

行号　4568321

备注：出票行签章〔农业银行临海支行 本票专用章 2022.12.01〕　　出纳　复核　经办〔赵东伟印〕

提示付款期限自出票之日起壹个月

表 4-31　　　　　　　中国农业银行　结算业务申请书　　　Ⅷ 0128232185
　　　　　　　　　　　　　申请日期：2022 年 12 月 01 日

客户填写	业务类型	□电汇　□信汇　□汇票　☑本票 其他_____		汇款方式	☑普通　□加急										
	申请人	全　　称	临海副食有限责任公司	收款人	全　　称	临海化工有限责任公司									
		账号或地址	72673618908		账号或地址	180100112200100									
		开户行名称	农业银行临海支行		开户行名称	工商银行临海分行									
	金额（大写）人民币陆拾柒万捌仟元整					亿	千	百	十	万	千	百	十	元	角	分
					￥		6	7	8	0	0	0	0	0		
	付出行签章　　农业银行临海支行　2022.12.01　受理			支付密码												
				附加信息及用途：材料款												
银行打印																

会计主管：　　　　　　　复核：　　　　　　　记账：

（3）传递凭证。出纳将银行本票交给单位有关人员办理结算，将结算业务申请书"回单联"交给制证员编制记账凭证。

附：制证员根据审核无误的表 4-31 编制记账凭证（如表 4-32 所示）。

表 4-32　　　　　　　　记 账 凭 证
　　　　　　　　　　2022 年 12 月 01 日　　　　　　记字第 5 号

摘　要	会 计 科 目		借方金额								贷方金额								记账符号
	总账科目	明细科目	十	万	千	百	十	元	角	分	十	万	千	百	十	元	角	分	
办理本票	其他货币资金	银行本票		6	7	8	0	0	0	0									
	银行存款											6	7	8	0	0	0	0	0	
合 计 金 额				6	7	8	0	0	0	0		6	7	8	0	0	0	0	0

附凭证 1 张

会计主管：　　　　　　　记账：　　　　　　　审核：　　　　　　　制单：刘丽

（4）登记银行存款日记账。出纳根据审核无误的表 4-32 登记银行存款日记账（略）。

【例 4-4】

2022 年 12 月 2 日，临海副食有限责任公司采购员持本票向临海化工有限责任公司采购食用胶（食用胶是临海化工有限责任公司生产的产品，是临海副食有限责任公司生产产品的材料）凭证如表 4-33～表 4-36 所示。要求：双方出纳办理相关业务。

表 4-33
3300222130

浙江增值税专用发票

No 18000554

抵扣联 开票日期：2022 年 12 月 02 日

购买方	名　　称：临海副食有限责任公司 纳税人识别号：91332236565643568D 地　址、电　话：临海市灯塔街 238 号 0578-2211236 开户行及账号：农业银行临海支行 72673618908	密码区	（略）
货物或应税劳务、服务名称	规格型号	单位	数　量	单　价	金　额	税率	税　额
食用胶		千克	30 000	20.00	600 000.00	13%	78 000.00
合　计					￥600 000.00		￥78 000.00
价税合计（大写）	⊗陆拾柒万捌仟元整		（小写）￥678 000.00				
销售方	名　　称：临海化工有限责任公司 纳税人识别号：91333841001112324E 地　址、电　话：临海市解放街 166 号 0136-3132899 开户行及账号：工商银行临海分行 180100112200100	备注	（临海化工有限责任公司 本票支付 91333841001112324E 发票专用章）

收款人：李军　　复核：　　开票人：王丽英　　销售方：（章）

第二联：抵扣联　购买方扣税凭证

表 4-34
3300222130

浙江增值税专用发票

No 18000554

发票联 开票日期：2022 年 12 月 02 日

购买方	名　　称：临海副食有限责任公司 纳税人识别号：91332236565643568D 地　址、电　话：临海市灯塔街 238 号 0578-2211236 开户行及账号：农业银行临海支行 72673618908	密码区	（略）
货物或应税劳务、服务名称	规格型号	单位	数　量	单　价	金　额	税率	税　额
食用胶		千克	30 000	20.00	600 000.00	13%	78 000.00
合　计					￥600 000.00		￥78 000.00
价税合计（大写）	⊗陆拾柒万捌仟元整		（小写）￥678 000.00				
销售方	名　　称：临海化工有限责任公司 纳税人识别号：91333841001112324E 地　址、电　话：临海市解放街 166 号 0136-3132899 开户行及账号：工商银行临海分行 180100112200100	备注	（临海化工有限责任公司 本票支付 91333841001112324E 发票专用章）

收款人：李军　　复核：　　开票人：王丽英　　销售方：（章）

第三联：发票联　购买方记账凭证

表 4-35　　　　　　　　浙江增值税专用发票

3300222130　　　　　此联不作报销、扣税凭证使用　　　　No 18000554
　　　　　　　　　　　　　　　　　　　　　　　　　开票日期：2022 年 12 月 02 日

购买方	名　　称：临海副食有限责任公司 纳税人识别号：91333236565643568D 地　址、电　话：临海市灯塔街 238 号 0578-2211236 开户行及账号：农业银行临海支行 72673618908	密码区	（略）

货物或应税劳务、服务名称	规格型号	单位	数量	单价	金额	税率	税额
食用胶		千克	30 000	20.00	600 000.00	13%	78 000.00
合　计					￥600 000.00		￥78 000.00

价税合计（大写）　⊗陆拾柒万捌仟元整　　（小写）￥678 000.00

销售方	名　　称：临海化工有限责任公司 纳税人识别号：91333841001112324E 地　址、电　话：临海市解放街 166 号 0136-3132899 开户行及账号：工商银行临海分行 180100112200100	备注	（临海化工有限责任公司 本票支付 91333841001112324E 发票专用章）

收款人：李军　　　复核：　　　开票人：王丽英　　　销售方：（章）

表 4-36　　　　　　　　　　　收 料 单

材料科目：原材料　　　　　　　　　　　　　　　　编号：0019
材料类别：辅助材料　　　　　　　　　　　　　　　收料仓库：1 号仓库
供应单位：临海化工有限责任公司　2022 年 12 月 02 日　　发票号码：004114

材料编号	材料名称	规格	计量单位	数量		实际价格			
				应收	实收	单价	发票金额	运费	合计
001	食用胶		千克	30 000	30 000	20.00	600 000.00		600 000.00
备注									

采购员：张凡　　　检验员：赵康　　　记账员：　　　保管员：刘海

临海化工有限责任公司（收款方）出纳办理的有关业务如下。

（1）审核收到的银行本票。审核临海副食有限责任公司交来的银行本票。

（2）传递凭证。出纳将审核无误的银行本票传递给印鉴管理员，由其在背面签章（如表 4-37 所示）。

表 4-37　　　　　　　　　　银行本票第二联背面

被背书人	被背书人
背书人签章 年　月　日 （临海化工有限责任公司 财务专用章）	背书人签章 年　月　日
持票人向银行提示付款签章： 身份证件名称： 号码：（李志杰印）	发证机关：

（3）填写进账单办理进账。出纳根据表 4-30、表 4-37 填制一式三联进账单（略），将进账单和表 4-30、表 4-37 一并送开户银行办理进账，银行受理后将表 4-38 退回出纳。

表 4-38　　　　　　中国工商银行 **进账单**（收账通知）　3

2022 年 12 月 02 日

出票人	全称	临海副食有限责任公司	收款人	全称	临海化工有限责任公司
	账号	72673618908		账号	180100112200100
	开户银行	农业银行临海支行		开户银行	工商银行临海分行
金额	人民币（大写）	陆拾柒万捌仟元整	千百十万千百十元角分 ￥6 7 8 0 0 0 0 0		
票据种类	银行本票	票据张数	1	（工商银行临海分行 2022.12.02 转讫） 收款人开户银行盖章	
票据号码	1020337509878901				
复核：		记账：			

（4）传递凭证。出纳将开户银行退回的表 4-38 传递给制证员编制记账凭证。

附：制证员根据审核无误的表 4-35 和表 4-38 编制记账凭证（如表 4-39 所示）。

表 4-39　　　　　　　　　　记 账 凭 证

2022 年 12 月 02 日　　　　　　　　　　　　　记字第 7 号

摘要	会计科目		借方金额	贷方金额	记账符号
	总账科目	明细科目	十万千百十元角分	十万千百十元角分	
销售产品收款	银行存款		6 7 8 0 0 0 0 0		
	主营业务收入	食用胶		6 0 0 0 0 0 0 0	
	应交税费	应交增值税（销项税额）		7 8 0 0 0 0 0	
合计金额			6 7 8 0 0 0 0 0	6 7 8 0 0 0 0 0	

会计主管：　　　　　记账：　　　　　审核：　　　　　制单：王敏

附凭证 2 张

(5) 登记银行存款日记账。根据审核无误的表 4-39 登记银行存款日记账(略)。

临海副食有限责任公司(付款方)出纳办理的相关业务如下。

根据制证员编制的记账凭证登记其他货币资金明细账(略)。

附:制证员根据审核无误的表 4-34 和表 4-36 编制记账凭证(如表 4-40 所示)。

表 4-40   记 账 凭 证
                      2022 年 12 月 02 日   记字第 8 号

摘要	会计科目		借方金额	贷方金额	记账符号
	总账科目	明细科目	十万千百十元角分	十万千百十元角分	
付购材料款	原材料	食用胶	6 0 0 0 0 0 0 0		
	应交税费	应交增值税(进项税额)	7 8 0 0 0 0		
	其他货币资金	银行本票		6 7 8 0 0 0 0 0	
	合 计 金 额		6 7 8 0 0 0 0 0	6 7 8 0 0 0 0 0	

会计主管: 记账: 审核: 制单:刘丽

附凭证 2 张

4.3.5 银行本票的背书转让

本票一律记名,允许背书转让。本票持有人转让本票时,应在本票后面"背书"栏内背书,并加盖本单位预留银行的印鉴,注明背书日期,在"被背书人"栏内填写收款人的名称,之后将本票交给被背书人,同时向被背书人交验有关证件,以便被背书单位查验。被背书人接受背书的本票时,也应对其内容是否合法、正确、完整进行认真检查。本票背书必须连续。若本票签发人在本票正面注有"不准转让"字样的,则该本票不得背书转让;背书人也可以在背书时注明"不准转让"字样,禁止该本票以后再转让。如其再背书并将本票转让他人,原背书人对其后的被背书人不负保证付款的责任。已经拒绝付款的本票和已逾付款期的本票,不得再背书转让。

4.3.6 银行本票的退款

申请人因银行本票超过付款期或因其他原因未使用而要求退款时,可持银行本票到签发银行办理退款手续。对于遗失的不定额本票,在付款期满 1 个月后确实未被冒领的,也可以到签发银行办理退款手续。在办理退款手续时,原本票申请人应首先向签发银行说明情况,出具盖有单位公章的遗失本票退款申请书,连同填制好的进账单一并交给签发银行办理退款。然后,再根据银行退回的进账单"收账通知"联编制记账凭证。未在银行开立账户的持票人,应在未用的银行本票背面签章,并提交有关证件,经银行审核没有问题方予退款。

按照现行规定,只有不定额的本票在符合条件时才能办理退款作为补救。这里符合的条件主要包括:①该本票由签发行签发后未经背书转让。②持票人为本票的收款单位。

知识链接 4-4 | 银行本票结算程序

银行本票结算程序如图4-3所示。

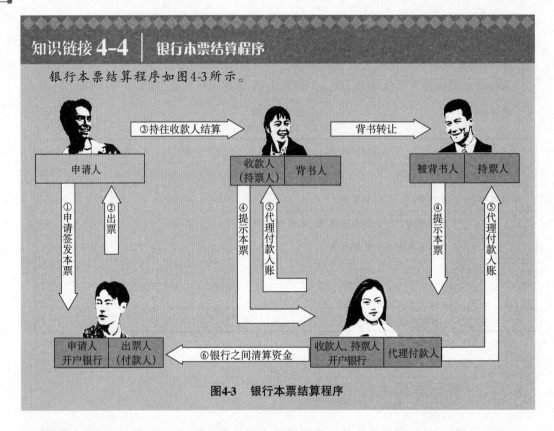

图4-3 银行本票结算程序

同步实训

□ 实训目标

1. 能熟练填制银行结算业务申请书并取得银行本票。
2. 能准确审核银行本票。
3. 能正确填制进账单、办理进账业务。
4. 能正确登记银行存款日记账。

□ 实训准备

1. 准备空白的银行结算业务申请书1份、进账单1份、印章、记账凭证2张、银行日记账1页。
2. 准备3个资料袋,分别代表企业留存另行保管、送交客户、提交银行,然后将填好的非该企业记账凭证附件的原始凭证正确分放。

□ 实训资料及要求

接任务4.2同步实训,丽水宏达服装有限责任公司12月2日发生的与银行存款相关的业务如下。

1. 企业向开户银行申请银行本票 200 000 元，汇款方式普通，用于支付前欠丽水金鑫纺织厂购料款。丽水金鑫纺织厂开户银行：工商银行丽水丽阳支行；地址：丽水大洋路 18 号；账号：67897970980。要求：①出纳填写银行结算业务申请书。②制证员编制记账凭证，记账凭证编号为记字第 50 号。③出纳登记银行存款日记账(附原始凭证见表 29～表 31)。

2. 企业销售童装，收到银行本票。要求：①审核银行本票，出纳填写银行进账单，办理进账。②制证员编制记账凭证，记账凭证编号为记字第 51 号。③出纳登记银行存款日记账(附原始凭证见表 32～表 36)。

任务 4.4　汇兑结算

4.4.1　汇兑概述

汇兑是汇款人委托银行将其款项支付给收款人的结算方式。

1. 汇兑种类

汇兑根据划转款项方法的不同以及传递方式的不同可分为信汇、电汇和电子汇划 3 种，由汇款人自行选择。

信汇是汇款人向银行提出申请，同时交存一定金额及手续费，汇出行将信汇委托书以邮寄方式寄给汇入行，授权汇入行向收款人解付一定金额的一种汇兑结算方式。电汇是汇款人将一定金额交存汇款银行，汇款银行通过电报或电传给目的地的分行或代理行(汇入行)，指示汇入行向收款人支付一定金额的一种汇款方式。电子汇划是由各商业银行建立电子支付系统，并与人民银行现代支付系统连接，实现客户资金异地支付款项的汇款方式。

根据人民银行规定，信汇、电汇两种业务已停办，现在应用的是电子汇划，办理电子汇划结算手续费价格如表 4-41 所示。

表 4-41　　　　　　　　办理电子汇划结算手续费价格

金额标准	汇划费		手续费	
	普通	加急(2 小时到账)	普通	加急(2 小时到账)
1 万元(含)以下	5 元/笔	加收 30%	0.5 元/笔	0.5 元/笔
1 万～10 万元	10 元/笔			
10 万～50 万元	15 元/笔			
50 万～100 万元	20 元/笔			
100 万元以上	按金额的 0.2‰，最高不超过 200 元			

2. 汇兑结算的特点

(1) 汇兑结算没有金额起点的限制。
(2) 汇兑结算属于汇款人向异地主动付款的一种结算方式。
(3) 汇兑结算手续简便易行,单位或个人很容易办理。

3. 汇兑结算适用范围

汇兑结算适用范围广泛,就汇款人来说,无论是否在银行开立账户,只要需要就可以办理;就款项的性质来看,不管是商品交易、资金调拨、劳务费或个人的费用等,只要需要就可以办理汇款手续。因此,单位和个人的各种款项的结算,均可使用汇兑结算方式。

4.4.2 汇兑结算业务的处理程序

1. 付款方出纳处理业务程序

(1) 填写银行结算业务申请书。正确填写银行结算业务申请书,并由印鉴管理人员在第一联的申请人签章处加盖预留银行印鉴。

(2) 填写现金管理收费凭证。正确填写现金管理收费凭证,格式如表 4-42 和表 4-43 所示。不同银行凭证不完全一样,本书主要以中国农业银行的结算凭证为例,手续费的核算在此作一介绍,其他结算方式不再进行说明。

表 4-42　　中国农业银行　现金管理收费凭证

年　月　日　　序号：

付款人户名					
付款人账号					
业务种类					
收费项目	收费基数	费率	交易量	交易金额	收费金额
金额(大写)			(小写)		

日期：　　　　日志号：　　　　交易码：　　　　币种：
金额：　　　　终端号：　　　　主管：　　　　柜员：

制票：　　　　复核：

第一联　银行记账凭证

表 4-43　　中国农业银行　现金管理收费凭证

付款人户名					
付款人账号					
业务种类					
收费项目	收费基数	费率	交易量	交易金额	收费金额
金额(大写)			(小写)		
日期： 金额：	日志号： 终端号：		交易码： 主管：	币种： 柜员：	

年　月　日　　　　序号：

第二联　客户回单

制票：　　　　　　复核：

（3）申请办理汇款。将填写好的一式三联的银行结算业务申请书和一式两联的现金管理收费凭证递交给银行柜员,银行柜员在办妥转账或收妥款项后将结算业务申请书"回单联"和现金管理收费凭证的"客户回单"联退给申请人。

（4）传递凭证。将结算业务申请书"回单联"和现金管理收费凭证的"客户回单"联传递给制证员编制记账凭证。

（5）登记银行存款日记账。根据审核无误的记账凭证登记银行存款日记账。

2. 收款方出纳处理业务程序

（1）审核银行转来的收账通知。收款人开户银行在办理了资金划拨后,通知收款人汇款已到,收款人认真审核收账通知。审核内容主要包括：收款人是否为本单位；名称与账号是否与本单位一致；金额是否正确；汇款用途是否正确；汇入行是否盖了业务章。

（2）传递凭证。将收账通知传递给制证员编制记账凭证。

（3）登记银行存款日记账。根据审核无误的记账凭证登记银行存款日记账。

【例 4-5】

2022 年 11 月 8 日,丽水宏达服装有限责任公司采用电子汇划方式支付前欠天津佳美纺织厂购货款 126 080.00 元。请双方出纳办理相关业务。

丽水宏达服装有限责任公司(付款方)出纳处理业务程序如下。

（1）正确填写银行结算业务申请书,并由印鉴管理人员在第一联的申请人签章处加盖预留银行印鉴(如表 4-44 所示)。

表 4-44　　　中国农业银行　结算业务申请书　　Ⅷ 0128232189

申请日期:2022 年 11 月 08 日

客户填写	业务类型	□电汇　□信汇　□汇票　□本票 其他　电子汇划		汇款方式	☑普通　□加急									
	申请人	全称	丽水宏达服装有限责任公司	收款人	全称	天津佳美纺织厂								
		账号或地址	7254361812345		账号或地址	5758772543898								
		开户行名称	农业银行丽水灯塔支行		开户行名称	工商银行天津河西分行								
	金额(大写)人民币壹拾贰万陆仟零捌拾元整				亿	千	百	十	万	千	百	十	元	角	分
					￥		1	2	6	0	8	0	0	0
	上列款项及相关费用请从我账户内支付 丽水宏达服装有限责任公司财务专用章　郭阳朝印　申请人签章			支付密码										
				附加信息及用途:还前欠货款										
银行打印														

会计主管:　　　　　　　复核:　　　　　　　记账:

丽水宏达服装有限责任公司基本信息如下。
账号:7254361812345　开户银行:农业银行丽水灯塔支行　行号:89
天津佳美纺织厂基本信息如下。
账号:5758772543898　开户银行:工商银行天津河西分行　行号:78
(2)填写现金管理收费凭证(如表 4-45 所示)。

表 4-45　　　中国农业银行　现金管理收费凭证

2022 年 11 月 08 日　　　　序号:

付款人户名	丽水宏达服装有限责任公司				
付款人账号	7254361812345				
业务种类	电子汇划				
收费项目	收费基数	费率	交易量	交易金额	收费金额
手续费				126 080.00	15.50
金额(大写)	壹拾伍元伍角整			(小写)￥15.50	
日期:	日志号:		交易码:		币种:
金额:	终端号:		主管:		柜员:

制票:　　　　　　　　　　　　复核:

(3) 申请办理汇款。将一式三联的银行结算业务申请书和一式两联的现金管理收费凭证递交给银行柜员,银行柜员在办妥转账或收妥款项后将结算业务申请书"回单联"(如表4-46所示)和现金管理收费凭证的客户回单联(如表4-47所示)退给申请人。

表 4-46　　中国农业银行　结算业务申请书　　Ⅶ 0128232189

申请日期　2022 年 11 月 08 日

客户填写	申请人	业务类型	□电汇　□信汇　□汇票　□本票 其他　电子汇划		汇款方式	☑普通　□加急									
		全　称	丽水宏达服装有限责任公司	收款人	全　称	天津佳美纺织厂									
		账号或地址	7254361812345		账号或地址	5758772543898									
		开户行名称	农业银行丽水灯塔支行		开户行名称	工商银行天津河西分行									
	金额(大写)人民币壹拾贰万陆仟零捌拾元整					亿	千	百	十	万	千	百	十	元	角	分
						¥		1	2	6	0	8	0	0	0
银行打印	付款行签章: 农业银行丽水灯塔支行 2022.11.08 转讫				支付密码 附加信息及用途:还前欠货款										
	会计主管:　　　　　复核:　　　　　记账:														

第三联　回单联

表 4-47　　中国农业银行　现金管理收费凭证

2022 年 11 月 08 日　　　　序号:

付款人户名	丽水宏达服装有限责任公司				
付款人账号	7254361812345				
业务种类	电子汇划				
收费项目	收费基数	费率	交易量	交易金额	收费金额
手续费				126 080.00	15.50
金额(大写)	人民币壹拾伍元伍角整			(小写)¥15.50	
日期:2022 年 11 月 08 日	日志号:123456		交易码:89079000	币种:人民币	
金额:126 080.00	终端号:89089897		主管:李林	柜员:3307167	

制票:　　　　　复核:

第二联　客户回单

(4) 传递凭证。将表 4-46 和表 4-47 传递给制证员编制记账凭证。

附:制证员根据审核无误的表 4-46 编制记账凭证(如表 4-48 所示)。

微课:电子汇划还款业务核算

表 4-48　　　　　　　　　　　　记 账 凭 证

2022 年 11 月 10 日　　　　　　　　　　　　记字第 15 号

摘 要	会计科目		借方金额									贷方金额									记账符号
	总账科目	明细科目	十	万	千	百	十	元	角	分	十	万	千	百	十	元	角	分		
还前欠货款	应付账款	天津佳美纺织厂		1	2	6	0	8	0	0	0									
	银行存款												1	2	6	0	8	0	0	0	
合 计 金 额				1	2	6	0	8	0	0	0		1	2	6	0	8	0	0	0	

附凭证 1 张

会计主管:　　　　记账:　　　　审核:　　　　制单:刘黄

制证员根据审核无误表 4-47 编制记账凭证(如表 4-49 所示)。

表 4-49　　　　　　　　　　　　记 账 凭 证

2022 年 11 月 10 日　　　　　　　　　　　　记字第 16 号

摘 要	会计科目		借方金额									贷方金额									记账符号
	总账科目	明细科目	十	万	千	百	十	元	角	分	十	万	千	百	十	元	角	分		
办理电汇手续	财务费用	手续费						1	5	5	0										
	银行存款																1	5	5	0	
合 计 金 额								¥	1	5	5	0					¥	1	5	5	0

附凭证 1 张

会计主管:　　　　记账:　　　　审核:　　　　制单:刘黄

注:以上两号记账凭证也可合并编制。

(5) 登记银行存款日记账。根据审核无误的表 4-48 和表 4-49 登记银行存款日记账(略)。

天津佳美纺织厂(收款方)出纳处理业务程序如下。

(1) 审核银行转来的收账通知联(如表 4-50 所示)。

(2) 传递凭证。将审核无误的表 4-50 传递给制证员编制记账凭证。

附:制证员根据审核无误的表 4-50 编制记账凭证(如表 4-51 所示)。

表 4-50　中国工商银行人行电子联行电划贷方补充报单(第三联)

工商银行天津市运行分中心城区核算组　　2022 年 11 月 09 日　　凭证编号:225

汇出行行号	89	汇入行行号	78	凭证提交号	38127899
付款人 账号	7254361812345		收款人 账号	5758772543898	
付款人 名称	丽水宏达服装有限责任公司		收款人 名称	天津佳美纺织厂	
付款人 开户行	农业银行丽水灯塔支行		收款人 开户行	工商银行天津河西分行	
金额大写	人民币壹拾贰万陆仟零捌拾元整		金额	￥126 080.00	
事由	前欠货款		应解汇款编号:		

上列款项已代进账,如有误,请持此联来行商洽。此致

(银行盖章)

科　目(贷)_____
对方科目(借)_____
解汇日期:2022 年 11 月 09 日　转
复核:　　　记账:　　　出纳:

工商银行
天津河西分行
2022.11.09

(此联送收款人代收款通知或取款收据)　　　　电脑打印　手工无效

表 4-51　　　　　记账凭证
　　　　　　　2022 年 11 月 12 日　　　　　　记字第 10 号

摘要	会计科目		借方金额	贷方金额	记账符号
	总账科目	明细科目	十万千百十元角分	十万千百十元角分	
收到前欠货款	银行存款		1 2 6 0 8 0 0 0		
	应收账款	丽水宏达服装有限责任公司		1 2 6 0 8 0 0 0	
	合计金额		1 2 6 0 8 0 0 0	1 2 6 0 8 0 0 0	

附凭证 1 张

会计主管:　　　记账:　　　审核:　　　制单:陈黄忠

(3) 登记银行存款日记账。根据审核无误的表 4-51 登记银行存款日记账(略)。

4.4.3　汇兑的撤销与退汇

　　汇款人对汇出银行尚未汇出的款项可以申请撤销。申请撤销时应出具正式函件或本人身份证及原申请书回单。

　　汇入银行对于收款人拒绝接受的汇款,应立即办理退汇。汇入银行对于向收款人发出取款通知,经过 2 个月无法交付的汇款,应主动办理退汇。

知识链接4-5 | 汇兑结算程序

汇兑结算程序如图4-4所示。

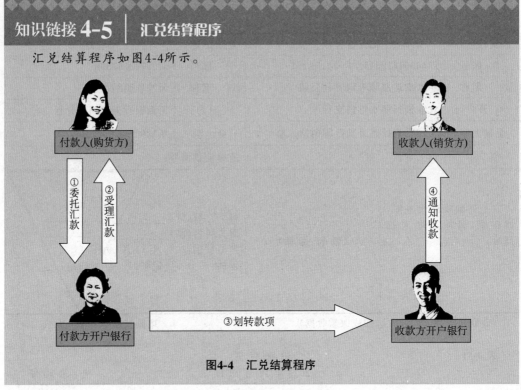

图4-4 汇兑结算程序

同步实训

□ 实训目标

1. 能熟练填制银行结算业务申请书办理汇兑。
2. 能正确处理汇兑结算收付款业务。
3. 能正确登记银行存款日记账。

□ 实训准备

1. 准备空白的银行结算业务申请书1份、印章、记账凭证2张、银行日记账1页。
2. 准备3个资料袋,分别代表企业留存另行保管、送交客户、提交银行,然后将填好的非该企业记账凭证附件的原始凭证正确分放。

□ 实训资料及要求

接任务4.3同步实训,丽水宏达服装有限责任公司2022年12月4日发生的与银行存款相关的业务如下。

企业用普通电子汇划结算方式支付前欠丽水金鑫纺织厂购料款11 700元。要求：①出纳填写银行结算业务申请书。②制证员编制记账凭证，记账凭证编号为记字第98号。③出纳登记银行日记账(附原始凭证见表37～表39)。

任务 4.5 托收承付结算

4.5.1 托收承付概述

托收承付是根据购销合同由收款人发货后委托银行向异地付款人收取款项，由付款人向银行承认付款的结算方式。托收凭证格式如表4-52～表4-56所示。

微课：托收承付结算业务理论知识

表 4-52　　　**托收凭证** （受理回单）　1
委托日期　年　月　日

业务类型	委托收款(□邮划、□电划)				托收承付(□邮划、□电划)				
付款人	全称				收款人	全称			
	账号					账号			
	地址	省	市县	开户行		地址	省	市县	开户行
金额	人民币（大写）				千百十万千百十元角分				
款项内容		托收凭证名称			附寄单据张数				
商品发运情况					合同名称号码				
备注：		款项收妥日期 年　月　日			收款人开户银行签章 年　月　日				
复核		记账							

此联是收款人开户银行给收款人的受理回单

1. 托收承付的种类

托收承付按款项的划回方式不同分为邮寄和电报两种，由收款人选择使用。

表 4-53　　　　　　　　　　托收凭证　（贷方凭证）　　2

委托日期　年　月　日

业务类型	委托收款(□邮划、□电划)		托收承付(□邮划、□电划)											
付款人	全称			收款人	全称								
	账号				账号								
	地址	省　市县	开户行		地址	省　市县	开户行						
金额	人民币（大写）					千	百	十	万	千	百	十	元	角	分
款项内容		托收凭证名称		附寄单据张数									
商品发运情况		合同名称号码											
备注：		上述款项随附有关债务证明，请予办理。											
收款人开户银行收到日期　年　月　日		收款人签章		复核　　记账									

此联收款人开户银行作贷方凭证

表 4-54　　　　　　　　　　托收凭证　（借方凭证）　　3

委托日期　年　月　日　　付款期限　年　月　日

业务类型	委托收款(□邮划、□电划)		托收承付(□邮划、□电划)											
付款人	全称			收款人	全称								
	账号				账号								
	地址	省　市县	开户行		地址	省　市县	开户行						
金额	人民币（大写）					千	百	十	万	千	百	十	元	角	分
款项内容		托收凭证名称		附寄单据张数									
商品发运情况		合同名称号码											
备注：													
付款人开户银行收到日期　年　月　日		收款人开户银行签章　年　月　日		复核　　记账									

此联付款人开户银行作借方凭证

表 4-55　　　　　　　**托收凭证**（汇款依据或收账通知）　　　4

业务类型		委托日期　年　月　日		付款期限　年　月　日	
		委托收款(□邮划、□电划)		托收承付(□邮划、□电划)	
付款人	全称		收款人	全称	
	账号			账号	
	地址	省　市县　开户行		地址	省　市县　开户行
金额	人民币（大写）		千百十万千百十元角分		
款项内容		托收凭证名称		附寄单据张数	
商品发运情况		合同名称号码			
备注：		上述款项已划回收入你方账户内。 收款人开户银行签章 　　　　年　月　日			
复核　　　记账					

此联付款人开户银行凭以汇款或收款人开户银行作收账通知

表 4-56　　　　　　　**托收凭证**（付款通知）　　　5

业务类型		委托日期　年　月　日		付款期限　年　月　日	
		委托收款(□邮划、□电划)		托收承付(□邮划、□电划)	
付款人	全称		收款人	全称	
	账号			账号	
	地址	省　市县　开户行		地址	省　市县　开户行
金额	人民币（大写）		千百十万千百十元角分		
款项内容		托收凭证名称		附寄单据张数	
商品发运情况		合同名称号码			
备注：				付款人注意：	
付款人开户银行收到日期 　　　　年　月　日 复核　　　记账		付款人开户银行签章 　　　　年　月　日		1. 根据《支付结算办法》规定，上列托收款项，如超过承付期限未提出拒付，即视同全部承付。以此联代付款通知 2. 如系全部或部分拒付，应在承付期限内另填拒绝承付理由书送银行办理。	

此联付款人开户银行给付款人按期付款通知

2. 托收承付结算的特点

托收承付结算方式分为托收和承付两个阶段。托收是指收款人根据购货合同发货后，委托银行向付款人收取款项的行为；承付是指付款人根据经济合同核对单证或验货

后,向银行承认付款的行为。托收承付结算每笔的金额起点为 10 000 元,新华书店系统每笔的金额起点为 1 000 元。

3. 托收承付的使用范围

(1) 托收承付结算方式适用于异地结算。

(2) 收、付款单位是国有企业、供销合作社以及经营管理较好,并经开户银行审查同意的城乡集体所有制工业企业。

(3) 属于商品交易以及因商品交易而产生的劳务供应的款项。代销、寄销、赊销商品的款项,不能办理托收承付。

(4) 收、付款人双方签有符合《中华人民共和国民法典》的购销合同,并在合同中订明使用托收承付结算方式。

4.5.2 托收承付结算的基本规定

(1) 收款人办理托收,必须具有商品确已发运的证件(包括铁路、航运、公路等运输部门签发的运单、运单副本和邮局包裹回执)。没有发运证件,属于下列情况的,可凭其他有关证件办理托收。

① 内贸、外贸部门系统内商品调拨,自备运输工具发送或自提的;易燃、易爆、剧毒、腐蚀性强的商品,以及电、石油、天然气等必须使用专用工具或线路、管道运输的,可凭付款人确已收到商品的证明(粮食部门凭提货单及发货明细表)。

② 铁道部门的材料厂向铁道系统供应专用器材,可凭其签发注明车辆号码和发运日期的证明。

③ 军队使用军列整车装运物资,可凭注明车辆号码、发运日期的单据;军用仓库对军内发货,可凭总后勤部签发的提货单副本,各大军区、省军区也可比照办理。

④ 收款人承造或大修理船舶、锅炉和大型机器等,生产周期长,合同规定按工程进度分次结算的,可凭工程进度完工证明书。

⑤ 付款人购进的商品,在收款人所在地转厂加工、配套的,可凭付款人和承担加工、配套单位的书面证明。

⑥ 合同规定商品由收款人暂时代为保管的,可凭寄存证及付款人委托保管商品的证明。

⑦ 使用"铁路集装箱"或将零担凑整车发运商品的,由于铁路只签发一张运单,可凭持有发运证件单位出具的证明。

⑧ 外贸部门进口商品,可凭国外发来的账单、进口公司开出的结算账单。

(2) 收付双方办理托收承付结算,必须重合同、守信用。收款人对同一付款人发货托收累计 3 次收不回货款的,收款人开户银行应暂停收款人向该付款人办理托收;付款人累计 3 次提出无理拒付的,付款人开户银行应暂停其向外办理托收。

4.5.3 签发托收承付凭证必须记载的事项

(1) 表明"托收承付"的字样。
(2) 确定的金额。
(3) 付款人名称及账号。
(4) 收款人名称及账号。
(5) 付款人开户银行名称。
(6) 收款人开户银行名称。
(7) 托收附寄单证张数或册数。
(8) 合同名称、号码。
(9) 委托日期。
(10) 收款人签章。

托收承付凭证上欠缺记载上列事项之一的,银行不予受理。

4.5.4 托收承付结算业务的处理程序

1. 收款方出纳业务处理程序

(1) 填写托收凭证。出纳正确填写托收凭证,并由印鉴管理人员在第二联收款人签章处加盖单位预留银行印鉴。

根据发货凭证、发票等资料填写托收承付,托收凭证填写要求如下。

① 委托日期:办理托收当天的日期。
② 业务类型:选择托收承付,并在相应的邮划或电划前的方框内打"√"。
③ 付款人、收款人的信息:按要求填写。
④ 金额:按结算金额分别填写大写金额和小写金额。
⑤ 款项内容:货款等。
⑥ 托收凭证名称:发票、费用结算单和债权证明等。
⑦ 附邮寄凭证张数:托收凭证的张数。
⑧ 商品发运情况:已发运等。
⑨ 合同名称号码:商品交易的合同号码。
⑩ 采用验货付款的,必须在托收凭证上加盖明显的"验货付款"字样戳记。

(2) 办理托收。托收是收款人按照购销合同发货后委托银行办理托收。出纳将填好的五联托收凭证、发运证件或其他符合托收承付结算的有关证明和交易单证送交开户银行办理托收手续。

(3) 传递凭证。银行审查受理后,出纳将加盖开户银行业务受理章的托收凭证第一联及手续费和邮电费等银行收费凭证传递给制证员编制记账凭证。

(4) 再传递凭证。一段时间后,对方全部付款时出纳将收到开户银行转来的托收承

微课:托收承付
结算收款业务办理

付凭证第四联(邮划方式结算)或电子联行电划贷方补充报(电划方式结算);或对方全部或部分拒付时将拒绝付款理由书第四联交财务部门有关人员审核,再传递给制证员编制记账凭证。拒绝付款理由书格式如表 4-57～表 4-60 所示。

表 4-57　托收承付/委托收款　结算　全部/部分　拒绝付款理由书(回单或付款通知)　1

拒付日期　年　月　日

（付款人：全称／账号／开户行；收款人：全称／账号／开户行；托收金额；拒付金额；部分付款金额；千百十万千百十元角分；附寄单据；部分付款金额(大写)；拒付理由：；付款人签章）

此联付款人开户银行给付款人的回单或付款通知

表 4-58　托收承付/委托收款　结算　全部/部分　拒绝付款理由书(借方凭证)　2

拒付日期　年　月　日

（付款人：全称／账号／开户行；收款人：全称／账号／开户行；托收金额；拒付金额；部分付款金额；千百十万千百十元角分；附寄单据；部分付款金额(大写)；拒付理由：；付款人签章）

此联银行作借方凭证或存查

表 4-59　托收承付／委托收款　结算　全部／部分　拒绝付款理由书（贷方凭证）　3

拒付日期　年　月　日								
付款人	全　称		收款人	全　称				此联银行作贷方凭证或存查
	账　号			账　号				
	开户行			开户行				
托收金额		拒付金额		部分付款金额		千百十万千百十元角分		
附寄单据		部分付款金额（大写）						
拒付理由：								
付款人签章								

表 4-60　托收承付／委托收款　结算　全部／部分　拒绝付款理由书（代通知或收账通知）　4

拒付日期　年　月　日								
付款人	全　称		收款人	全　称				此联作收款单位收账通知或全部拒付通知书
	账　号			账　号				
	开户行			开户行				
托收金额		拒付金额		部分付款金额		千百十万千百十元角分		
附寄单据		部分付款金额（大写）						
拒付理由：								
付款人签章								

（5）登记银行存款日记账。出纳根据审核无误的记账凭证登记银行存款日记账。

2. 付款方出纳业务处理程序

（1）传递凭证。出纳在接到开户银行寄送的托收凭证第五联及有关债务证明后，将该付款通知及其附件交有关人员办理付款申请手续。

微课：托收承付结算付款业务办理

知识链接 4-6 | 付款申请

不同企业,因为财务制度不同,付款申请手续也不尽相同,有通过编制付款申请书(格式如表 4-61 所示)传送各有关部门或人员进行审核,也有直接根据付款通知及其附件办理付款申请手续(即有关人员在原始凭证上直接签署意见)。各部门审核的主要内容包括:是否应由本单位受理;托收凭证与债务证明是否与实际经济业务相符;托收凭证内容是否齐备正确;托收金额与实际应付金额是否一致;付款期限是否到期。

表 4-61

付 款 申 请 书

年　月　日　　　　　　　　　　　　字　　号

收款单位		付款原因
账　　号		
开 户 行		
金　　额		
附件　　张		
领导审批	财务审核	业务审核

会计主管：　　记账：　　复核：　　出纳：　　制单：

(2) 办理付款或拒付。出纳应根据付款申请审批意见,办理相应付款或拒付手续。如果企业决定付款,出纳应根据企业审批意见在规定的付款期内办理付款;如果企业决定全部或部分拒绝付款,出纳应根据企业审批意见在规定时间内向开户银行办理拒绝付款手续,办理拒付手续的程序如下。

① 填写拒绝付款理由书,并由印鉴管理人员在各联付款人签章处签章。

② 办理拒付。出纳在规定时间内将拒绝付款理由书及其他资料送交开户银行。

(3) 传递凭证。若企业全部付款,出纳将托收凭证第五联及相关附件传递给制证员编制记账凭证;若拒付,则在银行受理后,出纳将拒绝付款理由书第一联传递给制证员编制记账凭证。

(4) 登记银行存款日记账。出纳根据审核无误的记账凭证登记银行存款日记账。

【例 4-6】

2022 年 12 月 3 日丽水市机电设备制造厂出售给杭州市机电设备进出口公司一批机器设备,开具增值税专用发票(如表 4-62～表 4-64 所示),货物已发出,运输费由销货方负担(运费发票略),上述两家公司均为国有企业,并签订购货合同,在合同中约定以托收承付(验货付款)的方式进行结算。要求:根据付款方的不同回应,分别以收付双方出纳身份办理相关业务：①付款方全部付款时双方出纳办理相关业务；②付款方部分拒付时双方出纳办理相关业务。

表 4-62
3300222130

浙江增值税专用发票

抵扣联

No 05000331
开票日期：2022 年 12 月 03 日

购买方	名　　　　称：杭州市机电设备进出口公司 纳税人识别号：91330602002230571F 地　址、电　话：杭州市解放街118号 0571-86651123 开户行及账号：农业银行长河支行 39507001040600578	密码区	（略）

货物或应税劳务、服务名称	规格型号	单位	数量	单价	金额	税率	税额
A 设备		台	100	8 000.00	800 000.00	13%	104 000.00
合　　计					￥800 000.00		￥104 000.00

价税合计（大写）	⊗玖拾万零肆仟元整	（小写）￥904 000.00

销售方	名　　　　称：丽水市机电设备制造厂 纳税人识别号：91331801001000578B 地　址、电　话：丽水市大众街88号 0578-3130001 开户行及账号：建设银行处州支行 580002101050087	备注	（丽水市机电设备制造厂 91331801001000578B 发票专用章）

收款人：　　　　　复核：　　　　　开票人：何文生　　　　　销售方：（章）

表 4-63
3300222130

浙江增值税专用发票

发票联

No 05000331
开票日期：2022 年 12 月 03 日

购买方	名　　　　称：杭州市机电设备进出口公司 纳税人识别号：91330602002230571F 地　址、电　话：杭州市解放街118号 0571-86651123 开户行及账号：农业银行长河支行 39507001040600578	密码区	（略）

货物或应税劳务、服务名称	规格型号	单位	数量	单价	金额	税率	税额
A 设备		台	100	8 000.00	800 000.00	13%	104 000.00
合　　计					￥800 000.00		￥104 000.00

价税合计（大写）	⊗玖拾万零肆仟元整	（小写）￥904 000.00

销售方	名　　　　称：丽水市机电设备制造厂 纳税人识别号：91331801001000578B 地　址、电　话：丽水市大众街88号 0578-3130001 开户行及账号：建设银行处州支行 580002101050087	备注	（丽水市机电设备制造厂 91331801001000578B 发票专用章）

收款人：　　　　　复核：　　　　　开票人：何文生　　　　　销售方：（章）

表 4-64　　　　　　　　　　浙江增值税专用发票

3300222130　　　　　　　　　　　　　　　　　　　　No 05000331

此联不作报销、抵税凭证使用　　开票日期：2022 年 12 月 03 日

购买方	名　　称：杭州市机电设备进出口公司 纳税人识别号：91330602002230571F 地　址、电　话：杭州市解放街 118 号 0571-86651123 开户行及账号：农业银行长河支行 39507001040600578	密码区	（略）

货物或应税劳务、服务名称	规格型号	单位	数量	单价	金额	税率	税额
A 设备		台	100	8 000.00	800 000.00	13%	104 000.00
合　　计					￥800 000.00		￥104 000.00

价税合计（大写）　⊗玖拾万零肆仟元整　　　　　（小写）￥904 000.00

销售方	名　　称：丽水市机电设备制造厂 纳税人识别号：91331801001000578B 地　址、电　话：丽水市大众街 88 号 0578-3130001 开户行及账号：建设银行处州支行 580002101050087	备注	 丽水市机电设备制造厂 91331801001000578B 发票专用章

收款人：　　　复核：　　　开票人：何文生　　　销售方：（章）

（1）付款方全部付款。丽水市机电设备制造厂（收款方）出纳处理业务程序如下。

① 填制托收凭证。出纳正确填制托收凭证并由印鉴管理人员在第二联收款人签章处加盖单位预留银行印鉴（如表 4-65 所示）。

表 4-65　　　　　　　　托收凭证　（贷方凭证）　　2

委托日期　2022 年 12 月 04 日

业务类型	委托收款（□邮划、□电划）		托收承付（□邮划、☑电划）			
付款人	全称	杭州市机电设备进出口公司	收款人	全称	丽水市机电设备制造厂	
	账号	39507001040600578		账号	580002101050087	
	地址	浙江省杭州市/县	开户行	农业银行长河支行	地址	浙江省丽水市/县	开户行	建设银行处州支行
金额	人民币（大写）玖拾万零肆仟元整				千百十万千百十元角分 ￥9 0 4 0 0 0 0 0	
款项内容	货款	托收凭证名称	发票	附寄单据张数	2	
商品发运情况		已发运	合同名称号码	20220001		
备注：	上述款项随附有关债务证明，请予办理。 黄家明印	丽水市机电设备制造厂财务专用章				

收款人开户银行收到日期　年　月　日　　收款人签章　　复核　　记账

② 办理托收。出纳将填好的五联托收凭证、发运证件或其他符合托收承付结算的有关证明和交易单证送交开户银行办理托收承付手续。

③ 传递凭证。银行审查受理后，将加盖开户银行业务受理章的托收承付凭证第一联（如表 4-66 所示）及手续费和邮电费等银行收费凭证（略）传递给制证员编制记账凭证。

表 4-66　　　　　　　　　**托收凭证**　（受理回单）　1

委托日期　2022 年 12 月 04 日

业务类型		委托收款(□邮划、□电划)				托收承付(□邮划、☑电划)											
付款人	全称	杭州市机电设备进出口公司				收款人	全称	丽水市机电设备制造厂								
	账号	395070010406000578					账号	580002101050087								
	地址	浙江省杭州 市县		开户行	农业银行长河支行		地址	浙江省丽水 市县			开户行	建设银行处州支行				
金额	人民币（大写）	玖拾万零肆仟元整						千	百	十	万	千	百	十	元	角	分
									¥	9	0	4	0	0	0	0	0
款项内容		货款	托收凭证名称		发票		附寄单据张数				2						
商品发运情况			已发运		合同名称号码			20220001									
备注：			款项收妥日期			建设银行处州支行 2022.12.04 业务受理专用章											
						收款人开户银行签章											
复核		记账		年　月　日								年　月　日					

附：制证员根据审核无误的表 4-64 和表 4-66 编制记账凭证（如表 4-67 所示）。

表 4-67　　　　　　　　　**记账凭证**

2022 年 12 月 04 日　　　　　　　　　　记字第 88 号

摘要	会计科目		借方金额								贷方金额							记账符号
	总账科目	明细科目	十万	千	百	十	元	角	分		十万	千	百	十	元	角	分	
销售A设备	应收账款	杭州市机电设备进出口公司	9	0	4	0	0	0	0									附凭证2张
	主营业务收入	A设备									8	0	0	0	0	0	0	
	应交税费	应交增值税（销项税额）									1	0	4	0	0	0	0	
合计金额			9	0	4	0	0	0	0		9	0	4	0	0	0	0	

会计主管：　　　　　记账：　　　　　审核：　　　　　制单：陈 方

说明：销货方关于运费的处理略。

④ 再传递凭证。12月17日出纳将收到开户银行转来的中国建设银行人行电子联行电划贷方补充报单(第三联)(如表4-68所示)交财务部门有关人员审核,再传递给制证员编制记账凭证。

表4-68　中国建设银行人行电子联行电划贷方补充报单(第三联)

建设银行丽水市运行分中心城区核算组　　2022年12月17日　　凭证编号:211

汇出行行号	25		汇入行行号	26		凭证提交号	38337899
付款人	账号	39507001040600578			收款人	账号	580002101050087
	名称	杭州市机电设备进出口公司				名称	丽水市机电设备制造厂
金额大写		玖拾万零肆仟元整			金　额		￥904 000.00
事　由		货款			应解汇款编号:		

上列款项已代进账,如有误,请持此联来行商洽。

此致

（银行盖章）建设银行处州支行 2022.12.17 业务清讫

科　目(贷)
对方科目(借)
解汇日期:
复核:　　记账:　　出纳:

(此联送收款人代收款通知或取款收据)　　　　　电脑打印　　手工无效

附:制证员根据审核无误的表4-68编制记账凭证(如表4-69所示)。

表4-69　记账凭证

2022年12月17日　　记字第95号

摘要	会计科目		借方金额	贷方金额	记账符号
	总账科目	明细科目	十万千百十元角分	十万千百十元角分	
收到A设备托收款	银行存款		9 0 4 0 0 0 0 0		附凭证1张
	应收账款	杭州市机电设备进出口公司		9 0 4 0 0 0 0 0	
合计金额			9 0 4 0 0 0 0 0	9 0 4 0 0 0 0 0	

会计主管:　　　　记账:　　　　审核:　　　　制单:陈方

⑤ 登记银行存款日记账。出纳根据审核无误的表4-69登记银行存款日记账(略)。

杭州市机电设备进出口公司(付款方)出纳处理业务程序如下。

① 传递凭证。出纳在接到开户银行寄送的托收凭证第五联(如表4-70所示)及有关债务证明后,将表4-70及其附件(略)交有关人员办理付款申请手续。

表 4-70　　　　　　　托收凭证　（付款通知）　5

委托日期　2022 年 12 月 04 日　　　付款期限：2022 年 12 月 16 日

业务类型		委托收款(□邮划、□电划)		托收承付(□邮划、☑电划)		
付款人	全称	杭州市机电设备进出口公司	收款人	全称	丽水市机电设备制造厂	
	账号	39507001040600578		账号	580002101050087	
	地址	浙江省杭州市/县　开户行　农业银行长河支行		地址	浙江省丽水市/县　开户行　建设银行处州支行	
金额	人民币(大写)	玖拾万零肆仟元整		￥	千 百 十 万 千 百 十 元 角 分 9 0 4 0 0 0 0 0	
款项内容	货款	托收凭证名称	发票	附寄单据张数	2	
商品发运情况		已发运	合同名称号码	20220001		
备注： 　　验货付款 付款人开户银行收到日期 　　2022 年 12 月 06 日 复核　　　　记账			农业银行 长河支行 2022.12.06 转 付款人开户银行签章 　年　月　日	付款人注意： 1. 根据《支付结算办法》规定，上列托收款项，如超过承付期限未提出拒付，即视同全部承付。以此联代付款通知。 2. 如系全部或部分拒付，应在承付期限内另填拒绝承付理由书送银行办理。		

此联是付款人开户银行给付款人按期付款的通知

知识链接 4-7　　托收承付——付款

（1）验单付款。验单付款的承付期为 3 天，从付款人开户银行发出承付通知的次日算起(承付期内遇法定休假日顺延)。在承付期内，如未向银行表示拒绝付款，银行即视作承付，并在承付期满的次日(法定休假日顺延)上午银行开始营业时，将款项主动从付款人的账户内付出，按照收款人指定的划款方式，划给收款人。

（2）验货付款。验货付款的承付期为 10 天(对收付双方在合同中明确规定，并在托收凭证上注明验货付款期限的，银行从其规定)，从运输部门向付款人发出提货通知的次日算起。收到提货通知后，应立即向银行交验提货通知。在银行发出承付通知的次日起 10 天内，未收到提货通知的，应在第 10 天将货物尚未到达的情况通知银行。在第 10 天付款人没有通知银行的，银行即视作已经验货，于 10 天期满的次日上午银行开始营业时，将款项划给收款人；在第 10 天付款人通知银行货物未到，而以后收到提货通知没有及时送交银行，银行仍按 10 天期满的次日作为划款日期，并按超过的天数，计扣逾期付款赔偿金。

（3）无足够资金支付。付款人在承付期满日银行营业终了时，如无足够资金支付，其不足部分，即为逾期未付款项。付款人开户行应根据逾期付款金额和逾期天数，按每天万分之五计算逾期未付赔偿金。赔偿金的扣付列为企业销货收入扣款顺序的首位。付款人账户余额不足全额支付时，排列在工资之前，并对该账户采取只收不付的控制办法，待一次足额扣付赔偿金后，才准予办理其他款项的支付。

② 办理付款。出纳根据转来的付款申请审批意见（如表 4-71 所示），办理相应付款手续。

表 4-71　　　　　　　　　　付　款　申　请　书
2022 年 12 月 14 日　　　　　　　　　　　　　字 32 号

收款单位	丽水市机电设备制造厂		付款原因
账　　号	580002101050087		
开户行	建设银行处州支行		
金　　额	人民币玖拾万零肆仟元整		购买 A 设备款
附件　3　张		¥904 000.00	
领导审批	财务审核	业务审核	
同意付款。	按期付款。	已验货。	
黄学明	王学伍	采购部：张一平	
2022.12.15	2022.12.15	2022.12.14	

会计主管：　　　　　记账：　　　　　复核：　　　　　出纳：　　　　　制单：李方

③ 传递凭证。若企业全部付款，将表 4-62、表 4-70、表 4-71 和入库单传递给制证员编制记账凭证。

附：制证员根据审核无误的表 4-62、表 4-70、表 4-71 和入库单编制记账凭证（如表 4-72 所示）。

表 4-72　　　　　　　　　　记　账　凭　证
2022 年 12 月 17 日　　　　　　　　　　　　　记字第 104 号

摘要	会计科目		借方金额	贷方金额	记账符号
	总账科目	明细科目	十万千百十元角分	十万千百十元角分	
付购设备款	库存商品	A设备	8 0 0 0 0 0 0 0		附凭证4张
	应交税费	应交增值税（进项税额）	1 0 4 0 0 0 0 0		
	银行存款			9 0 4 0 0 0 0 0	
	合计金额		9 0 4 0 0 0 0 0	9 0 4 0 0 0 0 0	

会计主管：　　　　　记账：　　　　　审核：　　　　　制单：李方

④ 登记银行存款日记账。出纳根据审核无误的表 4-72 登记银行存款日记账（略）。

（2）付款方拒付。丽水市机电设备制造厂（收款方）出纳处理业务程序如下。

业务程序①、②、③同付款方全部付款情况。

④ 再传递凭证。12 月 17 日出纳将收到开户银行转来的对方开出的拒绝付款理由书（如表 4-73 所示）及相关凭证（涉及凭证来由，见付款方业务）交财务部门有关人员审核，根据企业进货退出及索取折让证明单（如表 4-74 所示）开具红字发票（如表 4-75～表 4-77 所示），再传递给制证员编制记账凭证。

表 4-73　托收承付委托收款　全部 拒绝付款理由书（代通知或收账通知）　4

拒付日期　2022 年 12 月 14 日

付款人	全 称	杭州市机电设备进出口公司		收款人	全 称	丽水市机电设备制造厂
	账 号	39507001040600578			账 号	580002101050087
	开户行	农业银行长河支行			开户行	建设银行处州支行

托收金额	￥904 000.00	拒付金额	￥18 080.00	部分付款金额	千百十万千百十元角分 ￥ 8 8 5 9 2 0 0 0
附寄单据	2	部分付款金额（大写）		捌拾捌万伍仟玖佰贰拾元整	

拒付理由：超出合同规定数量两台退回。

（杭州市机电设备进出口公司财务专用章）　付款人签章（黄学明印）

此联作收款单位收账通知或全部拒付通知

表 4-74　杭州市税务局

企业进货退出及索取折让证明单

销货单位	全 称	丽水市机电设备制造厂				
	税务登记号	91331801001000578B				
进货退出	货物名称	单 价	数 量	货 款	税 额	
	A 设备	8 000.00	2	16 000.00	2 080.00	
索取折让	货物名称	货款	税额	要　求		
				折让金额	折让税额	
退货或索取折让理由	超出合同规定数量两台退回。 经办人：李方 签章单位： 2022 年 12 月 14 日 （杭州市机电设备进出口公司业务专用章）		税务征收机关签章	经办人：关红 （杭州市滨江税务分局 2022 年 12 月 14 日 业务专用章）		
购货单位	全 称	杭州市机电设备进出口公司				
	税务登记号	91330602002230571F				

注：本证明单一式三联。第一联，征收机关留存；第二联，交销货单位；第三联，购货单位留存。

表 4-75
3300222130

浙江增值税专用发票　抵扣联

No 05000335
开票日期：2022 年 12 月 17 日

购买方	名　　称：杭州市机电设备进出口公司 纳税人识别号：91330602002230571F 地　址、电话：杭州市解放街 118 号　0571-86651123 开户行及账号：农业银行长河支行 39507001040600578	密码区	（略）

货物或应税劳务、服务名称	规格型号	单位	数量	单价	金额	税率	税额
A 设备		台	-2	8 000.00	-16 000.00	13%	-2 080.00
合　　计					¥-16 000.00		¥-2 080.00

价税合计（大写）	（负数）壹万捌仟零捌拾元整	（小写）¥-18 080.00

销售方	名　　称：丽水市机电设备制造厂 纳税人识别号：91331801001000578B 地　址、电话：丽水市大众街 88 号　0578-3130001 开户行及账号：建设银行处州支行 580002101050087	备注	

收款人：　　　　复核：　　　　开票人：何文生　　　　销售方：（章）

表 4-76
3300222130

浙江增值税专用发票　发票联

No 05000335
开票日期：2022 年 12 月 17 日

购买方	名　　称：杭州市机电设备进出口公司 纳税人识别号：91330602002230571F 地　址、电话：杭州市解放街 118 号　0571-86651123 开户行及账号：农业银行长河支行 39507001040600578	密码区	（略）

货物或应税劳务、服务名称	规格型号	单位	数量	单价	金额	税率	税额
A 设备		台	-2	8 000.00	-16 000.00	13%	-2 080.00
合　　计					¥-16 000.00		¥-2 080.00

价税合计（大写）	（负数）壹万捌仟零捌拾元整	（小写）¥-18 080.00

销售方	名　　称：丽水市机电设备制造厂 纳税人识别号：91331801001000578B 地　址、电话：丽水市大众街 88 号　0578-3130001 开户行及账号：建设银行处州支行 580002101050087	备注	

收款人：　　　　复核：　　　　开票人：何文生　　　　销售方：（章）

表 4-77　　　　　　　　　浙江增值税专用发票
3300222130　　　　　　　　　　　　　　　　　　　　　　No 05000335

此联不作报销、扣税凭证使用　　　开票日期：2022 年 12 月 17 日

购买方	名　　称：杭州市机电设备进出口公司 纳税人识别号：91330602002230571F 地址、电话：杭州市解放街 118 号 0571-86651123 开户行及账号：农业银行长河支行 39507001040600578	密码区	（略）

货物或应税劳务、服务名称	规格型号	单位	数量	单价	金额	税率	税额
A 设备		台	－2	8 000.00	－16 000.00	13％	－2 080.00
合　计					￥－16 000.00		￥－2 080.00

价税合计（大写）　（负数）壹万捌仟零捌拾元整　　　（小写）￥－18 080.00

销售方	名　　称：丽水市机电设备制造厂 纳税人识别号：91331801001000578B 地址、电话：丽水市大众街 88 号 0578-3130001 开户行及账号：建设银行处州支行 580002101050087	备注	丽水市机电设备制造厂 91331801001000578B 发票专用章

收款人：　　　复核：　　　开票人：何文生　　　销售方：（章）

附：制证员根据表 4-73、表 4-74 和表 4-77 编制记账凭证（如表 4-78 所示）。

表 4-78　　　　　　　　　记　账　凭　证
　　　　　　　　　2022 年 12 月 17 日　　　　　　　　　记字第 95 号

摘　要	会计科目		借方金额	贷方金额	记账符号
	总账科目	明细科目	十万千百十元角分	十万千百十元角分	
销售A设备	银行存款		8 8 5 9 2 0 0		
	主营业务收入	A设备	1 6 0 0 0 0 0		
	应交税费	应交增值税（销项税额）	2 0 8 0 0 0		
	应收账款	杭州机电设备进出口公司		9 0 4 0 0 0 0	
	合计金额		9 0 4 0 0 0 0	9 0 4 0 0 0 0	

会计主管：　　　记账：　　　审核：　　　制单：陈方

注：主营业务收入、应交税费也可在贷方，金额用红字。

⑤ 登记银行存款日记账。出纳根据审核无误的记账凭证登记银行存款日记账（略）。

杭州市机电设备进出口公司（付款方）出纳处理业务程序如下。

① 传递凭证。出纳在接到开户银行寄送的托收凭证第五联（如表 4-70 所示）及有关

债务证明后,将表 4-70 及其附件(略)交有关人员办理付款申请手续。

②办理部分拒付。出纳根据传来的付款申请审批意见(如表 4-79 所示)和企业进货退出和索取折让证明单(如表 4-80 所示)(假设收到对方开具的发票未入账),办理拒绝付款手续。

表 4-79　　　　　　　　　　　付 款 申 请 书

2022 年 12 月 06 日　　　　　　　　　　　　　　字 32 号

收款单位	丽水市机电设备制造厂	付款原因
账　　号	580002101050087	
开 户 行	建设银行处州支行	
金　　额	人民币玖拾万零肆仟元整	购买 A 设备款
附件　　3　　张	￥904 000.00	
领导审批 两台退货,其余付款。 黄学明 2022.12.13	财务审核 按期付余款。 王学伍 2022.12.13	业务审核 已验货,超出合同 规定数量两台。 采购部:张一平 2022.12.12
会计主管:　　　　记账:　　　　复核:　　　　出纳:　　　　制单:李方		

知识链接 4-8　在托收承付结算方式下可向银行提出全部或部分拒绝付款的情况

下列情况,付款人在承付期内,可向银行提出全部或部分拒绝付款。

(1)没有签订购销合同或购销合同未订明托收承付结算方式的款项。

(2)未经双方事先达成协议,收款人提前交货或因逾期交货,付款人不再需要该项货物的款项。

(3)未按合同规定的到货地址发货的款项。

(4)代销、寄销、赊销商品的款项。

(5)验单付款,发现所列货物的品种、规格、数量、价格与合同规定不符。

(6)验货付款,经查验货物与合同规定或与发货清单不符的款项。

(7)货款已经支付或计算有错误的款项。

不属于上述情况的,付款人不得向银行提出拒绝付款。

a. 填写拒绝付款理由书(如表 4-81 所示),并由印鉴管理人员在各联付款人签章处签章。

表 4-80

杭州市税务局
企业进货退出及索取折让证明单

销货单位	全 称	丽水市机电设备制造厂				
	税务登记号	91331801001000578B				
进货退出	货物名称	单 价	数 量	货 款	税 额	
	A设备	8 000.00	2	16 000.00	2 080.00	
索取折让	货物名称	货款	税额	要 求		
				折让金额	折让税额	
退货或索取折让理由	超出合同规定数量两台。经办人:李方 签章单位:(杭州市机电设备进出口公司 业务专用章) 2022年12月14日		税务征收机关签章	经办人:关红 (杭州市滨江税务分局 业务专用章) 2022年12月14日		
购货单位	全 称	杭州市机电设备进出口公司				
	税务登记号	91330602002230571F				

注:本证明单一式三联。第一联,征收机关留存;第二联,交销货单位;第三联,购货单位留存。

(第三联 购货单位留存)

表 4-81

托收承付委托收款 结算 全部部分 拒绝付款理由书(回单或付款通知) 1

拒付日期 2022 年 12 月 14 日

付款人	全 称	杭州市机电设备进出口公司	收款人	全 称	丽水市机电设备制造厂	
	账 号	39507001040600578		账 号	580002101050087	
	开户行	农业银行长河支行		开户行	建设银行处州支行	
托收金额	904 000.00		拒付金额	18 080.00	部分付款金额	千百十万千百十元角分 ¥ 8 8 5 9 2 0 0 0
附寄单据	2		部分付款金额(大写)		捌拾捌万伍仟玖佰贰拾元整	
拒付理由:超出合同数量两台。 (杭州市机电设备进出口公司 财务专用章) (黄学明印) 付款人签章						

(此联付款人开户银行给付款人的回单或付款通知)

  b. 办理拒付。出纳在规定时间内将拒绝付款理由书及其他资料送交开户银行。

  ③ 传递凭证。在银行受理后,出纳将拒绝付款理由书第一联传递给制证员编制记账凭证。

附：制证员根据审核无误的表4-63、表4-76、表4-79～表4-81和入库存单编制记账凭证（如表4-82所示）。

表4-82 记账凭证

2022年12月17日　　　　　　　　　　　记字第104号

摘要	会计科目		借方金额									贷方金额									记账符号
	总账科目	明细科目	十	万	千	百	十	元	角	分	十	万	千	百	十	元	角	分		
付购设备款	库存商品	A设备		7	8	4	0	0	0	0										
	应交税费	应交增值税（进项税额）		1	0	1	9	2	0	0										
	银行存款											8	8	5	9	2	0	0	0		
合计金额			8	8	5	9	2	0	0	0	8	8	5	9	2	0	0	0		

附凭证6张

会计主管：　　　　记账：　　　　审核：　　　　制单：李　方

④ 登记银行存款日记账。出纳根据审核无误的表4-82登记银行存款日记账（略）。

知识链接4-9 | 托收承付结算程序

托收承付结算程序如图4-5所示。

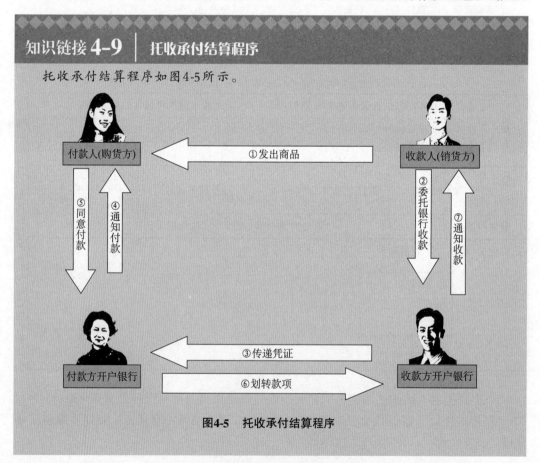

图4-5 托收承付结算程序

同步实训

□ 实训目标

1. 会利用托收承付方式进行结算。
2. 能熟练填制托收凭证办理托收。
3. 能熟练填制拒付理由书办理拒付。
4. 能正确对托收承付结算业务进行核算。

□ 实训准备

1. 准备空白托收凭证1份、拒付理由书1份、印章、记账凭证1张。
2. 准备3个资料袋,分别代表企业留存另行保管、送交客户、提交银行,然后将填好的非该企业记账凭证附件的原始凭证正确分放。

□ 实训资料及要求

2022年9月15日黄河设备制造厂(法人李向阳)出售给长江设备经销公司(法人张福军)一批机器设备,开具增值税专用发票,货物已发出。两家公司均为国有企业,签订了购销合同,合同号为20221008并在合同中约定货款的结算方式是托收承付中的邮划方式(验单付款)。

请根据资料,进行以下练习(练习中涉及非出纳的工作可选择其他人员承担)。

1. 2022年9月16日以黄河设备制造厂出纳身份办理托收承付。要求:①出纳填制托收凭证,办理托收。②制证员编制记账凭证,记账凭证编号为记字第43号。(附原始凭证见表40~表47)

2. 2022年9月20日以长江设备经销公司出纳身份办理全部拒付手续,拒付理由是与购销合同约定的商品不符,购销合同中约定的设备型号是QP2680。(附原始凭证见表48~表51)

任务4.6 银行汇票结算

4.6.1 银行汇票概述

银行汇票是汇款人将款项交存当地银行,由银行签发给汇款人持往异地办理转账结算或支取现金的票据(如表4-83~表4-87所示)。银行汇票的出票银行为银行汇票的付款人。

微课:银行汇票结算业务理论知识

表 4-83　　　　　　　　　中国工商银行

银 行 汇 票（卡片）　1

10200042
20228059

出票日期（大写）　年　月　日　　代理付款行：　　　行号：

收款人：

出票金额 人民币（大写）

实际结算金额 人民币（大写）　　亿 千 百 十 万 千 百 十 元 角 分

申请人：_____　账号：_____
出票行：_____行号：_____
备注：_____

复核　　经办　　　　　　　　复核　　　记账

提示付款期限自出票之日起壹个月

此联出票行结清汇票时作汇出汇款借方凭证

表 4-84　　　　　　　　　中国工商银行

银 行 汇 票　2

10200042
20228059

出票日期（大写）　年　月　日　　代理付款行：　　　行号：

收款人：

出票金额 人民币（大写）

实际结算金额 人民币（大写）　　亿 千 百 十 万 千 百 十 元 角 分

申请人：_____　账号：_____
出票行：_____行号：_____
备注：_____
凭票付款
出票行签章

密押：

多余金额
千 百 十 万 千 百 十 元 角 分

复核　　记账

提示付款期限自出票之日起壹个月

此联代理付款行付款后作联行往账借方凭证附件

1. 银行汇票的特点

（1）票随人到，用款及时。

（2）付款有保证。银行汇票是以银行信用作保证，结算时，不会出现"空头"和无款支付的情况。

表 4-85　　　　　　　　银行汇票第二联背面

被背书人		被背书人	
背书人签章 年 月 日		背书人签章 年 月 日	贴粘单处
持票人向银行 提示付款签章：	身份证件名称：　　　发证机关：		
	号码		

表 4-86　　　　　　　　中国工商银行

银行汇票（解讫通知）　3　　10200042 20228059

出票日期（大写）　年　月　日	代理付款行：　　行号：	
收款人：		
出票金额 人民币（大写）		
实际结算金额 人民币（大写）	亿 千 百 十 万 千 百 十 元 角 分	
申请人：______ 账号：______		
出票行：______ 行号：______	密押：	
备注：______	多余金额	
代理付款行签章	千 百 十 万 千 百 十 元 角 分	复核　　记账
年 月 日		

提示付款期限自出票之日起壹个月

此联代理付款行兑付后随报单寄出票行由出票行作多余款贷方凭证

(3) 使用灵活。持票人可一笔转账，也可分次付款，还可通过银行办理转汇，也可将银行汇票背书转让。

(4) 兑现性强。异地付款需支付现金时，只要在汇款时向银行说明用途或以现金交汇，由汇出银行在签发银行汇票“汇款金额”栏大写金额前注明“现金”字样，就可以在兑付银行支取现金。

2. 银行汇票的适用范围

银行汇票适用于异地单位、个体工商户、个人之间需要支付的各种款项。凡在银行开立账户的单位、个体工商户和未在银行开立账户的个人，都可以向银行申请办理银行汇票，而且也可以受理银行汇票。

表 4-87　　　　　　　　　　中国工商银行

银行汇票（多余款收账通知）

4　10200042　20228059

| 出票日期（大写） | 年　月　日 | 代理付款行： | 行号： |

提示付款期限自出票之日起壹个月

收款人：

出票金额　人民币（大写）

实际结算金额　人民币（大写）　　亿 千 百 十 万 千 百 十 元 角 分

申请人：＿＿＿＿　账号：＿＿＿＿＿＿＿＿

出票行：＿＿＿　行号：＿＿＿＿

备注：＿＿＿＿

出票行签章

密押：

多余金额

千 百 十 万 千 百 十 元 角 分

左列退回多余款金额已收入你账户内。

年　月　日

此联出票行结清多余款后交申请人

4.6.2　银行汇票结算的基本规定

（1）银行汇票的提示付款期限自出票日起 1 个月。持票人超过付款期限提示付款的，代理付款人不予受理。

（2）申请人使用银行汇票，应向出票银行填写"银行汇票申请书"，填明收款人名称、汇票金额、申请人名称、申请日期等事项并签章，签章为其预留银行的签章。

申请人和收款人均为个人，需要使用银行汇票向代理付款人支取现金的，申请人须在"银行汇票申请书"上填明代理付款人名称，在"汇票金额"栏先填写"现金"字样，后填写汇票金额。

申请人或者收款人为单位的，不得在"银行汇票申请书"上填明"现金"字样。

（3）出票银行受理银行汇票申请书，收妥款项后签发银行汇票，并用压数机压印出票金额，将银行汇票和解讫通知一并交给申请人。

（4）签发转账银行汇票，不得填写代理付款人名称，但由人民银行代理兑付银行汇票的商业银行，向设有分支机构地区签发转账银行汇票的除外。

签发现金银行汇票，申请人和收款人必须均为个人，收妥申请人交存的现金后，在银行汇票"出票金额"栏先填写"现金"字样，后填写出票金额，并填写代理付款人名称。申请人或者收款人为单位的，银行不得为其签发现金银行汇票。

（5）申请人应将银行汇票和解讫通知一并交付给汇票上记明的收款人。收款人受理银行汇票时，应审查下列事项。

① 银行汇票和解讫通知是否齐全、汇票号码和记载的内容是否一致。
② 收款人是否确为本单位或本人。
③ 银行汇票是否在提示付款期限内。
④ 必须记载的事项是否齐全。
⑤ 出票人签章是否符合规定，是否有压数机压印的出票金额，并与大写出票金额一致。
⑥ 出票金额、出票日期、收款人名称是否更改，更改的其他记载事项是否由原记载人签章证明。

（6）收款人受理申请人交付的银行汇票时，应在出票金额以内，根据实际需要的款项办理结算，并将实际结算金额和多余金额准确、清晰地填入银行汇票和解讫通知的有关栏内。未填明实际结算金额和多余金额或实际结算金额超过出票金额的，银行不予受理。银行汇票的实际结算金额不得更改，更改实际结算金额的银行汇票无效。

（7）持票人向银行提示付款时，必须同时提交银行汇票联和解讫通知联，缺少任何一联，银行不予受理。

（8）在银行开立存款账户的持票人向开户银行提示付款时，应在汇票背面"持票人向银行提示付款签章"处签章，签章须与预留银行签章相同，并将银行汇票和解讫通知、进账单送交开户银行。银行审查无误后办理转账。

（9）未在银行开立存款账户的个人持票人，可以向选择的任何一家银行机构提示付款。提示付款时，应在汇票背面"持票人向银行提示付款签章"处签章，并填明本人身份证件名称、号码及发证机关，由其本人向银行提交身份证件及其复印件。银行审核无误后，将其身份证件复印件留存备查，并以持票人的姓名开立应解汇款及临时存款账户，该账户只付不收，付完清户，不计付利息。

转账支付的，应由原持票人向银行填制支款凭证，并由本人交验其身份证件办理支付款项。该账户的款项只能转入单位或个体工商户的存款账户，严禁转入储蓄和信用卡账户。

支取现金的，银行汇票上必须有出票银行按规定填明的"现金"字样，才能办理。未填明"现金"字样，需要支取现金的，由银行按照国家现金管理规定审查支付。

持票人对填明"现金"字样的银行汇票，需要委托他人向银行提示付款的，应在银行汇票背面背书栏签章，记载"委托收款"字样、被委托人姓名和背书日期以及委托人身份证件名称、号码、发证机关。被委托人向银行提示付款时，也应在银行汇票背面"持票人向银行提示付款签章"处签章，记载证件名称、号码及发证机关，并同时向银行交验委托人和被委托人的身份证件和其复印件。

（10）银行汇票的实际结算金额低于出票金额的，其多余金额由出票银行退交申请人。

（11）银行汇票丧失，失票人可以凭人民法院出具的其享有票据权利的证明，向出票银行请求付款或退款。

4.6.3 签发银行汇票必须记载的事项

(1) 表明"银行汇票"的字样。
(2) 无条件支付的承诺。
(3) 出票金额。
(4) 付款人名称。
(5) 收款人名称。
(6) 出票日期。
(7) 出票人签章。

欠缺记载上列事项之一的,银行汇票无效。

4.6.4 银行汇票结算业务的处理程序

1. 付款方出纳处理业务程序

(1) 填写银行结算业务申请书。出纳正确填写银行结算业务申请书(如子任务 4.3.4 的表 4-26～表 4-28 所示),并由印鉴管理人员在第一联的申请人签章处加盖预留银行印鉴。

(2) 申请办理银行汇票。出纳将一式三联的银行汇票业务申请书递交给银行柜员,银行柜员在办妥转账或收妥款项后,据以签发银行汇票。银行柜员将办理好的银行汇票第二联、第三联与结算业务申请书"回单联"一并交给申请人。

(3) 传递凭证。出纳将办理好的银行汇票交给单位有关人员持往异地办理结算,将结算业务申请书"回单联"交给制证员编制记账凭证。若款项有多余,出纳将银行转来的银行汇票第四联再传递给制证员编制记账凭证。

(4) 登记银行存款日记账和其他货币资金明细账。出纳根据审核无误的记账凭证登记银行存款日记账和其他货币资金明细账。

2. 收款方出纳处理业务程序

(1) 审核收到的银行汇票。出纳审核银行汇票时除了审查银行汇票第二联和第三联是否相符外,其余的同银行本票。

(2) 填写结算金额及银行汇票背面信息。银行汇票审核无误后出纳在汇款金额以内,根据实际需要的款项办理结算,将实际结算金额和多余金额准确、清晰填入银行汇票的第二联和第三联有关栏内。全额解付的银行汇票,应在"多余金额"栏写上"0"字。并由印鉴管理人员在银行汇票第二联的背面"持票人向银行提示付款签章"处加盖预留银行印鉴。

（3）填写进账单办理进账。出纳根据实际结算金额填写进账单，将填写好的一式三联进账单连同银行汇票的第二联和第三联同时交于兑付银行，缺少任何一项均无效，银行将不受理。

（4）传递凭证。收款人开户银行办妥进账手续后，通知收款人收款入账，出纳将开户银行退回的"收账通知"联传递给制证员编制记账凭证。

（5）登记银行存款日记账。出纳根据审核无误的记账凭证登记银行存款日记账。

【例 4-7】

2022 年 11 月 8 日，丽水宏达服装有限责任公司欲往天津佳美纺织厂购买材料棉布，经商量采用银行汇票进行结算，请出纳赵玉珏办理 80 000 元的银行汇票一张。

（1）正确填写银行结算业务申请书，并由印鉴管理人员在第一联的申请人签章处加盖预留银行印鉴（如表 4-88 所示）。

表 4-88　　　　　中国农业银行　结算业务申请书　　Ⅶ　0128232198

申请日期 2022 年 11 月 08 日

客户填写	业务类型	□电汇　□信汇　☑汇票　□本票 其他＿＿＿＿＿＿＿	汇款方式	☑普通　□加急	第一联 记账联
	申请人	全称：丽水宏达服装有限责任公司 账号或地址：7254361812345 开户行名称：农业银行丽水灯塔支行	收款人	全称：天津佳美纺织厂 账号或地址：5758772543898 开户行名称：工商银行天津河西分行	
	金额（大写）人民币捌万元整			亿千百十万千百十元角分 ¥　　　　8　0　0　0　0　0　0	
	上列款项及相关费用请从我账户内支付。 （丽水宏达服装有限责任公司财务专用章）（郭阳朝印） 申请人签章		支付密码 附加信息及用途：购材料		
银行打印					

会计主管：　　　　　　　复核：　　　　　　　记账：

（2）申请办理银行汇票。将一式三联的银行结算业务申请书递交给银行柜员，银行柜员在办妥转账后，据以签发银行汇票。银行柜员将银行汇票第二联（如表 4-89 所示）、第三联（如表 4-90 所示）与结算业务申请书"回单联"（如表 4-91 所示）一并交给出纳。

表 4-89

中国工商银行

银行汇票 2

10200042
20229876

| 出票日期（大写） | 贰零贰贰年壹拾壹月零捌日 | 代理付款行： | 行号： |

提示付款期限自出票之日起壹个月

收款人：天津佳美纺织厂

出票金额 人民币（大写） 捌万元整　　　　￥80 000.00

实际结算金额 人民币（大写）　　亿 千 百 十 万 千 百 十 元 角 分

申请人：丽水宏达服装有限责任公司　　账号：7254361812345
出票行：农行丽水灯塔支行　行号：89
备注：购材料
凭票付款
出票行签章

（印章：中国农业银行丽水灯塔支行 票据专用章 2022年11月8日）

密押：

多余金额
千 百 十 万 千 百 十 元 角 分

复核　　记账

此联代理付款行付款后作联行往账借方凭证附件

表 4-90

中国工商银行

银行汇票（解讫通知） 3

10200042
20229876

| 出票日期（大写） | 贰零贰贰年壹拾壹月零捌日 | 代理付款行： | 行号： |

提示付款期限自出票之日起壹个月

收款人：天津佳美纺织厂

出票金额 人民币（大写） 捌万元整　　　　￥80 000.00

实际结算金额 人民币（大写）　　亿 千 百 十 万 千 百 十 元 角 分

申请人：丽水宏达服装有限责任公司　　账号：7254361812345
出票行：农行丽水灯塔支行　行号：89
备注：购材料
代理付款行签章

　年　月　日

密押：

多余金额
千 百 十 万 千 百 十 元 角 分

复核　　记账

此联代理付款行兑付后随报单寄出票行由出票行作多余款贷方凭证

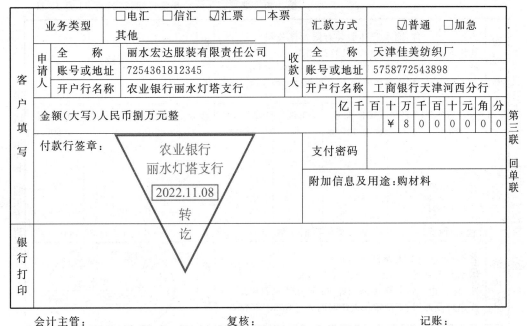

表 4-91　中国农业银行　结算业务申请书　Ⅶ 0128232198

（3）传递凭证。出纳将办理好的表 4-89 和表 4-90 传递给单位有关人员持往异地办理结算，将表 4-91 传递给制证员编制记账凭证。

附：制证员根据审核无误的表 4-91 编制记账凭证（如表 4-92 所示）。

表 4-92　　　　　记 账 凭 证

2022 年 11 月 08 日　　　记字第 15 号

摘要	会计科目		借方金额	贷方金额	记账符号
	总账科目	明细科目	十万千百十元角分	十万千百十元角分	
办理银行汇票	其他货币资金	银行汇票	8 0 0 0 0 0 0		
	银行存款			8 0 0 0 0 0 0	
	合计金额		¥ 8 0 0 0 0 0 0	¥ 8 0 0 0 0 0 0	

附凭证 1 张

会计主管：　　记账：　　审核：　　制单：刘黄

（4）登记银行存款日记账。出纳根据审核无误的表 4-92 登记银行存款日记账（略）。

【例 4-8】

2022 年 11 月 13 日，天津佳美纺织厂销售给丽水宏达服装有限责任公司产品一批（如表 4-93～表 4-95 所示）收到银行汇票（如表 4-89 和表 4-90 所示）。要求：双方出纳办理相关业务。

表 4-93
1200222130

天津增值税专用发票

抵扣联　　No06660508

开票日期：2022 年 11 月 13 日

购买方	名　　称：丽水宏达服装有限责任公司 纳税人识别号：91331801001312333B 地　址、电　话：丽水市灯塔街 238 号 0578-2211368 开户行及账号：农业银行丽水灯塔支行 7254361812345	密码区	（略）		
货物或应税劳务、服务名称	规格型号	单位	数量	单价	金额	税率	税额
棉布	幅宽 110cm	米	5 000	12	60 000.00	13%	7 800.00
合　计					￥60 000.00		￥7 800.00
价税合计（大写）	⊗陆万柒仟捌佰元整				（小写）￥67 800.00		
销售方	名　　称：天津佳美纺织厂 纳税人识别号：91120576587687691X 地　址、电　话：天津市河西路 23 号 022-89766555 开户行及账号：工商银行天津河西分行 5758772543898	备注	天津佳美纺织厂 银行汇票结算 91120576587687691X 发票专用章		

收款人：刘英　　复核：　　开票人：王平　　销售方：（章）

表 4-94
1200222130

天津增值税专用发票

发票联　　No06660508

开票日期：2022 年 11 月 13 日

购买方	名　　称：丽水宏达服装有限责任公司 纳税人识别号：91331801001312333B 地　址、电　话：丽水市灯塔街 238 号 0578-2211368 开户行及账号：农业银行丽水灯塔支行 7254361812345	密码区	（略）		
货物或应税劳务、服务名称	规格型号	单位	数量	单价	金额	税率	税额
棉布	幅宽 110cm	米	5 000	12	60 000.00	13%	7 800.00
合　计					￥60 000.00		￥7 800.00
价税合计（大写）	⊗陆万柒仟捌佰元整				（小写）￥67 800.00		
销售方	名　　称：天津佳美纺织厂 纳税人识别号：91120576587687691X 地　址、电　话：天津市河西路 23 号 022-89766555 开户行及账号：工商银行天津河西分行 5758772543898	备注	天津佳美纺织厂 银行汇票结算 91120576587687691X 发票专用章		

收款人：刘英　　复核：　　开票人：王平　　销售方：（章）

表 4-95　　　　　　　　　天津增值税专用发票

1200222130　　　　　　　　　　　　　　　　　　　　　　　No 06660508

此联不作报销、抵税凭证使用　　开票日期：2022 年 11 月 13 日

购买方	名　　　　称：丽水宏达服装有限责任公司 纳税人识别号：913318010013123333B 地　址、电　话：丽水市灯塔街 238 号 0578-2211368 开户行及账号：农业银行丽水灯塔支行 7254361812345	密码区	（略）		
货物或应税劳务、服务名称	规格型号	单位	数量	单价	金　额	税率	税　额
棉布	幅宽 110cm	米	5 000	12	60 000.00	13%	7 800.00
合　　　计					￥60 000.00		￥7 800.00
价税合计（大写）	⊗陆万柒仟捌佰元整				（小写）￥67 800.00		
销售方	名　　　　称：天津佳美纺织厂 纳税人识别号：91120576587687691X 地　址、电　话：天津市河西路 23 号 022-89766555 开户行及账号：工商银行天津河西分行 5758772543898	备注	银行汇票结算 91120576587687691X		

收款人：刘英　　　　复核：　　　　开票人：王平　　　　销售方：（章）

（1）天津佳美纺织厂（收款方）出纳处理业务程序如下。

① 审核收到的银行汇票（如表 4-89 和表 4-90 所示）。

② 正确填写实际结算金额（如表 4-96 和表 4-98 所示），并由印鉴管理人员在银行汇票第二联的背面加盖预留银行印鉴（如表 4-97 所示）。

表 4-96　　　　　　　　中国工商银行

银行汇票　　2　　10200042
　　　　　　　　　　　　　　20229876

出票日期（大写）	贰零贰贰年壹拾壹月零捌日	代理付款行：	行号：
收款人：天津佳美纺织厂			
出票金额 人民币（大写）	捌万元整		￥80 000.00
实际结算金额 人民币（大写）	陆万柒仟捌佰元整	亿千百十万千百十元角分 ￥ 6 7 8 0 0 0 0	
申请人：丽水宏达服装有限责任公司	账号 7254361812345		
出票行：农行丽水灯塔支行　行号：89	密押：		
备注：购材料	多余金额		
凭票付款 出票行签章 2022 年 11 月 8 日	千百十万千百十元角分 ￥1 2 0 0 0 0	复核	记账

提示付款期限自出票之日起壹个月

表 4-97　　　　　　　　　银行汇票第二联背面

被背书人	被背书人
背书人签章 年　月　日	背书人签章 年　月　日

持票人向银行提示付款签章：【天津佳美纺织厂 财务专用章】　【王仲秋印】

身份证件名称：　　　　　发证机关：

号码：

表 4-98　　　　　　　　中国工商银行

银 行 汇 票（解讫通知）　　3

10200042
20229876

出票日期（大写）：贰零贰贰年壹拾壹月零捌日　　代理付款行：　　行号：

收款人：天津佳美纺织厂

出票金额（大写）：人民币 捌万元整　　　　　　　￥80 000.00

实际结算金额（大写）：人民币 陆万柒仟捌佰元整　￥6 7 8 0 0 0 0（亿千百十万千百十元角分）

申请人：丽水宏达服装有限责任公司　账号：7254361812345

出票行：农行丽水灯塔支行　行号：89

备注：购材料

代理付款行签章　　年　月　日

密押：

多余金额：￥1 2 2 0 0 0 0（千百十万千百十元角分）

复核　　记账

此联代理付款行兑付后随报单寄出票行由出票行作多余款贷方凭证

提示付款期限自出票之日起壹个月

③ 填写进账单办理进账。出纳将填写好的一式三联进账单(第一联如表4-99所示，其余联次略)连同银行汇票的第二联(表4-96和表4-97)和第三联(表4-98)同时交于兑付银行，缺少任何一项均无效，银行将不受理。

④ 传递凭证。收款人开户银行办妥进账手续后，通知收款人收款入账，出纳将开户银行退回的进账单"收账通知"联(如表4-100所示)传递给制证员编制记账凭证。

附：制证员根据审核无误的表4-95和表4-100编制记账凭证(如表4-101所示)。

表 4-99　　　　中国工商银行**进账单**(回单)　　1
　　　　　　　　　2022 年 11 月 13 日

出票人	全　称	丽水宏达服装有限责任公司	收款人	全　称	天津佳美纺织厂
	账　号	7254361812345		账　号	5758772543898
	开户银行	农业银行丽水灯塔支行		开户银行	工商银行天津河西分行

金额	人民币（大写）	陆万柒仟捌佰元整	千	百	十	万	千	百	十	元	角	分
			¥			6	7	8	0	0	0	0

票据种类	银行汇票	票据张数	1
票据号码		10200042 20229876	

　　　复核：　　　　记账：　　　　　　　　　开户银行盖章

此联是收款人开户银行交持票人的回单

表 4-100　　　　中国工商银行**进账单**(收账通知)　　3
　　　　　　　　　2022 年 11 月 13 日

出票人	全　称	丽水宏达服装有限责任公司	收款人	全　称	天津佳美纺织厂
	账　号	7254361812345		账　号	5758772543898
	开户银行	农业银行丽水灯塔支行		开户银行	工商银行天津河西分行

金额	人民币（大写）	陆万柒仟捌佰元整	千	百	十	万	千	百	十	元	角	分
			¥			6	7	8	0	0	0	0

票据种类	银行汇票	票据张数	1
票据号码		10200042 20229876	

（工商银行 天津河西分行 2022.11.13 转讫）

　　　复核：　　　　记账：　　　　　　　　　收款人开户银行盖章

此联是收款人开户银行交收款人的收账通知

⑤ 登记银行存款日记账。出纳根据审核无误的表 4-101 登记银行存款日记账（略）。

（2）丽水宏达服装有限责任公司（付款方）出纳处理业务程序如下。
出纳根据制证员编制的记账凭证登记其他货币资金明细账（略）。
附：制证员根据审核无误的表 4-94 编制记账凭证（如表 4-102 所示）。

微课：收到银行汇票业务核算

表 4-101　　　　　　　　　　　记 账 凭 证

2022 年 11 月 13 日　　　　　　　　　　　　记字第 35 号

摘　要	会计科目		借方金额								贷方金额								记账符号
	总账科目	明细科目	十万	千	百	十	元	角	分	十万	千	百	十	元	角	分		
销售产品收到款	银行存款			6	7	8	0	0	0									
	主营业务收入	棉布									6	0	0	0	0	0		
	应交税费	应交增值税（销项税额）										7	8	0	0	0		
合计金额			¥	6	7	8	0	0	0	¥	6	7	8	0	0	0		

会计主管：　　　　记账：　　　　审核：　　　　制单：陈黄忠　　附凭证 2 张

表 4-102　　　　　　　　　　　记 账 凭 证

2022 年 11 月 13 日　　　　　　　　　　　　记字第 56 号

摘　要	会计科目		借方金额								贷方金额								记账符号
	总账科目	明细科目	十万	千	百	十	元	角	分	十万	千	百	十	元	角	分		
购材料	材料采购	棉布		6	0	0	0	0	0									
	应交税费	应交增值税（进项税额）			7	8	0	0	0									
	其他货币资金	银行汇票									6	7	8	0	0	0		
合计金额			¥	6	7	8	0	0	0	¥	6	7	8	0	0	0		

会计主管：　　　　记账：　　　　审核：　　　　制单：刘黄　　附凭证 1 张

【例 4-9】

2022 年 11 月 13 日，丽水宏达服装有限责任公司收到多余款收账通知（如表 4-103 所示）。要求：出纳办理相关业务。

（1）传递凭证。出纳将银行转来的银行汇票第四联（如表 4-103 所示）传递给制证员编制记账凭证。

附：制证员根据审核无误的表 4-103 编制记账凭证（如表 4-104 所示）。

（2）出纳登记银行存款日记账和其他货币资金明细账。根据审核无误的表 4-104 登记银行存款日记账和其他货币资金明细账（略）。

表 4-103　　　　　　　　中国工商银行

银 行 汇 票（多余款收账通知）

4　10200042
　20229876

出票日期（大写）　贰零贰贰年壹拾壹月零捌日	代理付款行：　　　行号：
收款人：天津佳美纺织厂	
出票金额　人民币（大写）　捌万元整	￥80 000.00
实际结算金额　人民币（大写）　陆万柒仟捌佰元整	亿千百十万千百十元角分　　￥6 7 8 0 0 0 0
申请人：丽水宏达服装有限责任公司　　账号　7254361812345	
出票行：农行丽水灯塔支行　行号：89	密押：
备注：购材料	多余金额　千百十万千百十元角分　￥1 2 2 0 0 0
出票行签章（中国农业银行丽水灯塔支行　2022年11月08日）	（农业银行丽水灯塔支行　2022.11.13 转讫）左列退回多余款金额已收入你账户内。

提示付款期限自出票之日起壹个月

此联出票行结清多余款后交申请人

表 4-104　　　　　　　　记账凭证

2022年11月13日　　　　　　　记字第 45 号

摘 要	会 计 科 目		借方金额	贷方金额	记账符号
	总账科目	明细科目	十万千百十元角分	十万千百十元角分	
收回余款	银行存款		1 2 2 0 0 0 0		
	其他货币资金	银行汇票		1 2 2 0 0 0 0	
合计金额			￥1 2 2 0 0 0 0	￥1 2 2 0 0 0 0	

附凭证1张

会计主管：　　　　记账：　　　　审核：　　　　制单：刘黄

4.6.5　银行汇票的背书

收款人可以将银行汇票背书转让给被背书人，按照现行规定，填明"现金"字样的银行汇票不得背书转让。区域性银行汇票仅限于本区域内背书转让。银行汇票的背书转让以不超过汇款金额为准。未填写实际结算金额或实际结算金额超过汇款金额的银行汇票不得背书转让。被背书人按规定在汇票有效期内，在"被背书人"一栏签章并填制进账单后到开户行办理结算，其会计核算办法与一般银行汇票收款人相同。

【例 4-10】

承接例 4-8,假设 2022 年 11 月 13 日,天津佳美纺织厂将收到的银行汇票背书转让给临海油棉厂,归还前欠货款 67 800 元。要求:天津佳美纺织厂办理相关业务。

(1) 审核收到的银行汇票。

(2) 填写实际结算金额。正确填写实际结算金额(如表 4-96 和表 4-98 所示),并由印鉴管理人员在银行汇票第二联的背面加盖预留银行印鉴,将其转让给临海油棉厂(如表 4-105 所示)。

表 4-105　　　　　　　　　银行汇票第二联背面

被背书人　临海油棉厂	被背书人	贴粘贴单
天津佳美纺织厂财务专用章　　王仲秋印 背书人签章 2022 年 11 月 13 日	背书人签章 年　月　日	
持票人向银行提示付款签章:	证件名称:　　　发证机关: 号码	

(3) 传递凭证。将表 4-96、表 4-98 和表 4-105 传递给业务员办理业务,将其复印件传递给制证员编制记账凭证。

附:制证员根据审核无误的表 4-95、表 4-96、表 4-98 和表 4-105 的复印件编制记账凭证(如表 4-106 和表 4-107 所示)。

表 4-106　　　　　　　　　　记 账 凭 证

2022 年 11 月 13 日　　　　　　　　　　　　　　　　　记字第 35 号

摘　要	会计科目		借方金额	贷方金额	记账符号	
	总账科目	明细科目	十万千百十元角分	十万千百十元角分		
销售产品收到汇票	其他货币资金	银行汇票	6 7 8 0 0 0 0			附凭证4张
并转让	主营业务收入	棉布		6 0 0 0 0 0 0		
	应交税费	应交增值税(销项税额)		7 8 0 0 0 0		
	合计金额		¥ 6 7 8 0 0 0 0	¥ 6 7 8 0 0 0 0		

会计主管:　　　　记账:　　　　审核:　　　　制单: 王珍

(4) 登记其他货币资金明细账。根据审核无误的表 4-106 和表 4-107 登记其他货币资金明细账(略)。

表 4-107

记 账 凭 证

2022 年 11 月 13 日　　　　　　　记字第 36 号

摘　要	会计科目		借方金额	贷方金额	记账符号
	总账科目	明细科目	十万千百十元角分	十万千百十元角分	
转让汇票还欠款	应付账款	临海油棉厂	6 7 8 0 0 0 0		
	其他货币资金	银行汇票		6 7 8 0 0 0 0	
	合 计 金 额		¥ 6 7 8 0 0 0 0	¥ 6 7 8 0 0 0 0	

附凭证见记字第 35 号张

会计主管：　　　　　记账：　　　　　审核：　　　　　制单：王珍

4.6.6　银行汇票的退款

汇款单位因汇票超过了付款期限或其他原因没有使用汇票款项时，可以分以下不同情况向签发银行申请退款。

在银行开立账户的汇款单位要求签发银行退款时，应当备函向签发银行说明原因，并将未用的"银行汇票联"和"解讫通知联"交回汇票签发银行办理退款。银行将"银行汇票联"和"解讫通知联"与银行留存的银行汇票"卡片联"核对无误后办理退款手续，将汇款金额划入汇款单位账户。

未在银行开立账户的汇款单位要求签发银行退款时，应将未用的"银行汇票联"和"解讫通知联"交回汇票签发银行，同时向银行交验申请退款单位的有关证件，经银行审核后办理退款。

汇款单位因缺少"解讫通知联"或"银行汇票联"而向签发银行申请退款时，应将剩余一联退给汇票签发银行，并备函说明短缺的原因，经签发银行审查同意后于银行汇票提示付款期满一个月后办理退款手续。

知识链接 4-10 ｜ 银行汇票的结算程序

银行汇票的结算程序如图 4-6 所示。

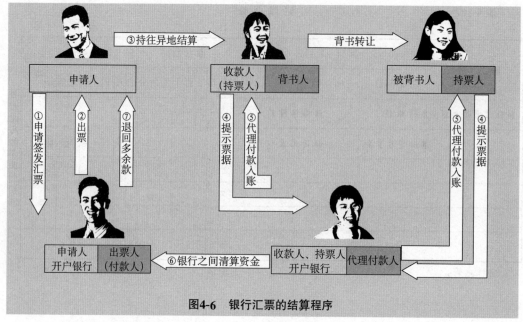

图4-6 银行汇票的结算程序

同步实训

□ **实训目标**

1. 能熟练填制银行结算业务申请书取得银行汇票。
2. 能准确审核银行汇票。
3. 能正确填制进账单、办理进账业务。
4. 能正确对银行汇票结算业务进行核算。
5. 能正确登记银行存款日记账。

□ **实训准备**

1. 准备空白的银行结算业务申请书1份、进账单1份、印章、记账凭证2张、银行日记账1页。

2. 准备3个资料袋,分别代表企业留存另行保管、送交客户、提交银行,然后将填好的非该企业记账凭证附件的原始凭证正确分放。

□ **实训资料及要求**

接任务4.4同步实训,丽水宏达服装有限责任公司12月5日发生的与银行存款相关的业务如下。

1. 企业向开户银行申请银行汇票113 000元，用于支付前欠杭州市永发拉链厂购料款。杭州市永发拉链厂开户银行：工商银行杭州西湖支行，账号：67897970986。要求：①出纳填写银行结算业务申请书。②制证员编制记账凭证，记账凭证编号为记字第108号。③出纳登记银行存款日记账（附原始凭证见表52～表54）。

2. 企业销售衬衣，收到银行汇票。要求：①出纳填写银行进账单，办理进账。②制证员编制记账凭证，记账凭证编号为记字第112号。③出纳登记银行存款日记账（附原始凭证见表55～表60）。

任务4.7 委托收款结算

4.7.1 委托收款概述

委托收款是收款人委托银行向付款人收取款项的结算方式。该结算方式所涉及的银行单据格式如表4-52～表4-56所示。

微课：委托收款结算业务理论知识

1. 委托收款的分类

委托收款按结算款项的划回方式分邮寄和电报两种，由收款人选用。

2. 委托收款的特点

委托收款结算方便灵活，便于收款人主动收款，没有金额起点和最高限额。

3. 委托收款的使用范围

（1）该结算方式在同城或异地均可使用。

（2）委托收款是一种通用性极强的结算方式，凡在银行开立账户的单位和个人均可凭已承兑的商业汇票、债券、存单、发票、购销合同等付款人债务证明办理款项结算，均可使用该结算方式。

4.7.2 委托收款结算的基本规定

（1）委托。收款人办理委托收款应向银行提交委托收款凭证和有关的债务证明。

（2）付款。银行接到寄来的委托收款凭证及债务证明，审查无误办理付款。

① 以银行为付款人的，银行应在当日将款项主动支付给收款人。

② 以单位为付款人的，银行应及时通知付款人，按照有关办法规定，需要将相关债务证明交给付款人的应交给付款人，并签收。

付款人应于接到通知的当日书面通知银行付款。

按照有关办法规定,付款人未在接到通知日的次日起3日内通知银行付款的,视同付款人同意付款,银行应于付款人接到通知日的次日起第4日上午开始营业时,将款项划给收款人。

付款人提前收到由其付款的债务证明,应通知银行于债务证明的到期日付款。付款人未于接到通知日的次日起3日内通知银行付款,付款人接到通知日的次日起第4日在债务证明到期日之前的,银行应于债务证明到期日将款项划给收款人。

银行在办理划款时,付款人存款账户不足支付的,应通过被委托银行向收款人发出未付款项通知书。按照有关办法规定,债务证明留存付款人开户银行的,应将其债务证明连同未付款项通知书邮寄被委托银行转交收款人。

(3)拒绝付款。付款人审查有关债务证明后,对收款人委托收取的款项需要拒绝付款的,可以办理拒绝付款。

① 以银行为付款人的,应自收到委托收款及债务证明的次日起3日内出具拒绝证明连同有关债务证明、凭证寄给被委托银行,转交收款人。

② 以单位为付款人的,应在付款人接到通知日的次日起3日内出具拒绝证明,持有债务证明的,应将其送交开户银行。银行将拒绝证明、债务证明和有关凭证一并寄给被委托银行,转交收款人。

(4)在同城范围内,收款人收取公用事业费或根据国务院的规定,可以使用同城特约委托收款。收取公用事业费,必须具有收付双方事先签订的经济合同,由付款人向开户银行授权,并经开户银行同意,报经中国人民银行当地分支行批准。

4.7.3 签发委托收款凭证必须记载的事项

(1)表明"委托收款"的字样。
(2)确定的金额。
(3)付款人名称。
(4)收款人名称。
(5)委托收款凭据名称及附寄单证张数。
(6)委托日期。
(7)收款人签章。

欠缺记载上列事项之一的,银行不予受理。

委托收款以银行以外的单位为付款人的,委托收款凭证必须记载付款人开户银行名称;以银行以外的单位或在银行开立存款账户的个人为收款人的,委托收款凭证必须记载收款人开户银行名称;未在银行开立存款账户的个人为收款人的,委托收款凭证必须记载被委托银行名称。欠缺记载的,银行不予受理。

4.7.4 委托收款结算业务的处理程序

1. 收款方出纳业务处理程序

（1）填写托收凭证。出纳正确填写托收凭证，并由会计主管在第二联收款人签章处加盖单位预留银行的印鉴。

微课：委托收款
结算收款业务办理

根据发货凭证、发票等资料填写托收承付凭证，托收凭证填写要求如下。

① 委托日期：办理托收当天的日期。

② 业务类型：选择委托收款，并在相应的邮划或电划前的方框内打"√"。

③ 付款人、收款人的信息：按要求填写。

④ 金额：按结算金额分别填写大写金额和小写金额。

⑤ 款项内容：货款、水费、电费、电话费等。

⑥ 托收凭证名称：商业汇票、发票、费用结算单和债权证明等。

⑦ 附邮寄单据张数：托收凭证的张数。

⑧ 商品发运情况：已发运等。

⑨ 合同名称号码：商品交易的合同号码。

（2）办理托收。出纳将填好的五联委托收款凭证、发运证件或其他符合委托收款结算的有关证明和交易单证送交开户银行办理委托收款手续。

（3）传递凭证。银行审查受理后，将加盖开户银行业务受理章的委托收款凭证第一联及手续费和邮电费等银行收费凭证传递给制证员编制记账凭证。

（4）再传递凭证。一段时间后，购买方全部付款时将收到开户银行转来的委托收款凭证第四联或电子联行电划贷方补充报单；对方全部或部分拒付时将拒绝付款理由书第四联交财务部门有关人员审核，再传递给制证员编制记账凭证。拒绝付款理由书格式如表4-57～表4-60所示。

（5）登记银行存款日记账。出纳根据审核无误的记账凭证登记银行存款日记账。

2. 付款方出纳业务处理程序

（1）传递凭证。出纳接到开户银行寄送的托收凭证第五联及有关债务证明后，将该付款通知及其附件交有关人员办理付款申请手续。

（2）办理付款或拒付。出纳应根据付款申请审批意见，办理相应付款或拒付手续。如果企业决定付款，出纳应根据企业审批意见在规定的付款期内办理付款；如果企业决定全部或部分拒绝付款，出纳应根据企业审批意见和进货退出及索取折让证明单在规定时间内向开户银行办理拒绝付款手续，办理拒付手续的程序如下。

微课：委托收款
结算付款业务办理

① 填写拒绝付款理由书，并由印鉴管理人员在各联付款人签章处签章。

② 办理拒付。在规定时间内将拒绝付款理由书及其他资料送交开户银行。

（3）传递凭证。若企业全部付款，将托收凭证第五联及相关附件传递给制证员编制记账凭证;若拒付,则在银行受理后,将拒绝付款理由书第一联传递给制证员编制记账凭证。

(4) 登记银行日记账。出纳根据审核无误的记账凭证登记银行存款日记账。

> **知识链接4-11** 无足够资金支付全部款项时,银行对委托收款与托收承付结算的处理不同
>
> (1) 委托收款结算方式。付款人在付款期满日,银行营业终了前如无足够资金支付全部款项,即为无款支付,付款人应将有关单证(单证已作账务处理的,可填制"应付款项证明书")退回开户银行,其开户行将有关单证退回收款人开户银行转交收款人。
>
> (2) 托收承付结算方式。付款人在承付期满日银行营业终了时,如无足够资金支付,其不足部分,即为逾期未付款项。付款人开户行应根据逾期付款金额和逾期天数,按每天万分之五计算逾期未付赔偿金。赔偿金的扣付列为企业销货收入扣款顺序的首位。付款人账户余额不足全额支付时,排列在工资之前,并对该账户采取只收不付的控制办法,待一次足额扣付赔偿金后,才准予办理其他款项的支付。

【例 4-11】

2022 年 12 月 3 日丽水市机电设备制造厂出售给丽水市设备进出口公司一批机器设备,开具增值税专用发票(如表 4-108~表 4-110 所示),货物已发出,丽水市机电设备制造厂拟以委托收款的方式收回货款,12 月 4 日出纳到银行办理委托收款。要求:根据付款方的不同回应,分别以收付双方出纳办理相关业务:①付款方全部付款时双方出纳办理相关业务;②付款方部分拒付时双方出纳办理相关业务。

表 4-108   浙江增值税专用发票
3300222130   抵 扣 联   No05220331
开票日期:2022 年 12 月 03 日

购买方	名称:丽水市设备进出口公司 纳税人识别号:91331801002230571G 地址、电话:丽水市解放街 118 号 0578-8665112 开户行及账号:农业银行处州支行 39507001040900578			密码区	(略)		
货物或应税劳务、服务名称	规格型号	单位	数量	单价	金额	税率	税额
B 设备		台	10	8 000.00	80 000.00	13%	10 400.00
合计					¥80 000.00		¥10 400.00
价税合计(大写)	⊗玖万零肆佰元整				(小写)¥90 400.00		
销售方	名称:丽水市机电设备制造厂 纳税人识别号:91331801001000578B 地址、电话:丽水市大众街 88 号 0578-3130001 开户行及账号:建设银行处州支行 580002101050087			备注			

收款人: 复核: 开票人:何文生   销售方:(章)

表 4-109
3300222130

浙江增值税专用发票

No05220331

发票联　开票日期：2022 年 12 月 03 日

购买方	名称：丽水市设备进出口公司 纳税人识别号：91331801002230571G 地址、电话：丽水市解放街 118 号 0578-8665112 开户行及账号：农业银行处州支行 39507001040900578	密码区	（略）

货物或应税劳务、服务名称	规格型号	单位	数量	单价	金额	税率	税额
B 设备		台	10	8 000.00	80 000.00	13%	10 400.00
合计					￥80 000.00		￥10 400.00

价税合计（大写）	⊗玖万零肆佰元整	（小写）￥90 400.00

销售方	名称：丽水市机电设备制造厂 纳税人识别号：91331801001000578B 地址、电话：丽水市大众街 88 号 0578-3130001 开户行及账号：建设银行处州支行 580002101050087	备注	（丽水市机电设备制造厂发票专用章） 91331801001000578B

收款人：　　复核：　　开票人：何文生　　销售方：（章）

表 4-110
3300222130

浙江增值税专用发票

No05220331

此联不作报销、扣税凭证使用　开票日期：2022 年 12 月 03 日

购买方	名称：丽水市设备进出口公司 纳税人识别号：91331801002230571G 地址、电话：丽水市解放街 118 号 0578-8665112 开户行及账号：农业银行处州支行 39507001040900578	密码区	（略）

货物或应税劳务、服务名称	规格型号	单位	数量	单价	金额	税率	税额
B 设备		台	10	8 000.00	80 000.00	13%	10 400.00
合计					￥80 000.00		￥10 400.00

价税合计（大写）	⊗玖万零肆佰元整	（小写）￥90 400.00

销售方	名称：丽水市机电设备制造厂 纳税人识别号：91331801001000578B 地址、电话：丽水市大众街 88 号 0578-3130001 开户行及账号：建设银行处州支行 580002101050087	备注	（丽水市机电设备制造厂发票专用章） 91331801001000578B

收款人：　　复核：　　开票人：何文生　　销售方：（章）

(1) 付款方全部付款。丽水市机电设备制造厂（收款方）出纳处理业务程序如下：

① 填写托收凭证。出纳正确填写托收凭证并由印鉴管理人员在第二联收款人签章处加盖单位预留银行印鉴第二联（如表 4-111 所示，其余联次略）。

表 4-111　　　　　托收凭证　　（贷方凭证）　　2

委托日期　2022 年 12 月 04 日

业务类型	委托收款(☑邮划、□电划)			托收承付(□邮划、□电划)				
付款人	全称	丽水市设备进出口公司		收款人	全称	丽水市机电设备制造厂		
	账号	39507001040900578			账号	580002101050087		
	地址	浙江省丽水市/县	开户行	农业银行处州支行	地址	浙江省丽水市/县	开户行	建设银行处州支行
金额	人民币　玖万零肆佰元整　（大写）			千 百 十 万 千 百 十 元 角 分　¥ 9 0 4 0 0 0 0				
款项内容	货款	托收凭证名称		发票	附寄单据张数		2	
商品发运情况		已发运		合同名称号码		20220001		
备注：		上述款项随附有关债务证明，请予办理。　　　　　[丽水市机电设备制造厂财务专用章]　　收款人开户银行收到日期　　年　月　日　　　　[黄家明印]　　　　　收款人签章　　　　　　　　　复核　　　　记账						

此联是收款人开户银行作贷方凭证

② 办理托收。出纳将填好的五联托收凭证、发运证件或其他符合委托收款结算的有关证明和交易单证送交开户银行办理委托收款手续。

③ 传递凭证。银行审查受理后，将加盖开户银行业务受理章的托收凭证第一联（如表 4-112 所示）及手续费和邮电费等银行收费凭证 2 张（略）传递给制证员编制记账凭证。

附：制证员根据审核无误的表 4-110 和表 4-112 编制记账凭证（如表 4-113 所示）。

表 4-112　　　　　　　　　托收凭证　　（受理回单）　1

委托日期　2022 年 12 月 04 日

业务类型		委托收款(☑邮划、□电划)		托收承付(□邮划、□电划)					
付款人	全称	丽水市设备进出口公司		收款人	全称	丽水市机电设备制造厂			
	账号	39507001040900578			账号	580002101050087			
	地址	浙江省丽水市县	开户行	农业银行处州支行		地址	浙江丽水市县	开户行	建设银行处州支行
金额	人民币　玖万零肆佰元整　（大写）					千百十万千百十元角分 ¥　　9 0 4 0 0 0 0			
款项内容	货款	托收凭证名称	发票			附寄单据张数	2		
商品发运情况		已发运		合同名称号码		20220001			
备注：		款项妥日期 　　　年　月　日		建设银行处州支行 2022.12.04 业务受理专用章 收款人开户银行签章 　　　年　月　日					
复核　　　　记账									

此联是收款人开户银行给收款人的受理回单

表 4-113　　　　　　　　　　　记 账 凭 证

2022 年 12 月 04 日　　　　　　　　　　　　　　　　记字第 88 号

摘要	会计科目		借方金额	贷方金额	记账符号
	总账科目	明细科目	十万千百十元角分	十万千百十元角分	
销售B设备	应收账款	丽水市设备进出口公司	9 0 4 0 0 0 0		
	主营业务收入	B设备		8 0 0 0 0 0 0	
	应交税费	应交增值税(销项税额)		1 0 4 0 0 0 0	
	合计金额		¥ 9 0 4 0 0 0 0	¥ 9 0 4 0 0 0 0	

附凭证4张

会计主管：　　　　　　记账：　　　　　　审核：　　　　　　制单：　陈 方

④ 再传递凭证。12 月 8 日，出纳将收到开户银行转来的表 4-114 交财务部门有关人员审核，再传递给制证员编制记账凭。

附：制证员根据审核无误的表 4-114 编制记账凭证(如表 4-115 所示)。

表 4-114　　　　　　　托收凭证（汇款依据或收账通知）　　4

委托日期	2022 年 12 月 04 日			付款期限	2022 年 12 月 07 日			
业务类型	委托收款(☑邮划、□电划)			托收承付(□邮划、□电划)				

付款人	全称	丽水市设备进出口公司			收款人	全称	丽水市机电设备制造厂	
	账号	39507001040900578				账号	580002101050087	
	地址	浙江省丽水市/县	开户行	农业银行处州支行		地址	浙江省丽水市/县	开户行 建设银行处州支行

金额	人民币 玖万零肆佰元整 （大写）	千	百	十	万 ９	千 ０	百 ４	十 ０	元 ０	角 ０	分 ０

款项内容	货款	托收凭证名称	发票	附寄单据张数	2
商品发运情况		已发运	合同名称号码	20220001	

备注：　　　　　　　上述款项已划回收入你方账户内。

　　　　　　　　　　　　　建设银行处州支行
　　　　　　　　　　　　　　2022.12.08
　　　　　　　　　　　　　　业务清讫
　　　　　　　　　　　收款人开户银行签章

复核　　　记账　　　　　　　　　年　月　日

此联付款人开户银行作借方凭证

表 4-115　　　　　　　　记账凭证
　　　　　2022 年 12 月 08 日　　　　　　　　记字第 85 号

摘要	会计科目		借方金额							贷方金额							记账符号
	总账科目	明细科目	十万	千	百	十	元	角	分	十万	千	百	十	元	角	分	
收丽水市设备出口公司前欠货款	银行存款			9	0	4	0	0	0								
	应收账款	丽水市设备进出口公司									9	0	4	0	0	0	
合计金额			¥	9	0	4	0	0	0	¥	9	0	4	0	0	0	

会计主管：　　　记账：　　　　审核：　　　　制单：陈　方

附凭证 1 张

⑤ 登记银行存款日记账。出纳根据审核无误的表 4-115 登记银行存款日记账（略）。丽水市设备进出口公司（付款方）出纳处理业务程序如下。

① 传递凭证。出纳接到开户银行寄送的托收凭证第五联（如表 4-116 所示）及有关债务证明后，将表 4-116 及其附件（略）交有关人员办理付款申请手续。

表 4-116　　　　　托收凭证　（付款通知）　5

委托日期　2022 年 12 月 04 日　　付款期限　2022 年 12 月 07 日

业务类型	委托收款(☑邮划、□电划)			托收承付(□邮划、□电划)			
付款人	全称	丽水市设备进出口公司		收款人	全称	丽水市机电设备制造厂	
	账号	39507001040900578			账号	580002101050087	
	地址	浙江省丽水市	开户行 农业银行处州支行		地址	浙江省丽水市	开户行 建设银行处州支行
金额	人民币（大写）	玖万零肆佰元整				千百十万千百十元角分 ￥ 9 0 4 0 0 0 0	
款项内容	货款	托收凭证名称	发票	附寄单据张数		2	
商品发运情况		已发运	合同名称号码		20220001		
备注： 付款人开户银行收到日期 2022 年 12 月 04 日 复核　　　记账			农业银行 处州支行 2022.12.04 受理 付款人开户银行签章 年　月　日		付款人注意： 1. 根据《支付结算办法》规定，上列托收款项，如超过承付期限未提出拒付，即视同全部承付。以此联代付款通知。 2. 如系全部或部分拒付，应在承付期限内另填拒绝承付理由书送银行办理。		

此联是付款人开户银行给付款人按期付款的通知

② 办理付款。出纳根据传来的付款申请审批意见（如表 4-117 所示），办理相应付款手续。

表 4-117　　　　　付　款　申　请　书

2022 年 12 月 04 日　　　　　　　　　　记字第 32 号

收款单位	丽水市机电设备制造厂		付 款 原 因
账　号	580002101050087		
开 户 行	建设银行处州支行		
金　额	人民币玖万零肆佰元整		
附件　3　张		￥90 400.00	
领导审批 同意付款。 王学一 2022.12.05	财务审核 按期付款。 赵伍 2022.12.05	业务审核 情况属实。 采购部：杜习 2022.12.05	购买 B 设备款
会计主管：	记账：	复核：	出纳：　　　制单：刘军

知识链接4-12 | 委托收款结算——付款

（1）以银行为付款人的，银行在收到凭证的当日将款项主动支付给个人。

（2）以单位为付款人的，银行应及时通知付款人（须办理签收手续）并在付款人接到通知日的次日上午营业开始时，将款项划给收款人。如届时债务证明未到期的，则于到期营业开始付款。

（3）无款支付，付款人开户银行办理划款时，付款人存款不足支付的，银行应填写"未付款项通知书"，连同债务证明退回收款人开户银行转交收款人。

（4）付款人在付款期满日，银行营业终了前如无足够资金支付全部款项，即为无款支付，付款人应将有关单证（单证已作账务处理的，可填制"应付款项证明书"）退回开户银行，其开户银行将有关单证退回收款人开户银行转交收款人。

③ 传递凭证。将表4-109、表4-116和表4-117传递给制证员编制记账凭证。

附：制证员根据审核无误的表4-109、表4-116、表4-117和入库单编制记账凭证（如表4-118所示）。

表4-118　　　　　　　　　　记账凭证

2022年12月08日　　　　　　　　　　　记字第104号

摘　要	会计科目		借方金额	贷方金额	记账符号
	总账科目	明细科目	十万千百十元角分	十万千百十元角分	
付购设备款	库存商品	B设备	8 0 0 0 0 0		附凭证4张
	应交税费	应交增值税（进项税额）	1 0 4 0 0 0		
	银行存款			9 0 4 0 0 0	
合　计　金　额			¥ 9 0 4 0 0 0	¥ 9 0 4 0 0 0	

会计主管：　　　　记账：　　　　审核：　　　　制单：刘军

④ 登记银行存款日记账。根据审核无误的表4-118登记银行存款日记账（略）。

（2）若付款方拒付。丽水市机电设备制造厂（收款方）出纳处理业务程序如下。

业务程序①、②、③同付款方全部付款情况。

④ 再传递凭证。12月7日，出纳将收到开户银行转来的对方开出的拒绝付款理由书（如表4-119所示）及相关凭证（涉及凭证来由，见付款方业务）交财务部门有关人员审核，根据退回来的发票（如表4-108和表4-109所示）开具红字发票（如表4-120所示），并按对方实际购货金额重新开具发票（如表4-121和表4-122所示），再将表4-119~表4-121传递给制证员编制记账凭证。

表 4-119　托收承付　结算　全部　拒绝付款理由书（代通知 或收账通知）　4
委托收款　　部分

拒付日期　2022 年 12 月 07 日

付款人	全称	丽水市设备进出口公司	收款人	全称	丽水市机电设备制造厂
	账号	39507001040900578		账号	580002101050087
	开户行	农业银行处州支行		开户行	建设银行处州支行

托收金额	90 400.00	拒付金额	18 080.00	部分付款金额	千百十万千百十元角分 ¥ 7 2 3 2 0 0 0
附寄单据	2	部分付款金额（大写）		柒万贰仟叁佰贰拾元整	

拒付理由：2 台设备质量不符合要求。

（丽水市设备进出口公司 财务专用章）
（王学一印）

付款人签章

此联作收款单位收账通知或全部拒付通知书

表 4-120　浙江增值税专用发票　　No.05000345
3300222130

此联不作报销、扣税凭证使用　　开票日期：2022 年 12 月 07 日

税总函[2022]102 号 杭州印制

购买方	名　　称：丽水市设备进出口公司	密码区	（略）
	纳税人识别号：91331801002230571G		
	地　址、电　话：丽水市解放街 118 号 0578-8665112		
	开户行及账号：农业银行处州支行 39507001040900578		

货物或应税劳务、服务名称	规格型号	单位	数量	单价	金额	税率	税额
B 设备		台	－10	8 000.00	－80 000.00	13%	－10 400.00
合　计					¥ －80 000.00		¥ －10 400.00

价税合计（大写）	（负数）玖万零肆佰元整	（小写）¥ －90 400.00

销售方	名　　称：丽水市机电设备制造厂	备注	（丽水市机电设备制造厂 91331801001000578B 发票专用章）
	纳税人识别号：91331801001000578B		
	地　址、电　话：丽水市大众街 88 号 0578-3130001		
	开户行及账号：建设银行处州支行 580002101050087		

收款人：　　　复核：　　　开票人：何文生　　　销售方：（章）

第一联：记账联 销售方记账凭证

表 4-121
3300222130

浙江增值税专用发票

No05000336

此联不作报销、扣税凭证使用　　开票日期：2022 年 12 月 07 日

购买方	名　　称：丽水市设备进出口公司	密码区	（略）
	纳税人识别号：91331801002230571G		
	地　址、电话：丽水市解放街 118 号 0578-8665112		
	开户行及账号：农业银行处州支行 39507001040900578		

货物或应税劳务、服务名称	规格型号	单位	数量	单价	金额	税率	税额
B 设备		台	8	8 000.00	64 000.00	13%	8 320.00
合　计					￥64 000.00		￥8 320.00

价税合计（大写）	⊗柒万贰仟叁佰贰拾元整	（小写）￥72 320.00

销售方	名　　称：丽水市机电设备制造厂	备注	（丽水市机电设备制造厂 发票专用章 91331801001000578B）
	纳税人识别号：91331801001000578B		
	地　址、电话：丽水市大众街 88 号 0578-3130001		
	开户行及账号：建设银行处州支行 580002101050087		

收款人：　　　　复核：　　　　开票人：何文生　　　　销售方：（章）

第一联：记账联　销售方记账凭证

表 4-122
3300222130

浙江增值税专用发票

No05000336

发票联　　开票日期：2022 年 12 月 07 日

购买方	名　　称：丽水市设备进出口公司	密码区	（略）
	纳税人识别号：91331801002230571G		
	地　址、电话：丽水市解放街 118 号 0578-8665112		
	开户行及账号：农业银行处州支行 39507001040900578		

货物或应税劳务、服务名称	规格型号	单位	数量	单价	金额	税率	税额
B 设备		台	8	8 000.00	64 000.00	13%	8 320.00
合　计					￥64 000.00		￥8 320.00

价税合计（大写）	⊗柒万贰仟叁佰贰拾元整	（小写）￥72 320.00

销售方	名　　称：丽水市机电设备制造厂	备注	（丽水市机电设备制造厂 发票专用章 91331801001000578B）
	纳税人识别号：91331801001000578B		
	地　址、电话：丽水市大众街 88 号 0578-3130001		
	开户行及账号：建设银行处州支行 580002101050087		

收款人：　　　　复核：　　　　开票人：何文生　　　　销售方：（章）

第三联：发票联　购买方记账凭证

附：制证员根据审核无误的表 4-119～表 4-121 编制记账凭证（如表 4-123 所示）。

表 4-123　　　　　　　　　记账凭证
2022 年 12 月 07 日　　　　　　　记字第 85 号

摘　要	会计科目		借方金额	贷方金额	记账符号
	总账科目	明细科目	十万千百十元角分	十万千百十元角分	
销售B设备	银行存款		7 2 3 2 0 0 0		
	主营业务收入	B设备	1 6 0 0 0 0 0		
	应交税费	应交增值税(销项税额)	2 0 8 0 0 0		
	应收账款	丽水市设备进出口公司		9 0 4 0 0 0 0	
合　计　金　额			￥9 0 4 0 0 0 0	￥9 0 4 0 0 0 0	

附凭证 3 张

会计主管：　　　　记账：　　　　审核：　　　　制单：陈方

注：主营业务收入、应交税费可记在贷方，金额用红字。

⑤ 登记银行存款日记账。出纳根据审核无误的表 4-123 登记银行存款日记账(略)。

丽水市设备进出口公司(付款方)出纳处理业务程序如下。

① 传递凭证。接到开户银行寄送的托收凭证第五联(如表 4-116 所示)及有关债务证明后，将表 4-116 及其附件(略)交有关人员办理付款申请手续。

② 办理部分拒付。出纳根据传来的付款申请审批意见(如表 4-124 所示)和未入账的发票(假设收到对方开具的发票未入账，也未申报抵扣)，办理拒绝付款手续。

表 4-124　　　　　　　　　付款申请书
2022 年 12 月 05 日　　　　　　　记字第 32 号

收款单位	丽水市机电设备制造厂		付款原因	
账　号	580002101050087			
开户行	建设银行处州支行			
金　额	人民币玖万零肆佰元整			
附件　3　张	￥90 400.00		购买B设备款	
领导审批	财务审核	业务审核		
同意付款。	按柒万肆仟捌佰捌拾元整办理转款。	两台质量不合格，已联系退货，重开发票。		
王学一	赵伍	采购部：杜习		
2022.12.05	2022.12.05	2022.12.05		

会计主管：　　　记账：　　　复核：　　　出纳：　　　制单：刘军

a. 填制拒绝付款理由书(如表 4-125 所示)，并由印鉴管理人员在各联付款人签章处签章。

b. 办理拒付。在规定时间内将拒绝付款理由书及其他资料送交开户银行。

表 4-125　托收承付／委托收款　结算 全部／部分　拒绝付款理由书（回单或付款通知）　1

拒付日期 2022 年 12 月 07 日

付款人	全称	丽水市设备进出口公司		收款人	全称	丽水市机电设备制造厂
	账号	39507001040900578			账号	580002101050087
	开户行	农业银行处州支行			开户行	建设银行处州支行

托收金额	90 400.00	拒付金额	18 080.00	部分付款金额	千百十万千百十元角分 ¥ 7 2 3 2 0 0 0
附寄单据	2	部分付款金额（大写）		柒万贰仟叁佰贰拾元整	

拒付理由：2 台设备质量不符合要求。

（丽水市设备进出口公司财务专用章）（王学一印）

付款人签章

知识链接 4-13　委托收款结算——拒绝付款

付款人审查有关债务证明后，对收款人委托收取的款项需要拒绝付款的，可以办理拒付。

（1）以银行为付款人的，应自收到委托收款及债务证明的次日起 3 日内出具拒绝证明连同有关债务证明、凭证寄给被委托银行，转交收款人。

（2）以单位为付款人的，应在付款人接到通知日的次日起 3 日内出具拒绝证明，持有债务证明的，应将其送交开户银行。银行将拒绝证明、债务证明和有关凭证一并寄给被委托银行，转交收款人。

③ 传递凭证。在银行受理后，将拒绝付款理由书（如表 4-126 所示）第一联传递给

表 4-126　托收承付／委托收款　结算 全部／部分　拒绝付款理由书（回单或付款通知）　1

拒付日期 2022 年 12 月 07 日

付款人	全称	丽水市设备进出口公司		收款人	全称	丽水市机电设备制造厂
	账号	39507001040900578			账号	580002101050087
	开户行	农业银行处州支行			开户行	建设银行处州支行

托收金额	90 400.00	拒付金额	18 080.00	部分付款金额	千百十万千百十元角分 ¥ 7 2 3 2 0 0 0
附寄单据	2	部分付款金额（大写）		柒万贰仟叁佰贰拾元整	

拒付理由：2 台设备质量不符合要求。

（丽水市设备进出口公司财务专用章）（王学一印）

（农业银行处州支行 2022.12.07 转讫）

付款人签章

制证员编制记账凭证。

附：制证员根据最终收到的审核无误的表4-122、表4-126和入库单编制记账凭证（如表4-127所示）。

表4-127

记 账 凭 证

2022年12月07日　　　　　　　　　　　　　记字第104号

摘　要	会 计 科 目		借方金额								贷方金额								记账符号
	总账科目	明 细 科 目	十万	千	百	十	元	角	分	十万	千	百	十	元	角	分		
付购商品款	库存商品	B设备		6	4	0	0	0	0	0								
	应交税费	应交增值税（进项税额）			8	3	2	0	0	0								
	银行存款											7	2	3	2	0	0	0	
合 计 金 额			¥	7	2	3	2	0	0	0	¥	7	2	3	2	0	0	0	

附凭证2张

会计主管：　　　　　　记账：　　　　　　审核：　　　　　　制单：刘军

④ 登记银行存款日记账。出纳根据审核无误的表4-127登记银行存款日记账（略）。

知识链接4-14 ｜ 委托收款结算程序

委托收款结算程序如图4-7所示。

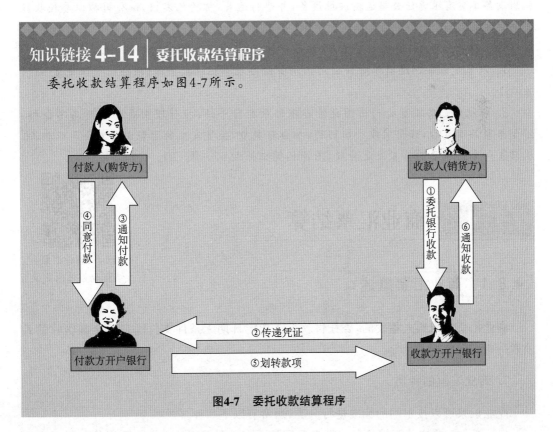

图4-7　委托收款结算程序

同步实训

□ **实训目标**

1. 能熟练填制托收凭证办理托收。
2. 能熟练填制拒付理由书办理拒付。
3. 能正确对委托收款业务进行核算。

□ **实训准备**

1. 准备空白的托收凭证、拒付理由书1份、印章、记账凭证2张。
2. 准备3个资料袋,分别代表企业留存另行保管、送交客户、提交银行,然后将填好的非该企业记账凭证附件的原始凭证正确分放。

□ **实训资料及要求**

2022年9月15日荣发设备制造有限责任公司(法人李政发)出售给杭州设备工贸有限责任公司(法人周正中)一批机器设备,开具增值税专用发票,另委托丽水市长途货运公司为杭州设备工贸有限责任公司运输该批设备,并垫付运费,货物已发出,该公司拟以委托收款的电划方式收回全部货款及垫付的运费款。

请根据所给资料,进行以下练习(练习中涉及非出纳的工作可选择其他人员承担)。

1. 以荣发设备制造有限责任公司出纳身份办理委托收款手续(附原始凭证见表61~表68)。

2. 以杭州设备工贸公司出纳身份办理部分拒付手续,拒付理由是部分商品不合格。不合格商品有5台,经与荣发公司协商,拟办理换货,换货发生的运费由荣发公司承担,本次只支付合格商品的货款及运费款(附原始凭证见表69~表72)。

任务 4.8 商业汇票结算

4.8.1 商业汇票概述

微课:商业汇票结算业务理论知识

商业汇票是出票人签发的,委托付款人在指定日期无条件支付确定的金额给收款人或者持票人的票据。

1. 商业汇票的种类

商业汇票可以按不同的标准进行分类,通常有以下3种。

(1)商业汇票按是否带息分为带息票据与不带息票据两种。带息票据是注明票面金额和票面利率并计算到期利息的商业汇票；不带息票据是只注明票面金额到期按票面金额结算票款的商业汇票。

（2）商业汇票按承兑人不同分为商业承兑汇票（如表 4-128～表 4-131 所示）与银行承兑汇票（如表 4-132～表 4-135 所示）两种。商业承兑汇票是由银行以外付款人承兑；银行承兑汇票由付款人的开户银行承兑，承兑银行按票面金额向付款人收取万分之五的承兑手续费。商业汇票的承兑人负有到期无条件支付票款的责任。所谓承兑，是指汇票的付款人愿意负担起票面金额支付义务的行为。通俗地讲，就是承认到期将无条件支付汇票金额的行为。

表 4-128　　　　　　　商业承兑汇票（卡片）1　　00100062
　　　　　　　　　　　　出票日期　年　月　日　　20227351
　　　　　　　　　　　　（大写）

付款人	全　称		收款人	全　称		
	账　号			账　号		
	开户银行			开户银行		
出票金额	人民币（大写）			亿千百十万千百十元角分		
汇票到期日（大写）			付款人开户行	行号		
交易合同号码				地址		
			备注：			
			出票人签章			

（此联承兑人留存）

表 4-129　　　　　　　商业承兑汇票 2　　　　00100062
　　　　　　　　　　　　出票日期　年　月　日　　20227351
　　　　　　　　　　　　（大写）

付款人	全　称		收款人	全　称		
	账　号			账　号		
	开户银行			开户银行		
出票金额	人民币（大写）			亿千百十万千百十元角分		
汇票到期日（大写）			付款人开户行	行号		
交易合同号码				地址		
本汇票已经承兑，到期无条件付票款。			本汇票请予以承兑于到期日付款。			
承兑人签章			出票人签章			
承兑日期：　年　月　日						

（此联持票人开户行随托收凭证寄付款人开户行作借方凭证附件）

表 4-130　　　　　　　　　　商业承兑汇票第二联背面

被背书人	被背书人
     背书人签章 年　月　日	 背书人签章 年　月　日

表 4-131　　　　　　　　**商 业 承 兑 汇 票（存根）** 3　　　00100062
　　　　　　　　　　　　　出票日期　　年　月　日　　　　　　20227351
　　　　　　　　　　　　　（大写）

付款人	全　称		收款人	全　称	
	账　号			账　号	
	开户银行			开户银行	
出票金额	人民币 （大写）			亿 千 百 十 万 千 百 十 元 角 分	
汇票到期日（大写）			付款人 开户行	行号	
交易合同号码				地址	
备注：					

此联由出票人存查

表 4-132

银行承兑汇票(卡片) 1

10200052
21175553

出票日期　年　月　日
（大写）

出票人全称		收款人	全　称	
出票人账号			账　号	
付款行全称			开户银行	
出票金额	人民币（大写）			亿千百十万千百十元角分
汇票到期日(大写)			付款人开户行	行号
承兑协议编号				地址
本汇票请你行承兑，此项汇票款我单位按承兑协议于到期日前足额交存你行，到期请予以支付。 　　　　　　　　　　出票人签章			密押 备注：　　　　　　　　复核　　记账	

此联承兑行留存备查，到期支付票款时作借方凭证附件

表 4-133

银行承兑汇票 2

10200052
21175553

出票日期　年　月　日
（大写）

出票人全称		收款人	全　称	
出票人账号			账　号	
付款行全称			开户银行	
出票金额	人民币（大写）			亿千百十万千百十元角分
汇票到期日(大写)			付款人开户行	行号
承兑协议编号				地址
本汇票请你行承兑，到期无条件付款。 　　　　　　　　　出票人签章		本汇票已经承兑，到期日由本行付款。 　　　　　承兑行签章 承兑日期　年　月　日 备注：	密押 　　　复核　　记账	

此联收款人开户行随托收凭证寄付款行作借方凭证附件

表 4-134　　　　　银行承兑汇票第二联背面

被背书人：	被背书人：
  　　　背书人签章 　　　年　月　日	 　　　背书人签章 　　　年　月　日

贴粘单处

表 4-135　　　　　　　　　　银行承兑汇票（存根）　　3　　10200052
　　　　　　　　　　　　　　出票日期　年　月　日　　　　21175553
　　　　　　　　　　　　　　（大写）

出票人全称		收款人	全　称											
出票人账号			账　号											
付款行全称			开户银行											
出票金额	人民币（大写）			亿	千	百	十	万	千	百	十	元	角	分
汇票到期日（大写）		付款人	行号											
承兑协议编号			地址											
		备注：												

此联出票人存查

（3）商业汇票按是否带有追索权分为带追索权汇票与不带追索权汇票两种。带追索权汇票是指商业汇票转让或贴现后，接受商业汇票方在应收票据遭到拒付或逾期时，可向商业汇票转让方索取应收金额的商业汇票，通常被背书转让的商业承兑汇票是带有追索权的汇票。不带追索权汇票是指商业汇票转让或贴现后，不会出现拒付或逾期而需要追索应收金额的商业汇票，如银行承兑汇票。

2. 商业汇票的使用范围

商业汇票适用于同城或异地在银行开立账户的法人及其他组织之间，必须具有真实的交易关系或债权债务关系的款项结算。

4.8.2　商业汇票结算的基本规定

（1）商业承兑汇票可以由付款人签发并承兑，也可以由收款人签发交由付款人承兑。银行承兑汇票应由在承兑银行开立存款账户的存款人签发。

（2）出票人不得签发无对价的商业汇票用以骗取银行或者其他票据当事人的资金。

（3）商业汇票的付款期限，最长不得超过 6 个月。

（4）付款人承兑商业汇票，应当在汇票正面记载"承兑"字样和承兑日期并签章。且不得附有条件；承兑附有条件的，视为拒绝承兑，付款人对承兑的汇票负有到期无条件支付票款的责任。

（5）银行承兑汇票的承兑银行，应按票面金额的万分之五向出票人收取手续费。

（6）商业汇票的提示付款期限，自汇票到期日起 10 日。持票人应在提示付款期限内通过开户银行委托收款或直接向付款人提示付款。对异地委托收款的，持票人可匡算邮程，提前通过开户银行委托收款。持票人超过提示付款期限提示付款的，持票人开户银行不予受理。

(7) 存款人领购商业汇票,必须填写"票据和结算凭证领用单"并签章,签章应与预留银行的签章相符。存款账户结清时,必须将全部剩余空白商业汇票交回银行注销。

(8) 商业汇票的持票人向银行办理贴现必须具备下列条件。

① 在银行开立存款账户的企业法人以及其他组织。

② 与出票人或者直接前手之间具有真实的商品交易关系。

③ 提供与其直接前手之间的增值税发票和商品发运单据复印件。

(9) 符合条件的商业汇票的持票人可持未到期的商业汇票连同贴现凭证向银行申请贴现。贴现银行可持未到期的商业汇票向其他银行转贴现,也可向中国人民银行申请再贴现。贴现、转贴现、再贴现时,应做成转让背书,并提供贴现申请人与其直接前手之间的增值税发票和商品发运单据复印件。

(10) 贴现、转贴现和再贴现的期限从其贴现之日起至汇票到期日止。实付贴现金额按票面金额扣除贴现日至汇票到期前 1 日的利息计算。承兑人在异地的,贴现、转贴现和再贴现的期限以及贴现利息的计算应另加 3 天的划款日期。

4.8.3 签发商业汇票必须记载的事项

(1) 表明"商业承兑汇票"或"银行承兑汇票"的字样。

(2) 无条件支付的委托。

(3) 确定的金额。

(4) 付款人名称。

(5) 收款人名称。

(6) 出票日期。

(7) 出票人签章。

欠缺记载上列事项之一的,商业汇票无效。

4.8.4 商业承兑汇票结算业务的处理程序

1. 付款方出纳处理业务程序

(1) 签发商业承兑汇票。由付款方签发商业承兑汇票或由收款方签发商业承兑汇票交给付款方,第三联留出票企业存查。

(2) 承兑。商业承兑汇票由银行以外的付款人承兑,付款方在商业汇票的第二联正面记载"承兑"字样和承兑日期并加盖预留银行印鉴,付款人承兑时不得附有条件,否则视为拒绝承兑,付款人对承兑的汇票负有到期无条件支付票款的责任。

(3) 传递凭证。出纳将商业承兑汇票第一联传递给制证员编制记账凭证,同时登记应付票据备查登记簿(如表 4-136 所示);将第二联传递给采购员,持往销货方采购货物,并将其交给销货方。

表 4-136

应付票据备查登记簿

年

购货单位	合同号码	票据种类	商业汇票记录				产品发出记录					收款、贴现、转让记录						
			签发日期	汇票号码	承兑日期	货款金额	发票日期	发票号码	产品名称	数量	货款金额	已收款		已贴现		已转让		
												日期	金额	日期	金额	日期	被背书单	金额

表 4-137

应收票据备查登记簿

年

收款单位	合同号码	摘要	票据种类	汇票号码	签发日期	商业汇票记录						付款记录						备注
						第一次		第二次		第三次		已收款		已贴现		已转让		
						承兑日期	金额	承兑日期	金额	承兑日期	金额	日期	金额	日期	金额	日期	金额	

(4)到期付款。商业承兑汇票到期,收到开户银行转来的委托收款凭证的第五联(付款通知),应在当日通知银行付款。银行在办理划款时,如果付款人账户存款余额不足支付,应填制付款人未付票款通知书,连同商业汇票退还收款人或被背书人,由其自行处理,银行不承担任何责任。

(5)再传递凭证。出纳将收到的银行转来的托收凭证第五联(付款通知)传递给制证员编制记账凭证。

(6)登记银行存款日记账。出纳根据审核无误的记账凭证登记银行存款日记账。

2. 收款方出纳处理业务程序

(1)审核商业承兑汇票。出纳审核从购货方取得的商业承兑汇票第二联。

(2)传递凭证。出纳将审核无误的商业承兑汇票第二联复印件(原件出纳留存)传递给制证员编制记账凭证,同时登记应收票据备查登记簿(如表4-137所示)。

(3)委托银行收款。出纳填制委托收款的托收凭证,并在第二联上加盖企业的预留银行印鉴,将一式五联的托收凭证连同将要到期的商业承兑汇票一并交给银行,委托银行收款。收款人开户银行审查受理后,将委托收款的托收凭证第一联回单联加盖银行业务受理章后退给收款人,收款人开户银行和付款人开户银行进行票据交换、审核、资金划拨,款项到账后开户银行通知收款人办理收款。

(4)传递凭证。出纳将开户银行转来的委托收款的托收凭证第四联传递给制证员编制记账凭证。

(5)登记银行存款日记账。出纳根据审核无误的记账凭证登记银行存款日记账。

知识链接4-15 应收票据的背书与贴现

(1)应收票据的背书。背书是指在票据背面或者粘单上记载有关事项并签章的一种票据行为,是票据权利转移的重要方式。企业可以将持有的应收票据背书转让,用于购买所需的商品物资等。

(2)应收票据的贴现。贴现是指企业将持有的未到期的票据转让给银行,银行受理后从票据到期值中扣除贴现日至票据到期日的贴现利息及其他相关的手续费后,将余额付给企业的一种融资行为。可见,票据贴现实质上是企业融通资金的一种形式。我国对商业汇票进行贴现的范围限于银行承兑汇票,因而不存在到期无法收回票款的问题。

【例4-12】

2022年8月4日,泰山有限责任公司销售给珠江有限责任公司乙产品一批,开出增值税发票如表4-138~表4-140所示,商品自提,交易合同号码为209999,双方约定采用商业承兑汇票结算,期限为3个月,由付款方签发,珠江有限责任公司当日签发并承兑商业汇票一份。2022年11月4日,泰山有限责任公司办理托收款,珠江有限责任公司如数付款。

微课:银行承兑汇票背书

工商银行珠江分行地址是珠江市江北路23号,行号是25。

要求:双方出纳办理相关业务。

表4-138
3700222130

山东增值税专用发票

抵扣联

No.00604121

开票日期:2022年08月04日

购买方	名称:珠江有限责任公司 纳税人识别号:91440501000056123J 地址、电话:珠江市江北路2号 0307-3699488 开户行及账号:工商银行珠江分行 16120087452201				密码区	(略)			第二联:抵扣联 购买方扣税凭证
货物或应税劳务、服务名称	规格型号	单位	数量	单价	金额		税率	税额	
乙产品		件	600	500.00	300 000.00		13%	39 000.00	
合　　计					¥300 000.00			¥39 000.00	
价税合计(大写)	⊗叁拾叁万玖仟元整				(小写)¥339 000.00				
销售方	名称:泰山有限责任公司 纳税人识别号:913708018811123 24K 地址、电话:东海市上岗路18号 0198-27708086 开户行及账号:工商银行东海分行 15020068332206				备注				

收款人:　　复核: 王一明 　　开票人: 张凡 　　销售方:(章)

表4-139
3700222130

山东增值税专用发票

发票联

No.00604121

开票日期:2022年08月04日

购买方	名称:珠江有限责任公司 纳税人识别号:91440501000056123J 地址、电话:珠江市江北路2号 0307-3699488 开户行及账号:工商银行珠江分行 16120087452201				密码区	(略)			第三联:发票联 购买方记账凭证
货物或应税劳务、服务名称	规格型号	单位	数量	单价	金额		税率	税额	
乙产品		件	600	500.00	300 000.00		13%	39 000.00	
合　　计					¥300 000.00			¥39 000.00	
价税合计(大写)	⊗叁拾叁万玖仟元整				(小写)¥339 000.00				
销售方	名称:泰山有限责任公司 纳税人识别号:913708018811123 24K 地址、电话:东海市上岗路18号 0198-27708086 开户行及账号:工商银行东海分行 15020068332206				备注				

收款人:　　复核: 王一明 　　开票人: 张凡 　　销售方:(章)

表 4-140　　　　　　　山东增值税专用发票

3700222130

No 00604121

此联不作报销　扣税凭证使用　　开票日期：2022 年 08 月 04 日

购买方	名　　称：珠江有限责任公司 纳税人识别号：91440501000056123J 地　址、电　话：珠江市江北路 2 号 0307-3699488 开户行及账号：工商银行珠江分行 16120087452201	密码区	（略）

货物或应税劳务、服务名称	规格型号	单位	数量	单价	金　　额	税率	税　　额
乙产品		件	600	500.00	300 000.00	13%	39 000.00
合　　计					￥300 000.00		￥39 000.00

价税合计（大写）	⊗叁拾叁万玖仟元整	（小写）￥339 000.00

销售方	名　　称：泰山有限责任公司 纳税人识别号：91370801881112324K 地　址、电　话：东海市上岗路 18 号 0198-27708086 开户行及账号：工商银行东海分行 15020068332206	备注	（泰山有限责任公司 91370801881112324K 发票专用章）

收款人：　　　　　复核：王一明　　　　开票人：张 凡　　　　销售方：（章）

税总函[2022]102 号海南华森实业公司

第一联：记账联　销售方记账凭证

（1）珠江有限责任公司（付款方）出纳处理业务程序如下。

① 签发商业承兑汇票。第三联（如表 4-141 所示）留企业存查，其余联次（略）。

表 4-141　　　　　　商业承兑汇票（存根）　　3　　00100062
　　　　　　　　　　　出票日期 贰零贰贰年捌月零肆日　　　20227351
　　　　　　　　　　　（大写）

付款人	全　称	珠江有限责任公司	收款人	全　称	泰山有限责任公司
	账　号	16120087452201		账　号	15020068332206
	开户银行	工商银行珠江分行		开户银行	工商银行东海分行

出票金额	人民币（大写）　叁拾叁万玖仟元整	亿 千 百 十 万 千 百 十 元 角 分 　　　　￥3 3 9 0 0 0 0 0

汇票到期日（大写）	贰零贰贰年壹拾壹月零肆日	付款人开户行	行号	25
交易合同号码	209999		地址	珠江市江北路 23 号

备注：	

此联由出票人存查

② 承兑。将第二联加盖预留银行印鉴后（如表 4-142 所示）交采购员持往销售单位

办理采购。

表 4-142

商业承兑汇票 2 00100062
出票日期 贰零贰贰年捌月零肆日 20227351
（大写）

付款人	全 称	珠江有限责任公司	收款人	全 称	泰山有限责任公司
	账 号	16120087452201		账 号	15020068332206
	开户银行	工商银行珠江分行		开户银行	工商银行东海分行

出票金额	人民币（大写） 叁拾叁万玖仟元整	亿 千 百 十 万 千 百 十 元 角 分 ¥ 3 3 9 0 0 0 0 0

汇票到期日（大写）	贰零贰贰年壹拾壹月零肆日	付款人开户行	行号	25
交易合同号码	209999		地址	珠江市江北路23号

本汇票已经承兑，到期无条件付票款。 [珠江有限责任公司财务专用章] [王志勇印] 承兑人签章 承兑日期：2022 年 08 月 04 日	本汇票请予以承兑于到期日付款。 [珠江有限责任公司财务专用章] [王志勇印] 出票人签章

此联持票人开户行随托收凭证寄付款人开户行作借方凭证附件

③ 传递凭证。将第一联加盖预留银行印鉴（如表 4-143 所示）交制证员编制记账凭证。

表 4-143

商业承兑汇票（卡片） 1
出票日期 贰零贰贰年捌月零肆日
（大写）

付款人	全 称	珠江有限责任公司	收款人	全 称	泰山有限责任公司
	账 号	16120087452201		账 号	15020068332206
	开户银行	工商银行珠江分行		开户银行	工商银行东海分行

出票金额	人民币（大写） 叁拾叁万玖仟元整	亿 千 百 十 万 千 百 十 元 角 分 ¥ 3 3 9 0 0 0 0 0

汇票到期日（大写）	贰零贰贰年壹拾壹月零肆日	付款人开户行	行号	25
交易合同号码	209999		地址	珠江市江北路23号

[珠江有限责任公司财务专用章] [王志勇印] 出票人签章	备注：

此联承兑人留存

附：制证员根据审核无误的表 4-139 和表 4-143 编制记账凭证（如表 4-144 所示），同时登记应付票据备查簿（略）。

表 4-144　　　　　　　　　记 账 凭 证

2022 年 08 月 04 日　　　　　　　　　记字第 15 号

摘要	会计科目		借方金额	贷方金额	记账符号
	总账科目	明细科目	十万千百十元角分	十万千百十元角分	
购材料	材料采购	乙材料	3 0 0 0 0 0 0		
	应交税费	应交增值税(进项税额)	3 9 0 0 0 0		
	应付票据	泰山有限责任公司		3 3 9 0 0 0 0	
	合计金额		3 3 9 0 0 0 0	3 3 9 0 0 0 0	

附凭证 2 张

会计主管：　　　记账：　　　审核：　　　制单：赵天天

④ 到期付款。审查开户银行转来的委托收款凭证的第五联（付款通知）如表 4-145 所示，若无误备足款项通知银行付款。

表 4-145　　　　　　　托收凭证　（付款通知）　5

委托日期 2022 年 11 月 04 日　　　付款期限 2022 年 11 月 13 日

业务类型	委托收款(☑邮划、□电划)			托收承付(□邮划、□电划)			
付款人	全称	珠江有限责任公司		收款人	全称	泰山有限责任公司	
	账号	16120087452201			账号	15020068332206	
	地址	广东省珠江市	开户行	工商银行珠江分行	地址	山东省东海市	开户行	工商银行东海分行
金额	人民币（大写）	叁拾叁万玖仟元整			千百十万千百十元角分 ￥ 3 3 9 0 0 0 0		
款项内容	货款	托收凭证名称	商业承兑汇票	附寄单据张数		1	
商品发运情况		已发运		合同名称号码		209999	
备注：				付款人注意： 1. 根据《支付结算办法》规定，上列托收款项，如超过承付期限未提出拒付，即视同全部承付。以此联代付款通知。 2. 如系全部或部分拒付，应在承付期限内另填拒绝承付理由书送银行办理。			
付款人开户银行收到日期　年 月 日 复核　　记账		工商银行 珠江分行 2022.11.08 转讫 付款人开户银行签章 2022 年 11 月 08 日					

此联付款人开户银行给付款人按期付款通知

⑤ 再传递凭证。将审核无误的表 4-145 交制证员编制记账凭证。

附：制证员根据审核无误的表 4-145 编制记账凭证（如表 4-146 所示）。

表 4-146　　　　　　　　　　记 账 凭 证

2022 年 11 月 04 日　　　　　　　　　　记字第 2 号

摘　要	会计科目		借方金额	贷方金额	记账符号
	总账科目	明细科目	十万千百十元角分	十万千百十元角分	
付到期商业汇票款	应付票据	泰山有限责任公司	3 3 9 0 0 0 0 0		
	银行存款			3 3 9 0 0 0 0 0	
	合　计　金　额		3 3 9 0 0 0 0 0	3 3 9 0 0 0 0 0	

附凭证 1 张

会计主管：　　　　　记账：　　　　　审核：　　　　　制单：赵天天

⑥ 登记银行存款日记账。根据审核无误的表 4-146 登记银行存款日记账(略)。

(2) 泰山有限责任公司(收款方)出纳处理业务程序如下。

① 审核商业承兑汇票。审核从珠江有限责任公司取得的商业承兑汇票第二联。

② 传递凭证。将审核无误的商业承兑汇票第二联复印件(原件出纳留存)传递给制证员编制记账凭证，同时登记应收票据备查簿(略)。

附：制证员根据审核无误的表 4-140 和表 4-142 的复印件编制记账凭证(如表 4-147 所示)。

表 4-147　　　　　　　　　　记 账 凭 证

2022 年 08 月 04 日　　　　　　　　　　记字第 17 号

摘　要	会计科目		借方金额	贷方金额	记账符号
	总账科目	明细科目	十万千百十元角分	十万千百十元角分	
销售产品	应收票据	珠江有限责任公司	3 3 9 0 0 0 0 0		
	主营业务收入	乙产品		3 0 0 0 0 0 0 0	
	应交税费	应交增值税(销项税额)		3 9 0 0 0 0 0	
	合　计　金　额		3 3 9 0 0 0 0 0	3 3 9 0 0 0 0 0	

附凭证 2 张

会计主管：　　　　　记账：　　　　　审核：　　　　　制单：黄英

③ 委托银行收款。填制委托收款的托收凭证，并在第二联上加盖企业的预留银行印鉴(如表 4-148 所示)，将一式五联的托收凭证连同将要到期的商业承兑汇票一并交给银行，委托银行收款。开户银行审查受理后，将委托收款的托收凭证第一联回单联(如表 4-149 所示)加盖银行业务受理章后退回泰山有限责任公司。

表 4-148　　　　　　　　托收凭证　（贷方凭证）　　2

委托期限　2022 年 11 月 04 日

业务类型	委托收款(☑邮划、□电划)			托收承付(□邮划、□电划)			
付款人	全称	珠江有限责任公司		收款人	全称	泰山有限责任公司	
	账号	16120087452201			账号	15020068332206	
	地址	广东省珠江市县	开户行	工商银行珠江分行		地址	山东省东海市县	开户行	工商银行东海分行
金额	人民币（大写）	叁拾叁万玖仟元整			千百十万千百十元角分　¥ 3 3 9 0 0 0 0 0		
款项内容	货款	托收凭证名称	商业承兑汇票	附寄单据张数		1	
商品发运情况		已发运	合同名称号码		209999		
备注：		上述款项随附相关债务证明，请予办理。 　　　　泰山有限责任公司财务专用章　　林志敏印					
收款人开户银行收到日期　　年　月　日				收款人签章	复核		记账

此联收款人开户银行作贷方凭证

表 4-149　　　　　　　　托收凭证　（受理回单）　　1

委托日期　2022 年 11 月 04 日

业务类型	委托收款(☑邮划、□电划)			托收承付(□邮划、□电划)			
付款人	全称	珠江有限责任公司		收款人	全称	泰山有限责任公司	
	账号	16120087452201			账号	15020068332206	
	地址	广东省珠江市县	开户行	工商银行珠江分行		地址	山东省东海市县	开户行	工商银行东海分行
金额	人民币（大写）	叁拾叁万玖仟元整			千百十万千百十元角分　¥ 3 3 9 0 0 0 0 0		
款项内容	货款	托收凭证名称	商业承兑汇票	附寄单据张数		1	
商品发运情况		已发运	合同名称号码		209999		
备注：		款项收妥日期		工商银行东海分行 2022.11.04 转讫			
				收款人开户银行签章　2022 年 11 月 04 日			
复核　　记账				年　月　日			

此联是收款人开户银行给收款人的受理回单

项目 4　银行结算业务处理

④ 传递凭证。将开户银行转来的委托收款的托收凭证第四联（如表 4-150 所示）交给制证员编制记账凭证。

表 4-150　　　　　　托收凭证　　（汇款依据或收账通知）　4

委托日期　2022 年 11 月 04 日　　付款期限　2022 年 11 月 13 日

业务类型　委托收款（☑邮划、□电划）　　托收承付（□邮划、□电划）

付款人	全称	珠江有限责任公司			收款人	全称	泰山有限责任公司		
	账号	16120087452201				账号	15020068332206		
	地址	广东省珠江市县	开户行	工商银行珠江分行		地址	山东省东海市县	开户行	工商银行东海分行

金额	人民币（大写）	叁拾叁万玖仟元整	千	百	十	万	千	百	十	元	角	分
				¥	3	3	9	0	0	0	0	0

款项内容	货款	托收凭证名称	商业承兑汇票	附寄单据张数	1
商品发运情况	已发运	合同名称号码	209999		

备注：上述款项已划回收入你方账户内。

工商银行 珠江分行 2022.11.14 转讫

收款人开户银行签章　　　年　月　日

复核　　　记账

此联付款人开户银行凭以付款或收款人开户银行作收账通知

附：制证员根据审核无误的表 4-150 编制记账凭证（如表 4-151 所示）。

表 4-151　　　　　　记　账　凭　证

2022 年 11 月 04 日　　　　　　　记字第 45 号

摘要	会计科目		借方金额								贷方金额								记账符号
	总账科目	明细科目	十万	千	百	十	元	角	分		十万	千	百	十	元	角	分		
收到商业汇票款	银行存款		3	3	9	0	0	0	0	0									
	应收票据	珠江有限责任公司									3	3	9	0	0	0	0	0	
合计金额			3	3	9	0	0	0	0	0	3	3	9	0	0	0	0	0	

会计主管：　　　记账：　　　审核：　　　制单：黄英

附凭证 1 张

小思考：如果珠江有限责任公司无足够的款项支付到期的商业承兑汇票，此时双方应如何进行会计核算？

⑤ 登记银行存款日记账。根据审核无误的表 4-151 登记银行存款日记账（略）。

知识链接 4-16 | 商业承兑汇票结算程序

商业承兑汇票结算程序如图4-8所示。

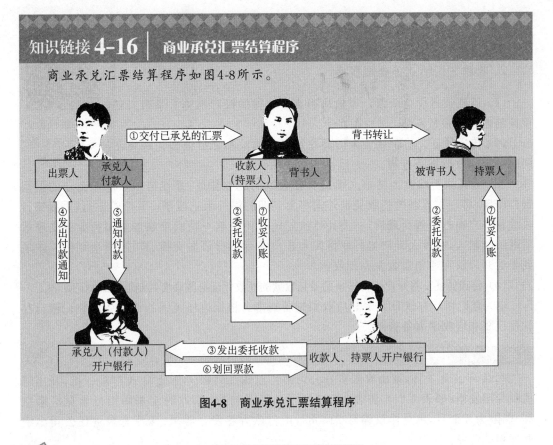

图4-8 商业承兑汇票结算程序

4.8.5 银行承兑汇票结算业务的处理程序

1. 付款方出纳业务处理程序

（1）签发银行承兑汇票。由付款人签发银行承兑汇票。

（2）承兑。由付款人委托其开户银行承兑，银行按照有关规定审查后，与付款人签订"银行承兑协议"，银行在承兑协议上注明承兑协议的编号，加盖印鉴后，压印汇票金额，并按面额收取0.05%的承兑手续费。付款方支付承兑手续后，取回银行承兑汇票第二联和银行承兑协议第二联。

（3）传递凭证。出纳将银行承兑汇票第二联传递给采购员，持往销货方采购货物，同时将复印件给制证员编制记账凭证，并根据银行承兑协议第二联登记应付票据备查簿。

（4）到期付款。银行承兑汇票到期，收到开户银行转来的委托收款凭证的第五联（付款通知），应在当日通知银行付款。付款人应于银行承兑汇票到期前将票款足额交存开户银行，以备到期支付票款。银行在办理划款时，如付款人账户存款不足支付，承兑银行向持票人无条件支付票款。同时，银行对付款人执行扣款，对尚未扣回的部分转入付款人的逾期贷款户，并按每日0.05%计收罚息。

（5）再传递凭证。出纳将收到的银行转来的托收凭证第五联（付款通知）交制证员编制记账凭证。

（6）登记银行存款日记账和应付票据备查簿。根据审核无误的记账凭证登记银行存款日记账和应付票据备查簿。

2. 收款方出纳业务处理程序

（1）审核银行承兑汇票。审核从购货方取得的银行承兑汇票第二联，审核的内容同银行汇票。

微课：银行承兑汇票结算收款业务办理

（2）传递凭证。将审核无误的商业汇票传递给制证员编制记账凭证，同时登记应收票据备查簿。

（3）委托银行收款。持票人填制委托收款的托收凭证，并在第二联加盖企业的预留银行印鉴，将一式五联的托收凭证连同将要到期的银行承兑汇票一并交给银行，委托银行收款。开户银行审查受理后，将委托收款的托收凭证第一联回单联加盖银行业务受理章后退还收款人，收款人开户银行和付款人开户银行进行票据交换、审核、资金划拨。款项到账后开户银行通知收款人办理收款。

（4）传递凭证。将开户银行转来的委托收款的托收凭证第四联交给制证员编制记账凭证。

（5）登记银行存款日记账和应收票据备查簿。根据审核无误的记账凭证登记银行存款日记账和应收票据备查簿。

【例 4-13】

2022 年 9 月 4 日，泰山有限责任公司销售给珠江有限责任公司 A 产品一批，开出增值税专用发票（如表 4-152 和表 4-153 所示），商品自提，双方约定采用银行承兑汇票结算，期限为 3 个月，承兑协议编号 210089，由付款方签发。要求：珠江有限责任公司出纳办理相关业务。

表 4-152
3700222130

山东增值税专用发票

No 00604122

抵 扣 联　　开票日期：2022 年 09 月 04 日

购买方	名　　称：珠江有限责任公司 纳税人识别号：91440501000056123J 地　址、电　话：珠江市江北路2号 0307-3699488 开户行及账号：工商银行珠江分行 16120087452201	密码区	（略）

货物或应税劳务、服务名称	规格型号	单位	数量	单价	金额	税率	税额
A 产品		件	60	100.00	6 000.00	13%	780.00
合　计					¥6 000.00		¥780.00

价税合计（大写）	⊗陆仟柒佰捌拾元整	（小写）¥6 780.00

销售方	名　　称：泰山有限责任公司 纳税人识别号：91370801881112324K 地　址、电　话：东海市上岗路18号 0198-27708086 开户行及账号：工商银行东海分行 15020068332206	备注	（泰山有限责任公司 发票专用章）

收款人：　　　复核：王一明　　　开票人：张凡　　　销售方：（章）

表 4-153 山东增值税专用发票 No 00604122
3700222130
发票联   开票日期:2022 年 09 月 04 日

购买方	名　　称:珠江有限责任公司	密码区	（略）
	纳税人识别号:91440501000056123J		
	地　址、电话:珠江市江北路 2 号 0307-3699488		
	开户行及账号:工商银行珠江分行 16120087452201		

货物或应税劳务、服务名称	规格型号	单位	数量	单价	金额	税率	税额
A 产品		件	60	100.00	6 000.00	13%	780.00
合　　计					￥6 000.00		￥780.00

价税合计（大写）	⊗陆仟柒佰捌拾元整	（小写）￥6 780.00

销售方	名　　称:泰山有限责任公司	备注	（泰山有限责任公司发票专用章 9137080188111 2324K）
	纳税人识别号:91370801881112324K		
	地　址、电话:东海市上岗路 18 号 0198-27708086		
	开户行及账号:工商银行东海分行 15020068332206		

收款人:　　　复核: 王一明　　　开票人: 张凡　　　销售方:（章）

（税总函[2022]102 号　海南华森实业公司）
（第三联:发票联　购买方记账凭证）

（1）签发银行承兑汇票，第一联如表 4-154 所示，其余略。

表 4-154　　　　　银行承兑汇票（卡片）　　　1　10200052
　　　　　出票日期　贰零贰贰年玖月零肆日　　　　21175553
　　　　（大写）

出票人全称	珠江有限责任公司	收款人	全　称	泰山有限责任公司
出票人账号	16120087452201		账　号	15020068332206
付款行全称	工商银行珠江分行		开户银行	工商银行东海分行
出票金额	人民币（大写）陆仟柒佰捌拾元整			亿千百十万千百十元角分　￥6 7 8 0 0 0
汇票到期日（大写）	贰零贰贰年壹拾贰月零肆日	付款人	行号	25
承兑协议编号	210089		地址	珠江市江北路 23 号
本汇票请你行承兑，此项汇票款我单位按承兑协议于到期日前足额交存你行，到期请予以支付。			密押	
（珠江有限责任公司财务专用章）　（王志勇印）出票人签章		备注:	复核　　记账	

（此联承兑行留存备查，到期支付票款时作借方凭证附件）

（2）承兑。珠江有限责任公司委托其开户银行承兑，银行按照有关规定审查后，与其签订"银行承兑协议"（如表 4-155 所示），并按面额收取 0.05% 的承兑手续费。支付承兑手续后,取回银行承兑汇票第二联和银行承兑协议第二联。

表 4-155　　　　　　　　　　银行承兑协议

银行承兑协议 1

协议编号:210089

银行承兑汇票的内容:

收款人全称:泰山有限责任公司　　　　付款人全称:珠江有限责任公司
开户银行:工商银行东海分行　　　　　　开户银行:工商银行珠江分行
账　号:15020068332206　　　　　　　　账　号:16120087452201
汇票号码:10200052　21175553　　　　 汇票金额(大写):陆仟柒佰捌拾元整
签发日期:2022 年 9 月 4 日　　　　　　到期日期:2022 年 12 月 4 日

以上汇票经承兑银行承兑,承兑申请人(下称申请人)愿遵守《支付结算办法》的规定及下列条款:

第一条　申请人于汇票到期日前将应付票款足额交存承兑银行。

第二条　承兑手续按票面 0.05% 计算,在银行承兑时一次付清款。

第三条　承兑票据如发生任何交易纠纷,均由收付双方自行处理,票款于到期日前仍按第一条办理不误。

第四条　承兑汇票到期日,承兑银行凭票无条件支付票款。如到期日之前申请人不能足额交付票款时,承兑银行对不足支付部分的票款转作承兑申请人逾期贷款,并按照有关规定计收罚息。

第五条　承兑汇票款付清后,本协议始自动失效。

本协议第一、二联分别由承兑银行信贷部门和承兑申请人存执,协议副本由银行会计部门存查。

承兑银行:_____(盖章)　承兑申请人:_____(盖章)
订立承兑协议日期:2022 年 9 月 4 日

注:本协议共印三联。在"银行承兑协议"之后,第二联加印"2",第三联加印"副本"字样。25cm×18cm(白纸黑油墨)

(3) 传递凭证。出纳将受理后的银行承兑汇票第二联(如表 4-156 所示)传递给采购员,持往销货方采购货物,并将其交给销货方,根据银行承兑协议第二联登记应付票据备查簿,将表 4-156 的复印件交给制证员编制记账凭证。

表 4-156　　　　　　　　　银行承兑汇票　　　　2　　　10200052
　　　　　　　　　出票日期　贰零贰贰年玖月零肆日　　　　21175553
　　　　　　　　　　　（大写）

出票人全称	珠江有限责任公司	收款人	全　称	泰山有限责任公司
出票人账号	16120087452201		账　号	15020068332206
付款行全称	工商银行珠江分行		开户银行	工商银行东海分行
出票金额	人民币（大写）陆仟柒佰捌拾元整		亿千百十万千百十元角分	￥6　7　8　0　0　0
汇票到期日(大写)	贰零贰贰年壹拾贰月零肆日	付款人	行号	25
承兑协议编号	210089		地址	珠江市江北路23号

本汇票请你行承兑,到期无条件付款。

本汇票已经承兑,到期日由本行付款。
承兑行签章
承兑日期 2022.09.04
汇票专用章

密押

复核　　　记账

珠江有限责任公司财务专用章　　王志勇印　出票人签章

备注：

附：制证员根据审核无误的表 4-153 和表 4-156 的复印件编制记账凭证（如表 4-157 所示）。

表 4-157　　　　　　　　　记　账　凭　证
　　　　　　　2022年09月04日　　　　　　　记字第 15 号

摘　要	会计科目		借方金额	贷方金额	记账符号
	总账科目	明细科目	十万千百十元角分	十万千百十元角分	
购材料	材料采购	A材料	6　0　0　0　0　0		
	应交税费	应交增值税(进项税额)	7　8　0　0　0		
	应付票据	泰山有限责任公司		6　7　8　0　0　0	
	合计金额		￥6　7　8　0　0　0	￥6　7　8　0　0　0	

会计主管：　　　　记账：　　　　审核：　　　　制单：赵天天

附凭证2张

（4）到期付款。银行承兑汇票到期,收到开户银行转来的委托收款凭证的第五联（付款通知）（如表 4-158 所示）,审查无误后,应在当日通知银行付款。

表 4-158　　　　　托收凭证　（付款通知）　　5

委托日期　2022 年 12 月 04 日　　付款期限　2022 年 12 月 13 日

业务类型	委托收款(☑邮划、□电划)			托收承付(□邮划、□电划)		
付款人	全称	珠江有限责任公司		收款人	全称	泰山有限责任公司
	账号	16120087452201			账号	15020068332206
	地址	广东省珠江市县	开户行	工行珠江分行	地址	山东省东海市县	开户行	工行东海分行

金额	人民币（大写）	陆仟柒佰捌拾元整	千	百	十	万	千	百	十	元	角	分
						¥	6	7	8	0	0	0

款项内容	货款	托收凭证名称	商业承兑汇票	附寄单据张数	1
商品发运情况		已发运	合同名称号码		210089

备注：	工商银行 珠江分行 2022.12.14 转讫	付款人注意： 1. 根据《支付结算办法》规定，上列托收款项，如超过承付期限未提出拒付，即视同全部承付。以此联代付款通知。 2. 如系全部或部分拒付，应在承付期限内另填拒绝承付理由书送银行办理。
付款人开户银行收到日期　　年　月　日 复核　　　　记账	付款人开户银行签章 2022 年 12 月 14 日	

此联付款人开户银行给付款人按期付款通知

（5）再传递凭证。出纳将收到的银行转来的表 4-158 传递给制证员编制记账凭证。

附：制证员根据审核无误的表 4-158 编制记账凭证（如表 4-159 所示）。

表 4-159　　　　　　　　　　记　账　凭　证

2022 年 12 月 14 日　　　　　　　　　　　　记字第 8 号

摘要	会计科目		借方金额									贷方金额									记账符号
	总账科目	明细科目	十万	千	百	十	元	角	分			十万	千	百	十	元	角	分			
付到期商业汇票款	应付票据	泰山有限责任公司		6	7	8	0	0	0												
	银行存款												6	7	8	0	0	0			
合计金额			¥	6	7	8	0	0	0			¥	6	7	8	0	0	0			

会计主管：　　　　记账：　　　　审核：　　　　制单：赵天天

附凭证 1 张

（6）登记银行存款日记账和应付票据备查簿。出纳根据审核无误的表 4-159 登记银行存款日记账和应付票据备查簿（略）。

知识链接 4-17 | 银行承兑汇票结算程序

银行承兑汇票结算程序如图4-9所示。

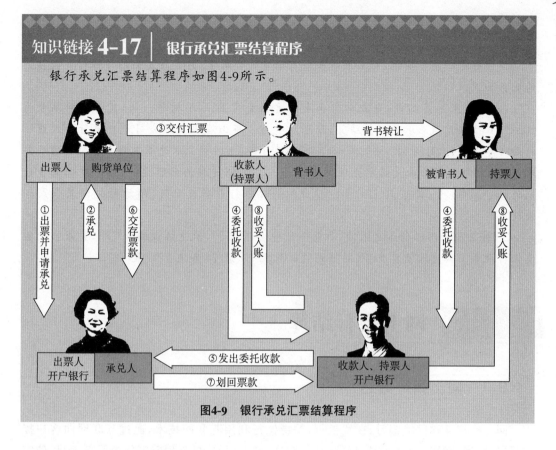

图4-9　银行承兑汇票结算程序

同步实训

□ 实训目标

1. 会区分商业承兑汇票和银行承兑汇票的使用情况。
2. 能熟练填制商业承兑汇票和银行承兑汇票。
3. 能准确审核商业汇票。
4. 能正确办理商业汇票的收、付款业务。
5. 能正确登记银行存款日记账。

□ 实训准备

1. 准备空白的商业承兑汇票1份、银行承兑汇票1份、印章、记账凭证2张、银行存款日记账1页。

2. 准备3个资料袋,分别代表企业留存另行保管、送交客户、提交银行,然后将填好的非该企业记账凭证附件的原始凭证正确分放。

□ 实训资料及要求

接任务4.6同步实训,丽水宏达服装有限责任公司12月6日发生的与银行存款相关的业务如下。

1. 2022年6月6日,企业向华山有限责任公司购买A材料一批,交易合同编号为2022123,协议用商业承兑汇票结算,期限6个月。华山有限责任公司开户银行为工商银行西安华山支行,账号为67897978888。12月6日,上述商业承兑汇票到期承付款项。要求:①出纳签发商业承兑汇票办理结算业务。②制证员编制记账凭证,记账凭证编号分别为记字第98号、记字第124号。③出纳登记银行存款日记账(附原始凭证见表73~表78)。

2. 若上题采用银行承兑汇票,承兑手续费率0.05%,承兑协议编号786,要求出纳签发银行承兑汇票办理结算业务(附原始凭证见表73、表74和表79~表82)。

任务4.9 网上银行结算

4.9.1 网上银行概述

网上银行又称网络银行、在线银行,是指银行利用互联网技术,通过互联网向客户提供开户、查询、对账、行内转账、跨行转账、信贷、网上证券、投资理财等传统服务项目,使客户可以足不出户就能够安全便捷地管理活期和定期存款、支票、信用卡及个人投资等。可以说,网上银行是在互联网上的虚拟银行柜台。网上银行又被称为"3A银行",因为它不受时间、地点、空间限制,能够在任何时间(anytime)、任何地点(anywhere)、以任何方式(anyway)为客户提供金融服务。

1. 网上银行的种类

网上银行按使用对象不同分为个人网上银行和企业网上银行。个人网上银行是指通过互联网,为银行个人客户提供账户查询、转账汇款、投资理财、在线支付等金融服务的网上银行渠道。企业网上银行是指通过互联网或专线网络,为企业客户提供账户查询、转账结算、在线支付等金融服务的渠道,根据功能、介质和服务对象的不同可分为普及版、标准版和中小企业版。以下重点介绍企业网上银行。

2. 企业网上银行功能

企业网上银行业务功能分为基本功能和特定功能。基本功能包括账户管理、网上汇款、在线支付等功能;特定功能包括贵宾室、网上支付结算代理、网上收款、网上信用证、网上票据和账户高级管理等业务功能。

3. 企业网上银行使用范围

在银行开立账户、信誉良好的企业客户,包括企业、行政事业单位、社会团体等均可开通企业网上银行。

4.9.2 企业网上银行开通流程

不同的银行,其网上银行业务开通流程不尽相同,本书以工商银行为例进行介绍。企业开通网银需在银行开立账户并提供开户行要求的其他材料。开通流程如图4-10所示。

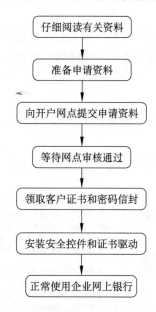

图4-10 网上银行开通流程

4.9.3 企业网上银行操作流程

1. 普及版操作流程

企业网上银行普及版为客户提供了账户查询、修改密码、首页定制等功能,客户还可以使用网上挂失功能在线自助办理普通卡证书挂失。使用简单,注册手续简便,客户在申请了普通卡证书后,既可在柜面办理注册申请手续,也可登录工行网站自助注册。具体操作步骤如下。

(1) 登录:进入工行网站主页→选择企业网上银行登录→选择企业网上银行普及版登录→输入卡号、密码和验证码→单击"登录"按钮进入。

(2) 使用:输入相关信息,办理相关业务。如在使用过程遇到问题,可单击"热点解答"和"更多帮助"。

(3) 退出：在使用完毕，单击安全退出，以确保账户安全。

2. 证书版操作流程

(1) 登录：进入工行网站主页→选择企业网上银行登录→插入企业网上银行证书→选择企业网上银行登录→选择证书→输入证书密码→单击"确定"按钮进入。

(2) 使用：输入相关信息，办理相关业务。如在使用过程遇到问题，可单击"热点解答"和"更多帮助"。

(3) 退出：在使用完毕，单击安全退出，拔出客户证书以确保账户安全。

3. 网上银行具体操作演示

以工商银行企业网上银行"付款业务—单笔汇款业务"为例，具体操作步骤及方法如下。

(1) 进入工行网站主页，选择企业网上银行登录，进入企业网上银行首页，如图 4-11 所示。

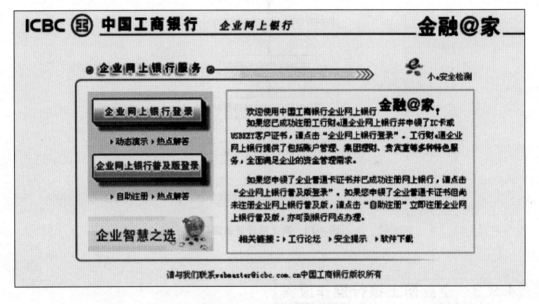

图 4-11　企业网上银行首页

(2) 选择企业网上银行登录，进入企业网上银行登录首页，如图 4-12 所示，选择证书，输入证书密码，单击"确定"按钮进入。

(3) 当成功登录工行企业网上银行后，单点击交易区上方一级菜单中的"付款业务"栏目，交易区左侧显示"付款业务"子菜单，如图 4-13 所示。

(4) 展开"网上汇款"，显示出"网上汇款"子菜单。展开提交指令，显示"提交指令"子菜单。单击"逐笔支付"按钮，进入交易区"逐笔支付"页面，选择填写各项详细信息，包括汇款单位名称和账号、收款单位名称和账号、收款单位账号是否为工商银行账号、收款方为非工行账号时收款银行是否手工输入、金额大写和小写、汇款方式、汇款用途等，对于收款方是工行账户的，如果要求实时到账，付款方式应选择"加急"选项，输入完成后，选择是否向有关人员发送信息，单击"确定"按钮，如图 4-14 所示。

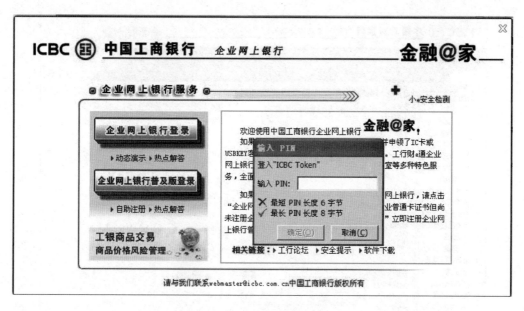

图 4-12 企业网上银行登录首页

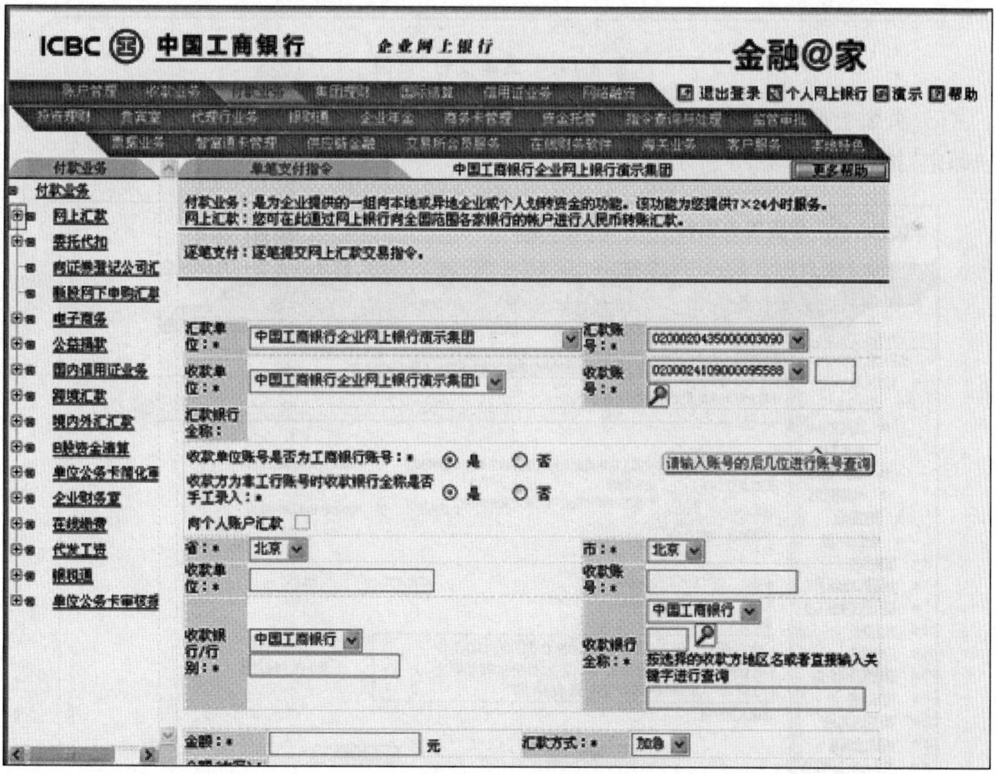

图 4-13 "付款业务"子菜单页面

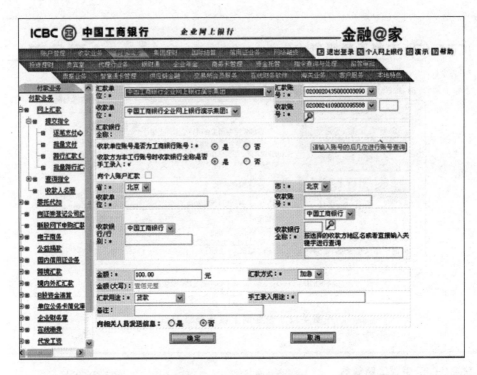

图 4-14 "逐笔支付"页面

(5)页面会显示出刚才输入的信息,以便核对,核对无误后输入验证吗,输入完毕,单击"确定"按钮,如图 4-15 所示。

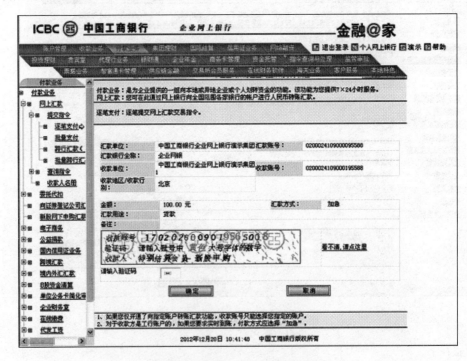

图 4-15 "逐笔支付"核对信息页面

(6) 弹出"列表签名证书"对话框,在列表中选择证书,单击"确定"按钮,如图 4-16 所示。

图 4-16 "列表签名证书"对话框

(7) 输入密码,单击"确定"按钮,如图 4-17 所示。

图 4-17 "证书密码输入"对话框

(8) 弹出"签名信息确认"对话框,确认无误后单击"确定"按钮,如图 4-18 所示。

图 4-18 "签名信息确认"对话框

(9) 如果付款指令的付款金额在授权范围,确认证书无误后,即会显示付款成功指令,如果还需要其他操作,可单击"返回"按钮。如果付款指令的付款金额不在授权范围,超过了支付权限,则会提示需要有权授权人授权,如图 4-19 所示。

(10) 付款指令成功提交后,单击"账户管理"中的"今日明细"或"历史明细",可打印已转账成功指令的电子回单,出纳自己打印的回单仅供参考,实际交易以银行盖章回单为准。

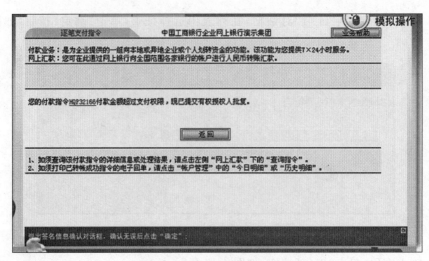

图 4-19 "等待授权付款"窗口

(11)出纳将从银行取得银行已盖章的回单(付款通知)传递给制证会计,制证会计据以编制记账凭证。

(12)出纳再根据审核无误的记账凭证登记银行存款日记账。

【例 4-14】

2022 年 12 月 25 日,泰山有限责任公司销售给珠江顺达有限公司 A 产品一批,开出增值税专用发票(如表 4-160~表 4-162 所示),商品自提,通过网上银行结算货款。要求:双方出纳办理相关业务。

表 4-160　　　　　　　　　山东增值税专用发票

3700222130　　　　　　　　　　　　　　　　　　　　　　　No 00634122

抵扣联　　　　　　　　　　　　　开票日期:2022 年 12 月 25 日

购买方	名　　　称:珠江顺达有限公司 纳税人识别号:91440501002356123A 地　址、电　话:珠江市江南路 12 号 0307-3699688 开户行及账号:工商银行珠江分行 16120087454401	密码区	(略)

货物或应税劳务、服务名称	规格型号	单位	数量	单价	金额	税率	税额
A 产品		件	1 000	90.00	90 000.00	13%	11 700.00
合　　计					￥90 000.00		￥11 700.00

价税合计(大写)	⊗壹拾万零壹仟柒佰元整	(小写)￥101 700.00

销售方	名　　　称:泰山有限责任公司 纳税人识别号:91370801881112324K 地　址、电　话:东海市上岗路 18 号 0198-27708086 开户行及账号:工商银行东海分行 15020068332206	备注	泰山有限责任公司 91370801881112324K 发票专用章

收款人:　　　　复核:王一明　　　　开票人:张凡　　　　销售方:(章)

表 4-161
3700222130

山东增值税专用发票

发票联　　　　开票日期：2022年12月25日

No 00634122

购买方	名　　称：珠江顺达有限公司
	纳税人识别号：91440501002356123A
	地　址、电　话：珠江市江南路12号 0307-3699688
	开户行及账号：工商银行珠江分行 16120087454401

密码区　（略）

货物或应税劳务、服务名称	规格型号	单位	数量	单价	金额	税率	税额
A产品		件	1 000	90.00	90 000.00	13%	11 700.00
合　计					￥90 000.00		￥11 700.00
价税合计（大写）	⊗壹拾万零壹仟柒佰元整				（大写）￥101 700.00		

销售方	名　　称：泰山有限责任公司
	纳税人识别号：91370801881112324K
	地　址、电　话：东海市上岗路18号 0198-27708086
	开户行及账号：工商银行东海分行 15020068332206

备注

（泰山有限责任公司 发票专用章 91370801881112324K）

收款人：　　复核：王一明　　开票人：张凡　　销售方：（章）

第三联：发票联　购买方记账凭证

表 4-162
3700222130

山东增值税专用发票

此联不作报销、扣税凭证使用　　开票日期：2022年12月25日

No 00634122

购买方	名　　称：珠江顺达有限公司
	纳税人识别号：91440501002356123A
	地　址、电　话：珠江市江南路12号 0307-3699688
	开户行及账号：工商银行珠江分行 16120087454401

密码区　（略）

货物或应税劳务、服务名称	规格型号	单位	数量	单价	金额	税率	税额
A产品		件	1 000	90.00	90 000.00	13%	11 700.00
合　计					￥90 000.00		￥11 700.00
价税合计（大写）	⊗壹拾万零壹仟柒佰元整				（小写）￥101 700.00		

销售方	名　　称：泰山有限责任公司
	纳税人识别号：91370801881112324K
	地　址、电　话：东海市上岗路18号 0198-27708086
	开户行及账号：工商银行东海分行 15020068332206

备注

（泰山有限责任公司 发票专用章 91370801881112324K）

收款人：　　复核：王一明　　开票人：张凡　　销售方：（章）

第一联：记账联　销售方记账凭证

珠江顺达有限公司出纳办理相关业务如下。

(1) 出纳办理付款。

① 登录网上银行。进入工行网站主页→选择企业网上银行登录→选择企业网上银行普及版登录→输入卡号、密码和验证码→单击"登录"按钮进入。

② 进行转账结算。出纳单击"付款业务"→"网上汇款"→"提交指令"，输入相关信息，检查无误后，确认提交。在使用完毕，单击安全退出，以确保账户安全。

微课：网银支付购买固定资产业务核算

(2) 传递凭证。出纳从银行取回电子回单（如表 4-163 所示），审核后交制证会计编制记账凭证。

表 4-163

ICBC 中国工商银行

网上银行转账凭证（付款通知）

记账时间：2022-12-25　　　　　　检索号：2022122583854587
付款人户名：珠江顺达有限公司　　付款人账号：16120087454401
收款人户名：泰山有限责任公司　　收款人账号：15020068332206
金额人民币（大写）壹拾万零壹仟柒佰元整　　￥101 700.00
付款行名称：广东省工商银行珠江分行
收款行名称：山东省工商银行东海分行
用途：货款

工商银行
珠江分行
2022.12.26
转讫

客户备注：指令编号：HQP68519 提交人：tsyxgs1.c.120 最终授权人：tsyxgs1.c.120
金额自助卡号：6210000012543　　打印时间：2022-12-26 15:30:25
银行验证码：895642137231　　　　打印方式：自助打印 已打印次数：1 次
地区号：120　　　　　　　　　　　柜员号：12　授权柜员号：

附：制证员根据审核无误的表 4-161、表 4-163 编制记账凭证（如表 4-164 所示）。

表 4-164

记 账 凭 证

2022 年 12 月 26 日　　　　　　记字第 95 号

摘要	会计科目		借方金额	贷方金额	记账符号
	总账科目	明细科目	十万千百十元角分	十万千百十元角分	
购A产品	材料采购	A产品	9 0 0 0 0 0 0		
	应交税费	应交增值税（进项税额）	1 1 7 0 0 0 0		
	银行存款			1 0 1 7 0 0 0 0	
合计金额			1 0 1 7 0 0 0 0	1 0 1 7 0 0 0 0	

附凭证 1 张

会计主管：　　　记账：　　　审核：　　　制单：彭华

(3) 出纳登记银行存款日记账（略）。

泰山有限责任公司出纳办理相关业务如下所述。

（1）出纳办理收款。出纳从银行取回银行电子回单（如表 4-165 所示），审核后将其传递给制证会计编制记账凭证。

表 4-165

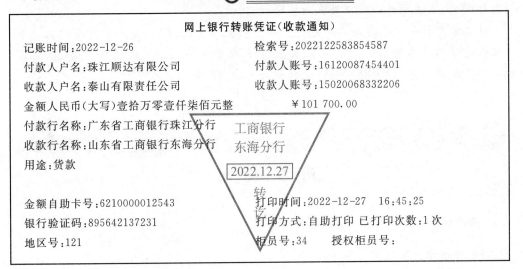

（2）制证会计根据审核无误的表 4-162 和表 4-165 编制记账凭证（如表 4-166 所示）。

表 4-166   记 账 凭 证
              2022 年 12 月 27 日   记字第 123 号

摘 要	会 计 科 目		借方金额	贷方金额	记账符号
	总账科目	明细科目	十万千百十元角分	十万千百十元角分	
销 A 产品	银行存款		1 0 1 7 0 0 0 0		附凭证2张
	主营业务收入	A 产品		9 0 0 0 0 0 0	
	应交税费	应交增值税（销项税额）		1 1 7 0 0 0 0	
	合 计 金 额		1 0 1 7 0 0 0 0	1 0 1 7 0 0 0 0	

会计主管：   记账：   审核：   制单：李好

（3）出纳登记银行存款日记账（略）。

知识链接 4-18 | 什么是第三方支付

第三方支付是指具备一定的实力和信誉，在银行监管下保障交易双方利益的独立机构，采用与各大银行签约的方式，通过与银行支付结算系统接口对接而促成交易双方进行交易的网络支付模式。

第三方支付平台是指平台提供商通过通信、计算机和信息安全技术，在商家和银行

之间建立连接,从而实现消费者、金融机构以及商家之间货币支付、现金流转、资金清算、查询统计的一个平台。第三方支付平台是买卖双方在交易过程中的资金"中间平台",在通过第三方支付平台的交易中,买方选购商品后,使用第三方平台提供的账户进行货款支付,由第三方通知卖家货款到达、进行发货;买方检验物品后,通知付款给卖家,第三方再将款项转至卖家账户。

第三方支付平台作为网络交易的监督人和主要支付渠道,提供了更丰富的支付手段和可靠的服务保证。目前第三方支付平台有支付宝、微信、银联商务、银联在线、云闪付、壹钱包、拉卡拉、快钱、联动优势 UMP 和京东支付等。

同步实训

□ 实训目标

1. 会开通网上银行。
2. 能正确处理常用网上银行结算业务。

□ 实训准备

联网的计算机一台。

□ 实训资料及要求

1. 去银行了解如何开通网上银行。
2. 通过工行(或其他银行)企业网上银行,演示账户管理、收款业务、付款业务——逐笔付款、付款业务——批量付款、批量发工资、电子回单打印等业务处理,能讲述其操作流程。

任务 4.10 银行存款清查

为防止记账发生差错,保证银行存款收支业务的正确性,查明银行存款的实际数额,企业应定期对银行存款进行清查。

4.10.1 银行存款清查方法

银行存款清查主要采用核对账目法,即企业银行存款日记账的账面记录及余额与开户银行转来的对账单的记录及余额进行核对。在与银行核对账目之前,出纳应先仔细检查本单位的银行存款日记账记录的正确性与完整性,然后再将其与银行对账单逐笔进行核对,核对的内容包括收、付金额,结算凭证、种类和号数,收入的来源,支票的用途,发生的日期等。通过核对如果发现本单位有错账或漏账,应及时更账;如果发现银行有错账或漏账,应及时通知银行查明更正。但是,即使双方记账均无错误,也常常出现企业银行存款日记账的余额与银行对账单余额不一致的情况,其原因是未达账项所致,这是正常的。

4.10.2 未达账项的概念及种类

未达账项是指企业与银行之间由于取得有关凭证的时间不同,导致双方记账时间不同,因而发生的一方已取得结算凭证入账,另一方因未取得结算凭证尚未登记入账的款项。未达账项包括以下 4 种。

(1) 企业已收款入账而银行尚未收款入账的款项。
(2) 企业已付款入账而银行尚未付款入账的款项。
(3) 银行已收款入账而企业尚未收款入账的款项。
(4) 银行已付款入账而企业尚未付款入账的款项。

上述任何一种情况发生,都会使企业银行存款日记账余额与银行对账单余额不一致。出现(1)、(4)两种情况会使企业银行存款日记账余额大于银行对账单余额,出现(2)、(3)两种情况会使企业银行存款日记账余额小于银行对账单余额。

知识链接4-19 | 未达账项的查找方法

将企业银行存款日记账的借方记录与银行对账单的贷方记录逐笔核对,企业银行存款日记账的贷方记录与银行对账单的借方记录逐笔核对,双方都有记录的打"√",核对后企业银行存款日记账与银行对账单中未打"√"的就是未达账项。

4.10.3 银行存款余额调节表的编制

为了消除未达账项的影响,检查双方账务是否有误,通常出纳需要编制"银行存款余额调节表"进行检查核对,如果没有记账错误,调节后双方的账面余额应相等。调节的原则可以概括为"加上未收的,减去未付的"。其计算公式为

企业银行存款日记账余额　　　　银行对账单余额
＋银行收款企业未收款的账项　＝　＋企业收款银行未收款的账项
－银行付款企业未付款的账项　　　－企业付款银行未付款的账项

【例 4-15】

绿洲有限公司 2022 年 7 月 21—31 日的银行存款日记账记录如表 4-167 所示,银行存款对账单如表 4-168 所示。要求:①出纳通过对账找出未达账项。②出纳周强编制银行存款余额调节表。

表 4-167　　　　　　　　　　　银行存款日记账（工行杭州滨江支行）

账号：658902116354

2022年		凭证		摘要	结算凭证		对方科目	收入(借方)	支出(贷方)	结余(余额)
月	日	种类	号数		种类	号数				
7	21			承前页				1 789 000.00	1 278 000.00	380 500.00
	21	记	68	购料	转支	#3603	材料采购		48 000.00	332 500.00
	21	记	70	偿付货款	转支	#3604	应付账款		36 800.00	295 700.00
	23	记	73	提现	现支	#8653	库存现金		4 000.00	291 700.00
	23	记	75	付广告费	转支	#3605	销售费用		36 000.00	255 700.00
	24	记	77	付利息	特转	#1009	财务费用		1 200.00	254 500.00
	24	记	78	收利息	特转	#6780	财务费用	500.00		255 000.00
	24	记	79	收货款	本票	#3456	主营业务收入	27 800.00		282 800.00
	25	记	83	付保险费	转支	#3606	其他应付款		40 000.00	242 800.00
	26	记	84	垫运杂费	转支	#3607	应收账款		6 000.00	236 800.00
	27	记	85	付差旅费	现支	#8654	其他应收款		3 500.00	233 300.00
	27	记	86	收托收款	委收	#1006	应收账款	18 950.00		252 250.00
	27	记	88	购设备	汇兑	#2005	固定资产		57 400.00	194 850.00
	27	记	89	预收货款	本票	#8461	预收账款	95 380.00		290 230.00
	28	记	93	购办公用品	转支	#3608	管理费用		1 600.00	289 630.00
	28	记	94	付报刊费	转支	#3609	管理费用		3 800.00	284 830.00
	28	记	95	预付货款	转支	#3610	预付账款		50 000.00	234 830.00
	29	记	96	收回欠款	转支	#3685	应收账款	17 390.00		252 220.00
	29	记	97	存现	回单	#24	库存现金	2 000.00		254 220.00
	30	记	99	预借差旅费	现支	#8655	其他应收款		2 700.00	251 520.00
	30			本月合计				1 951 020.00	1 569 000.00	251 520.00

表 4-168　　　　　　　　　　　银行存款对账单（工行杭州滨江支行）

单位：绿洲有限公司　　　　　　　　　　　　　　　　　　　　账号：658902116354

2022年		结算凭证		摘要	借方	贷方	余额
月	日	种类	号数				
7	21			承前页	1 800 000.00	1 700 000.00	380 500.00
	22	转支	#3603	付货款		48 000.00	332 500.00
	23	现支	#8653	提现		4 000.00	328 500.00

续表

2022年		结算凭证		摘 要	借 方	贷 方	余 额
月	日	种类	号数				
	24	转支	#3605	付广告费	36 000.00		292 500.00
	24	本票	#3456	收货款		27 800.00	320 300.00
	24	特转	#1009	贷款利息	1 200.00		319 100.00
	24	特转	#6780	存款利息		500.00	319 600.00
	25	转支	#3604	付货款	36 800.00		282 800.00
	27	委收	#1006	收托收款		18 950.00	301 750.00
	27	汇兑	#2005	购设备	57 400.00		244 350.00
	27	现支	#8654	付差旅费	3 500.00		240 850.00
	27	委收	#4509	收托收款		70 000.00	310 850.00
	27	本票	#8461	预收货款		95 380.00	406 230.00
	28	委收	#6789	代付电话费	3 599.00		402 631.00
	29	转支	#3685	收前欠款		17 390.00	420 021.00
	29	回单	#24	存现		2 000.00	422 021.00
	30	转支	#3607	垫运杂费	6 000.00		416 021.00
	31	委收	#8889	代付水费	3 000.00		413 021.00
	31			月末余额	1 999 499.00	1 932 020.00	413 021.00

(1) 通过核对,绿洲有限公司2022年7月21—31日的未达账项如下。

① 25日企业开出转账支票#3606付保险费40 000.00元,企业已入账,银行未入账。

② 28日企业开出转账支票#3608付办公用品费1 600.00元,企业已入账,银行未入账。

③ 28日企业开出转账支票#3609付报刊费3 800.00元,企业已入账,银行未入账。

④ 28日企业开出转账支票#3610预付货款50 000.00元,企业已入账,银行未入账。

⑤ 30日企业开出现金支票#8655预借差旅费2 700.00元,企业已入账,银行未入账。

⑥ 27日银行代企业收取货款(委收#4509)70 000.00元,银行已入账,企业未入账。

⑦ 28日银行代企业付电话费(委收#6789)3 599.00元,银行已入账,企业未入账。

⑧ 31日银行代企业付水费(委收#8889)3 000.00元,银行已入账,企业未入账。

(2) 编制银行存款余额调节表(如表4-169所示)。

表 4-169　　　　　　　　　　　银行存款余额调节表

账号:658902116354　　　　　　　2022 年 7 月 31 日　　　　　　　　　　　　单位:元

项　目	金　额	项　目	金　额
企业银行存款日记账余额	251 520.00	银行对账单余额	413 021.00
加:银行已收,企业未收		加:企业已收,银行未收	
27 日银行代收货款(委收♯4509)	70 000.00		
减:银行已付,企业未付		减:企业已付,银行未付	
28 日代付电话费(委收♯6789)	3 599.00	25 日转支♯3606 付保险费	40 000.00
31 日代付水费(委收♯8889)	3 000.00	28 日转支♯3608 付办公用品费	1 600.00
		28 日转支♯3609 付报刊费	3 800.00
		28 日转支♯3610 预付货款	50 000.00
		30 日现支♯8655 预借差旅费	2 700.00
调节后的余额	314 921.00	调节后的余额	314 921.00

复核:　　　　　　　　　　　　　　　　　　　　　　　　　制表:周强

注意:

(1) 编制银行存款余额调节表只是为了检查账簿记录的正确性,检查账实是否相符。不需要根据银行存款余额调节表作任何账务处理。对于未达账项应等以后有关原始凭证到达后再作账务处理。通过银行存款余额调节表进行余额调节,若调节后余额仍不相等,应进一步查明原因,如果属于记账错误,应予以更正;如果相等,说明双方银行存款账户的记录基本正确。

(2) 找本期未达账项时要考虑上期编制的银行存款余额调节表中的未达账项。

同 步 实 训

□ **实训目标**

1. 会查找未达账项。
2. 能正确编制银行存款余额调节表。

□ **实训准备**

空白银行存款余额调节表 1 张。

□ **实训资料及要求**

东方有限责任公司 2022 年 11 月的银行存款余额调节表如表 4-170 所示、2022 年 12 月的银行存款对账单如表 4-171 所示、银行存款日记账账面记录如表 4-172 所示。要求:①出纳孟杰核对银行存款并根据核对结果编制银行存款余额调节表(附空白银行存款余额调节表见表 83)。②复核会计李锦复核出纳编制好的银行存款余额调节表。

表 4-170　　　　　　　　　　银行存款余额调节表

编制单位：东方有限责任公司　　账户：456789188812　　编制时间：2022年11月30日　　单位：元

项　　目	金　　额	项　　目	金　　额
企业银行存款日记账余额	484 574.34	银行对账单余额	709 574.34
加：银行已收，企业未收		加：企业已收，银行未收	
（1）11月29日托收货款，托收号0101	100 000.00		
		减：企业已付，银行未付	
减：银行已付，企业未付		（1）11月28日付购货款，转支号1235	117 000.00
		（2）11月29日付前欠款，转支号1240	8 000.00
调节后的余额	584 574.34	调节后的余额	584 574.34

复核：李锦　　　　　　　　　　　　　　　　制表：孟杰

表 4-171　　　　　　　　　银行存款对账单（农业银行江北支行）

单位名称：东方有限责任公司

账号：456789188812　　　　　　　　　　　　　　　打印时间：20221231　10:30

2022年		结算凭证		摘　要	借方发生额	贷方发生额	余　　额	柜员
月	日	种　类	号数					
12	1			月初余额			709 574.34	01
12	1	现金支票	7562	提现金	6 000.00		703 574.34	01
12	1	转账支票	8105	收到销货款		257 400.00	960 974.34	01
12	1	银行汇票	1282	办理汇票	500 050.50		460 923.84	01
12	2	转账支票	1235	付购货款	117 000.00		343 923.84	01
12	2	其他	3145	收到销货款		7 020.00	350 943.84	01
12	3	转账支票	1240	还前欠款	8 000.00		342 943.84	02
12	4	转账支票	8450	运费	2 000.00		340 943.84	02
12	4	其他	4589	收前欠款		200 000.00	540 943.84	01
12	4	银行承兑	0156	贴现		296 670.00	837 613.84	01
12	5	委托收款	0112	付水费	2 925.00		834 688.84	01
12	8	现金支票	7563	提现	5 000.00		829 688.84	01
12	9	委托收款	0301	商业汇票到期		234 000.00	1 063 688.84	01
12	23	网银	3629	付购货款	476 220.50		587 468.34	11
12	29	转账支票	8888	收到货款		200 000.00	787 468.34	23
12	29	其他	9654	存款利息		1 021.58	788 489.92	23
12	29	其他	1921	付电话费	590.00		787 899.92	23
12	29	转账支票	8458	购车	173 200.00		614 699.92	23
12	29	其他	4256	交购车税	14 803.42		599 896.50	09
12	29	其他	5948	收回坏账		5 000.00	604 896.50	23
12	29	现金支票	7565	提现金	13 000.00		591 896.50	23
12	29	转账支票	8752	收违约款		12 000.00	603 896.50	11
12	29	其他	5256	还借款及利息	304 500.00		299 396.50	11
12	29	托收承付	0402	收到货款		533 520.00	832 916.50	11
12	29	其他	7850	付利息	60 000.00		772 916.50	11
12	29	转账支票	9652	收到租金		8 000.00	780 916.50	11
12	30	其他	3146	出售固定资产		9 360.00	790 276.50	11
12	30	其他	3271	交税	21 038.40		769 238.10	11

表 4-172　　　　　　　　银行存款日记账

户名　农业银行江北支行　　　　账号　456789188812　　　　第 28 页

2022年 月	日	凭证字号	摘要	结算凭证 种类	号数	借方	贷方	余额
12	1		期初余额					484 574.34
	1	记2	提现金	现支	7562		6 000.00	478 574.34
	1	记3	收到销货款	转支	8105	257 400.00		735 974.34
	1	记5	办理汇票	银行汇票	1282		500 050.50	235 923.84
	2	记7	收到销货款	其他	3145	7 020.00		242 943.84
	3	记9	收到托收款	委托收款	0101	100 000.00		342 943.84
	4	记11	垫付运费	转支	8450		2 000.00	340 943.84
	4	记12	收前欠款	其他	4589	200 000.00		540 943.84
	4	记13	贴现	商业汇票	0156	296 670.00		837 613.84
	5	记15	付水费	委托收款	0112		2 925.00	834 688.84
	8	记16	付差旅费	现支	7563		5 000.00	829 688.84
	9	记17	商业汇票到期	委托收款	0301	234 000.00		1 063 688.84
	23	记60	付购货款	网银	3629		476 220.50	587 468.34
	29	记61	付广告费	转支	8574		2 300.00	585 168.34
	29	记63	收到货款	转支	8888	200 000.00		785 168.34
	29	记64	存款利息	其他	9654	1 021.58		786 189.92
	29	记65	付电话费	其他	1921		590.00	785 599.92
	29	记67	购车	转支	8458		173 200.00	612 399.92
	29	记67	交购车税	其他	4256		14 803.42	597 596.50
	29	记68	交购车保险	转支	8549		1 300.00	596 296.50
	29	记75	收回坏账	其他	5948	5 000.00		601 296.50
	29	记76	提现金	现支	7565		13 000.00	588 296.50
	29	记77	收违约款	转支	8752	12 000.00		600 296.50
	29	记79	还借款及利息	其他	5256		304 500.00	295 796.50
	29	记80	收到货款	托收承付	0402	533 520.00		829 316.50
	29	记81	付利息	其他	7850		60 000.00	769 316.50
	29	记82	收到租金	转支	9652	8 000.00		777 316.50
	30	记96	出售固定资产	其他	3146	9 360.00		786 676.50
	30	记99	交税	其他	3271		21 038.40	765 638.10
	31		本月合计			1 863 991.68	1 582 927.82	765 638.10

任务 4.11 出纳报告单编制

4.11.1 出纳报告单的基本格式

出纳人员记账后,应根据现金日记账、银行存款日记账、有价证券明细账、银行对账单等核算资料,定期编制"出纳报告单",格式之一如表 4-173 所示。以报告本单位一定时期现金、银行存款、有价证券的收支及结存情况,并据以与总账会计核对期末余额。

表 4-173　　　　　　　　　　　出纳报告单

单位名称：　　　　　　　年　月　日至　年　月　日　　　　　　　编号

项目	库存现金									银行存款									有价证券									备注
	千	百	十	万	千	百	十	元	角	分	千	百	十	万	千	百	十	元	角	分	千	百	十	万	千	百	十	元	角	分	
上期结存																																
本期收入																																
合　计																																
本期支出																																
本期结存																																

主管：　　　　记账：　　　　出纳：　　　　复核：　　　　制单：

4.11.2 出纳报告单的编制方法

（1）出纳报告单的报告期应根据财务管理的需要选择 1 天、10 天、30 天等。

（2）上期结存,是指报告期前一期期末结存数,即本期报告期前一天的账面结存金额,也是上一期出纳报告单的"本期结存"数字。

（3）本期收入按账面本期合计借方数字填列。

（4）合计是上期结存与本期收入的合计数字。

（5）本期支出按账面本期合计贷方数字填列。

（6）本期结存是指本期期末账面结存数字。它等于"合计数字"减去"本期支出"数字。本期结存必须与账面实际结存数一致。

【例 4-16】

2022 年 10 月 31 日,丽鑫机电有限公司,库存现金、银行存款建行账户、工行账户的数据明细资料如表 4-174 所示。要求:出纳刘敏编制 10 月出纳报告单。

表 4-174　　　　　　　　　　银行存款账户数据明细资料表

项目	上期结存	本期收入	本期支出	本期结存
库存现金	4 500.00	17 800.00	19 000.00	3 300.00
银行存款——建行	450 000.00	2 400 000.00	1 900 000.00	950 000.00
银行存款——工行	1 200 000.00	467 000.00	890 000.00	777 000.00

出纳刘敏编制的 10 月出纳报告单如表 4-175 所示。

表 4-175　　　　　　　　　　　出纳报告单

单位名称：丽鑫机电有限公司　2022 年 10 月 01 日至 2022 年 10 月 31 日　　编号：

项目	库存现金										银行存款										有价证券										备注
	千	百	十	万	千	百	十	元	角	分	千	百	十	万	千	百	十	元	角	分	千	百	十	万	千	百	十	元	角	分	
上期结存						4	5	0	0	0		1	6	5	0	0	0	0	0	0											
本期收入					1	7	8	0	0	0		2	8	6	7	0	0	0	0	0											
合　计					2	2	3	0	0	0		4	5	1	7	0	0	0	0	0											
本期支出					1	9	0	0	0	0		2	7	9	0	0	0	0	0	0											
本期结存						3	3	0	0	0		1	7	2	7	0	0	0	0	0											

主管：　　　　出纳：　　　　复核：　　　　制单：刘敏

同步实训

□ **实训目标**

1. 掌握出纳报告单编制方法。
2. 能熟练编制出纳报告单。

□ **实训准备**

空白出纳报告单。

□ **实训资料及要求**

好再来食品有限责任公司 2023 年 1 月的现金日记账如表 4-176 所示，其他货币资金明细账如表 4-177 所示，银行存款日记账（基本存款户）如表 4-178 所示。要求：出纳李小明根据账簿记录编制 1 月出纳报告单（附空白出纳报告单见表 84）。

表 4-176　　　　　　　　　现金日记账　　　　　　　　　　第 1 页

2023 年		凭证字号	摘　要	借　方	贷　方	余　额
月	日					
1	1		上年结转			4 350.00
	2	现收 1	收李军借差旅费余款	200.00		4 550.00
	2	现付 1	李明报销办公用品		322.00	4 228.00
	5	现收 2	收零星销售款	580.00		4 808.00
	8	现付 2	业务员刘强借差旅费		2 000.00	2 808.00
	30	现收 3	收零星销售款	15 000.00		17 808.00
	30	现付 3	送存现金		15 000.00	2 808.00
			本月合计	15 780.00	17 322.00	2 808.00

表 4-177　　　　　　　其他货币资金——银行汇票

2023 年		凭证字号	摘　要	票　号	借　方	贷　方	余　额
月	日						
1	1		上年结转				10 000.00
	5	转 5	购买材料			10 000.00	0
	31	银付 4	申请签发银行汇票	汇票 3688	50 000.00		50 000.00
	31	转 29	购买材料			50 000.00	0
	31		本月合计		50 000.00	60 000.00	0

表 4-178　　　　　　　　　银行存款日记账

户名　农业银行江南丽东支行　　　账号　456789444412　　　　第 1 页

2023 年		凭证字号	摘　要	结算凭证税类号数	借　方	贷　方	余　额
月	日						
1	1		上年结转				262 800.00
	1	银收 1	收广贸公司货款	转支 2018	117 000.00		379 800.00
	5	银付 1	采购材料	电汇 8907		234 000.00	145 800.00
	10	银收 2	收海洋公司欠款	转支 6433	10 000.00		155 800.00
	12	银付 2	付电视台广告费	转支 2019		20 000.00	135 800.00
	29	银收 3	收天地公司货款	转支 9960	100 000.00		235 800.00
	30	现付 3	存入现金		15 000.00		250 800.00
	31	银付 3	购财务用计算机 1 台	转支 2020		5 800.00	245 000.00
	31	银付 4	申请签发银行汇票	汇票 3688		50 000.00	195 000.00
	31		本月合计		242 000.00	309 800.00	195 000.00

 扩展阅读

出纳常用技巧

所谓熟能生巧，任何一项工作，熟悉了以后，就会有一些自己的"独门秘籍"，方便自己更快更好地办理业务。这里提供几个比较实用的工作技巧，以便大家参考。

1. 印章的使用技巧

开出去的票据，加盖的印章一定要和银行的预留印鉴相符，盖章的时候要完整清楚，防止被银行退票,重要的是避免罚款,如果你自己感觉盖得不清楚,干脆再盖一遍清楚的,或者换一张票,重新盖上清楚的印章。去过银行的人会发现,银行的业务员盖章时要垫一块胶皮,在办公室没有必要专门放块胶皮,只要用鼠标垫垫在印章下面,盖章时候把章用力压匀就非常清楚了。自己辨别印章是否清晰主要有3点:一是仔细查看印章边框是否清晰,确保没有缺口。二是观察印章内文字是否清楚,不能有模糊不清、重影等现象。三是印章颜色鲜明,如果颜色较浅,需重新盖章。另外支票的印章应即盖即用,并由会计、出纳两人分开保管。

2. 要注意加强对支票、发票和收据的保管

领用支票要设立备查登记簿,经单位主管财务领导审签后,并由领用人签章。领用现金支票要在存根联上签字,以防正副联金额不符。支票存根联上要逐项写明金额、用途、领用人,并在备查簿上注明空白支票和支票限额。支票作废后要按顺序装订在凭证中。空白发票和收据不能随便外借,已开具金额尚待带出收款的发票和收据,要由借用人出具借据并作登记,以便分清责任,待款收回后再结清借据。发票和收据作废后要退回来,先作废后重开,如果是销货发票退回红冲,应该先由仓库部门验货入库后再进行退款。如果对方丢失发票和收据,要根据对方财务部门开出该款尚未报销的证明才能补办单据,并在证明单上注明原开发票或单据的时间、金额、号码等内容,同时注明"原开单据作废"字样。

3. 加强现金和银行存款的日常管理,做到日清月结。

登记银行存款日记和现金日记账,要首先复核凭证、支票存根、附件是否一致,然后按付出支票号码顺序排列,以便查对。摘要栏应注明经办人、收款单位及支票号码。每天都要做到钱账两清,发现问题可以及时查找,免得一拖下去就无从查起,和会计移交手续时,不管有多熟,都一定要有移交票据的清单,要不然容易出现说不清楚的差错,影响双方感情和工作以及财务数据。每个月都要按规定进行结账,并且和会计进行对账,做到账账相符、账实相符。

4. 合理调配时间

现在大部分银行都设置了排队机,而出纳去银行办事的时候往往不只一件事,这时就要先去取号,看你的号码前大约有多少人,如果排队的人很多,你怕时间来不及,那么就可以先去别的单位办事,等办完了再回来办理银行的事情,充分利用时间。

5. 注重沟通

在银行办理业务时遇到问题,一定要及时和开户行沟通,有困难及时咨询开户行。商业银行实行市场化管理,为提高服务水平,达到双赢的目的,开户行会尽可能地帮助客户解决实际困难,在不违反原则的情况下,他们也会急客户之所急,提供一些变通的方法灵活处理。比如,有的银行会提供上门收取现金业务。

6. 及时更新信息并在实际工作中应用

在工作中应勤于学习新的业务知识。比如目前我国有些地方已有网上财务室,使用"网上财务室"后,出纳员轻点鼠标就能完成对员工个人的现金支付。在"网上财务室"之外,有些银行还推出了财务转账POS,出纳在小小的终端机上通过刷卡就可实现单位和员工银行卡之间的转账。员工的公务活动还可直接使用贷记卡信用额度支付。这样,出纳就可以减少一些风险和工作量,从而提高工作效率。

职业判断能力训练

一、单项选择题（下列答案中有一个是正确的,将正确答案填入括号内）

1. 按照国家《人民币银行结算账户管理办法》规定,企业的工资、奖金等现金的支取,只能通过（　　）办理。
   A. 基本存款账户　　　　　　　B. 一般存款账户
   C. 临时存款账户　　　　　　　D. 专用存款账户

2. 下列存款人中,不可以申请开立基本存款账户的是（　　）。
   A. 多人合伙设立的高科技产品经营部
   B. 某市财政局
   C. 个体工商户李某经营的水果零售部
   D. 某中学在校内设立的非独立核算的小卖部

3. 下列各项中,不具备开立基本存款账户资格的存款人是（　　）。
   A. 企业法人　　　　　　　　　B. 社区委员会
   C. 个体工商户　　　　　　　　D. 单位设立的非独立核算附属机构

4. 存款人依法对特定用途的资金进行专项管理和使用而开立的银行结算账户是（　　）。
   A. 基本存款账户　　　　　　　B. 一般存款账户
   C. 专用存款账户　　　　　　　D. 临时存款账户

5. 根据《人民币银行结算账户管理办法》的规定,一般企事业单位只能选择一家银行的一个营业机构开立一个（　　）。
   A. 专用存款账户　　　　　　　B. 临时存款账户
   C. 一般存款账户　　　　　　　D. 基本存款账户

6. 临时存款账户有效期最长不得超过（　　）。
   A. 6个月　　　B. 1年　　　C. 2年　　　D. 3年

7. 根据《人民币银行结算账户管理办法》规定,存款人可以申请开立（　　）一般存款账户。
   A. 一个　　　B. 两个　　　C. 三个　　　D. 没有数量限定

8. 除中国人民银行另有规定外,支票的提示付款期限一般为自出票日起（　　）天。
   A. 7　　　B. 10　　　C. 15　　　D. 5

9. 下列关于支票的表述中,不正确的是（　　）。
   A. 单位和个人在同一票据交换区域的各种款项结算均可使用支票
   B. 转账支票在票据交换区域可以背书转让
   C. 支票的金额和收款人名称未补记前不得提示付款
   D. 转账支票主要办理转账,特殊情况下也可支付现金

10. 某企业在其银行存款不足15 000元的情况下,向供货单位开出一张30 000元的转账支票,银行可对其处以（　　）元的罚款。
    A. 1 000　　　B. 300　　　C. 750　　　D. 1 500

11. 支票的开票日期 2022.2.19 的下列写法中正确是（　　）。
    A. 贰零贰贰年零贰月拾玖日　　　　B. 贰零贰贰年零贰月零拾玖日
    C. 贰零贰贰年零贰月壹拾玖日　　　　D. 贰零贰贰年零贰月零壹拾玖日
12. 下列不符合支票管理规定的是（　　）。
    A. 现金支票既可以提取现金，也可以办理转账
    B. 转账支票只能用于转账，不能支付现金
    C. 不得出租、出借支票
    D. 支票金额必须在付款单位的存款余额内
13. 单位在票据上的签章行为是（　　）。
    A. 签名　　　B. 盖章　　　C. 签名或盖章　　　D. 盖章加签名
14. 下列不属于支票必须记载的事项是（　　）。
    A. 出票人签章　　B. 出票日期　　C. 付款人名称　　D. 收款人
15. 宏达公司 6 月 15 日银行存款账户期初余额 20 万元，此时一供应商上门催要金额 50 万元材料款。财务人员为了将其打发走，就向供应商开出了一张 50 万元的转账支票，根据规定，甲公司开出的这张转账支票属于（　　）。
    A. 空头支票　　B. 远期支票　　C. 伪造支票　　D. 编造支票
16. 银行本票的提示付款期自出票日起最长不超过（　　）。
    A. 10 日　　B. 1 个月　　C. 2 个月　　D. 6 个月
17. 汇总结算的起点金额是（　　）。
    A. 1 万元　　B. 10 万元　　C. 没有限制　　D. 以上都不对
18. 下列各项中，可采用托收承付结算方式办理结算的是（　　）。
    A. 赊销商品的款项　　　　B. 寄销商品的款项
    C. 代销商品的款项　　　　D. 商品交易的款项
19. 托收承付结算方式采用验货付款时，其承付期是（　　）天。
    A. 3　　B. 5　　C. 7　　D. 10
20. 办理托收承付结算时必须有（　　）。
    A. 购销合同　　　　　　　B. 运输部门签发的运输单据
    C. 发票　　　　　　　　　D. 以上都需要
21. 银行汇票的付款期限为自出票日起（　　）。
    A. 半个月　　B. 1 个月　　C. 2 个月　　D. 3 个月
22. 银行汇票的付款人为（　　）。
    A. 银行汇票的申请人　　　B. 出票银行
    C. 代理付款银行　　　　　D. 申请人的开户银行
23. 企业申请使用银行承兑汇票时，应向其承兑银行按票面金额的（　　）缴纳手续费。
    A. 万分之五　　B. 万分之一　　C. 千分之一　　D. 千分之五
24. 下列（　　）必须有经济合同的结算方式。
    A. 委托收款　　B. 承托承付　　C. 支票　　D. 汇兑
25. 由出票人签发，承诺自己在见票时无条件支付确定的金额给收款人或持票人的

结算方式是（　　）。

A. 银行汇票　　B. 支票　　C. 银行本票　　D. 商业汇票

26. 委托收款的付款人未在接到通知日的次日起（　　）日内通知银行付款的,视同付款人同意付款。

A. 1　　B. 2　　C. 3　　D. 5

27. 以下只能用于同城结算的有（　　）。

A. 汇兑结算　　B. 银行汇票结算

C. 银行本票结算　　D. 商业汇票结算

28. 以下结算方式中,受结算金额起点限制的有（　　）。

A. 支票结算方式　　B. 汇兑结算方式

C. 委托收款结算方式　　D. 托收承付结算方式

29. 网络银行是一种基于（　　）平台向用户提供各种金融服务的新型银行结构与服务形式。

A. 局域网　　B. 互联网　　C. 纯网络　　D. 万维网

30. 银行存款清查采用的方法是（　　）。

A. 核对账目法　　B. 实地盘点法　　C. 技术推算法　　D. 询证法

31. 对银行存款清查时,应将（　　）与银行对账单逐笔核对。

A. 银行存款总账　　B. 银行存款日记账

C. 银行支票备查簿　　D. 库存现金日记账

32. 在企业与银行双方记账无误的情况下,银行存款日记账与银行对账单不一致是由于（　　）存在。

A. 应收账款　　B. 应付账款

C. 未达账项　　D. 其他货币资金

33. 出纳报告单中的上期结余是指（　　）。

A. 报告期前一期期末结余

B. 本期报告期前一天的实际结存金额

C. 报告当天的期末结余

D. 报告当天的实际结存金额

二、多项选择题（下列答案中有两个或两个以上是正确的,将正确答案填入括号内）

1. 根据规定,银行账户一般分为（　　）等几种。

A. 基本存款账户　　B. 一般存款账户

C. 临时存款账户　　D. 专用存款账户

2. 可以申请开设专用存款账户进行管理与使用的是（　　）资金。

A. 基本建设　　B. 粮棉油收购　　C. 更新改造　　D. 证券交易结算

3. 下列单位中,可以开立基本存款银行账户的有（　　）。

A. 企业法人　　B. 武警部队

C. 企业非独立核算的附属机构　　D. 外国驻华机构

4. 下列情形,存款人可以申请开立临时存款账户的是（　　）。

A. 设立临时机构　　B. 异地建筑施工

C. 注册验资　　　　　　　　　　　D. 证券交易结算

5. 支票的(　　)可以由出票人授权补记。
   A. 日期　　　B. 收款人名称　　　C. 金额　　　D. 用途

6. 下列支票中,可以提取现金的支票有(　　)。
   A. 现金支票　　B. 转账支票　　C. 普通支票　　D. 特种支票

7. 下列(　　)属于签发支票必须记载事项的。
   A. 付款人名称　　B. 出票日期　　C. 确定的金额　　D. 收款人签章

8. 银行本票分为(　　)。
   A. 转账支票　　B. 现金支票　　C. 定额本票　　D. 不定额本票

9. 下列说法正确的是(　　)。
   A. 票据的金额可以更改
   B. 票据的金额不得更改
   C. 票据的出票日期不得更改
   D. 银行本票见票即付,不予挂失

10. 下列可办理托收承付结算的款项有(　　)。
    A. 商品交易款项
    B. 因商品交易而产生的劳务供应款项
    C. 代销商品的款项
    D. 寄销商品的款项

11. 托收承付凭证必须记载的事项包括(　　)。
    A. 付款人名称及账号
    B. 收款人名称及账号
    C. 委托日期
    D. 合同名称、号码

12. 下列属于托收承付的付款人可提出拒绝付款的情况是(　　)。
    A. 没有签订购销合同或购销合同未定明托收承付结算的款项
    B. 未经双方事先达成协议,收款人提前交货或因逾期交货,付款人不再需要该项货物的款项
    C. 未按合同规定的到货地址发货的款项
    D. 代销、寄售、赊销商品的款项

13. 银行汇票结算方式与其他银行结算方式相比具有的特点是(　　)。
    A. 票随人到,用款及时
    B. 付款有保证
    C. 使用灵活
    D. 兑现性强

14. 银行汇票的持票人向银行提示付款时,必须同时提交银行汇票的第(　　)联,缺少任何一联,银行都不予受理。
    A. 一　　　B. 二　　　C. 三　　　D. 四

15. 下列银行汇票不得背书转让的有(　　)。
    A. 未填写实际结算金额
    B. 实际结算金额大于汇款金额的银行汇票
    C. 实际结算金额小于汇款金额的银行汇票
    D. 实际结算金额等于汇款金额的银行汇票

16. 下列属于委托收款凭证必须记载的内容是(　　)。
    A. 付款人名称　　B. 收款人名称　　C. 确定的金额　　D. 委托日期

17. 委托收款结算方式可以用于(　　)。
    A. 同城　　　B. 异地

C. 单位款项结算　　　　　　　D. 个人款项结算

18. 下列属于出纳填写委托收款的托收凭证时,必须记载的事项有( )。
    A. 表明"委托收款"的字样
    B. 确定的金额
    C. 合同名称、号数
    D. 委托收款凭据名称及附寄单证张数

19. 单位和个人都可以采用的结算方式有( )。
    A. 支票　　　　B. 银行本票　　　　C. 银行汇票　　　　D. 商业汇票

20. 在商品交易款项结算中,商业汇票的承兑人可以是( )。
    A. 付款人　　　B. 银行　　　　C. 销货方　　　　D. 购货人

21. 下列关于商业汇票的说法中正确的是( )。
    A. 商业汇票的付款人为承兑人
    B. 商业承兑汇票可以由付款人签发并承兑,也可以由收款人签发交由付款人承兑
    C. 商业汇票的提示付款期限为自汇票到期日起 10 日
    D. 商业汇票的提示付款期限为自汇票到期日起 6 个月

22. 下列属于企业网上银行服务功能的是( )。
    A. 账户查询　　　　　　　　B. 网上汇款
    C. 对账　　　　　　　　　　D. 网上收款

23. 下列未达账项中,会使企业"银行存款日记账余额"大于"银行对账单余额"的是( )。
    A. 企业已收,银行未收　　　　B. 企业已付,银行未付
    C. 银行已收,企业未收　　　　D. 银行已付,企业未付

24. 下列属于编制"出纳报告单"的核算资料的是( )。
    A. 现金日记账　　　　　　　　B. 银行存款日记账
    C. 有价证券明细账　　　　　　D. 银行对账单

三、判断题(正确的在括号内打"√",错误的在括号内打"×")

1. 企业可以根据经营需要,在一家或几家银行开立基本存款账户。　　　( )
2. 开户银行对一年(按对月对日计算)未发生收付业务活动的账户,应通知存款人自发出通知之日起 30 日内来行办理销户手续,逾期视同自愿销户。　　　( )
3. 临时存款账户的有效期最长不得超过 1 年。　　　( )
4. 支票都可以背书转让。　　　( )
5. 背书是指在票据背面或粘单上记载有关事项并签章的票据行为。　　　( )
6. 背书连续是指在票据转让中转让票据的背书人与受让票据的被背书人在票据上的签章依次前后衔接。　　　( )
7. 出纳员倪小勇开支票时将出票日期 2022.10.6 写为贰零贰贰年拾月陆日。　　　( )
8. 现金支票只能用于支取现金;转账支票只能用于转账。划线支票可以转账,也可以支取现金。　　　( )
9. 支票可以背书转让,而银行本票不可以背书转让。　　　( )
10. 银行本票不慎遗失,可向银行挂失止付。　　　( )

11. 汇兑仅用于异地结算。（　）
12. 汇兑结算方式适用于单位和个人之间的各种款项结算。（　）
13. 汇兑是付款人委托银行将款项结算给收款人的结算方式。（　）
14. 托收承付仅用于异地结算。（　）
15. 新华书店系统托收承付每笔的金额起点为1 000元。（　）
16. 托收承付结算中付款人在承付期内未向银行表示付款，银行将视作拒绝承付。（　）
17. 托收承付结算方式同时适用于同城和异地结算，单位和个人均可使用。（　）
18. 托收承付结算中付款人承付货款有验单付款和验货付款两种，由收付双方在合同中明确规定。（　）
19. 银行汇票是汇款人将款项交存当地银行，由银行签发给汇款人持往异地办理转账结算的票据。（　）
20. 收款人可以将银行汇票背书转让给被背书人，按照现行规定，填明"现金"字样的银行汇票不得背书转让。（　）
21. 委托收款结算方式只在同城使用，托收承付结算方式只在异地使用。（　）
22. 委托收款是付款人委托银行向收款人收取款项的结算方式。（　）
23. 委托收款凭证由收款银行签发。（　）
24. 付款人对收款人委托收取的款项拒绝付款的，可以办理拒绝付款。（　）
25. 采用委托收款结算方式下，如果付款单位提出拒付，付款单位开户银行应审查其拒付理由是否正当。（　）
26. 因商品交易而产生的劳务供应的款项以及代销商品的款项，可以办理委托收款结算。（　）
27. 出纳员应于商业汇票到期日，填制进账单，连同汇票交开户银行，办理进账手续。（　）
28. 出票人使用商业汇票时，应于汇票到期日前，将应付款足额交付承兑银行。（　）
29. 为了及时取得商业汇票款，持票人应提前一个邮程办理托收手续。（　）
30. 商业汇票与银行汇票的信誉度差不多。（　）
31. 商业汇票是国内结算方式中唯一的远期结算方式。（　）
32. 银行承兑汇票到期时，如果购货企业的存款不足支付票款，承兑银行应将汇票退还销货企业，由购销双方自行处理。（　）
33. 网上银行又被称为"3A 银行"，3A 指的是在任何时间、任何地点、以任何方式为客户提供金融服务。（　）
34. 为了确保银行存款账实相符，企业应根据银行存款余额调节表及时登记入账。（　）
35. 银行存款日记账账面余额与银行对账单余额不一致，则说明单位与银行之间必定有一方存在账面记录错误。（　）
36. 出纳报告单的报告期可与本单位结账的周期相一致。（　）
37. 银行存款的未达账项不用在出纳报告单的备注中说明。（　）

出纳工作交接

项目 5
Xiangmu 5

🖋 技 能 目 标

1. 能做好移交前的准备工作。
2. 会编制移交清册。

📖 知 识 目 标

1. 了解《会计基础工作规范》对会计工作交接的规定。
2. 掌握移交清册的编制方法。

🎬 案 例 导 入

2022年7月,某高校会计专业毕业生张华应聘到一家服装生产企业从事会计工作,公司安排他到出纳岗位工作,他应当如何与前任出纳办理交接手续呢?在办理工作交接时应当注意哪些事项呢?

任务 5.1 出纳交接准备

5.1.1 出纳需要进行交接的情况

(1) 出纳因辞职或离开单位。
(2) 企业内部工作变动不再担任出纳职务。
(3) 出纳岗位内部增加工作人员重新进行分工。
(4) 因病假、事假或临时调用,不能继续从事出纳工作。
(5) 因特殊情况,如停职审查等不宜继续从事出纳工作。
(6) 其他需要办理交接的情况,如企业合并、分立、解散等。

5.1.2 出纳交接前的准备工作

（1）及时办理资金收付业务，未能办完的业务，列入未尽事宜加以详细说明。
（2）已受理的经济业务，及时登记入账。
（3）全部记账凭证登记入账后，进行结账工作。
（4）核对账目，自行进行财产清查，账实相符后，在最后一笔余额后加盖私章，如有不符，要找出原因，加以解决，在移交时做到账实相符。
（5）根据清理后的财物、凭证、其他资料及未尽事宜说明，准备编制移交清册。

任务5.2 出纳移交工作

5.2.1 出纳移交清册编制

案例评析："90后"出纳两年挪用公款4 800余万元，获刑12年

实际工作中，移交清册是根据财务制度和本单位制度要求编制的，一般一式三份，交接双方各持一份，监交人存档一份。移交清册一般由以下几个部分构成。

1. 财产物资移交清单

编制财产物资移交清单时可以根据实际情况按不同财产类别分别编制移交清单，也可汇总编制（如表5-1所示），主要包括库存现金、银行存款、其他货币资金、有价证券及其他物品移交的数量或金额。填制时首先确定截止日期，按其实有数量逐项填写，可在备注栏加注其他情况说明，移交所保管的预留银行的印鉴要在交接清单上用印。

表5-1　　　　　　　　　财产物资移交清单

移交日期：　年　月　日

序号	项目		单位	移交金额（数量）	备注
	类别	明细			

移交人：　　　　　　　接管人：　　　　　　　监交人：

2. 核算资料移交清单

核算资料移交清单（如表5-2所示）内容主要包括账簿、发票、银行结算凭证、收据及

其他会计资料,编制时要与实物清单核对相符。

表 5-2　　　　　　　　　　　核算资料移交清单

移交日期：　年　月　日

序号	项　目	单　位	数　量	起讫号码	起止时间	备　注

移交人：　　　　　　　接管人：　　　　　　　监交人：

3. 交接情况说明书

交接情况说明书(如表 5-3 所示)包括移交情况的补充说明、未尽事宜的说明及其他无法列入或不便列入的内容说明。主要包括的内容有单位名称、交接日期、交接双方和监交人员的职务和签名、交接责任的说明、交接意见、交接清单页数和其他需要说明的事项。

表 5-3　　　　　　　　　　　交接情况说明书

交接人员说明

一、交接日期：

二、具体业务的移交：

三、移交的会计凭证、账簿、文件：

四、其他事项说明：

五、交接前后工作责任的划分：

六、本交接书一式三份,双方各执一分,存档一份。

　　　　移交人：　　(签名盖章)
　　　　接管人：　　(签名盖章)
　　　　监交人：　　(签名盖章)

　　　　　　　　　　　　　　　×××财务处(公章)
　　　　　　　　　　　　　　　　　年　月　日

5.2.2 出纳工作交接

出纳工作交接一般在单位会计机构负责人、会计主管人员监督下进行。移交人员在办理移交时,要按移交手册逐项移交;接替人员要逐项核对点收。

(1) 库存现金、有价证券要根据会计账簿有关记录进行点交。库存现金、有价证券必须与会计账簿记录保持一致。不一致时,移交人员必须限期查清。

(2) 会计凭证、会计账簿、会计报表和其他会计资料必须完整无缺。如有短缺,必须查清原因,并在移交清册中注明,由移交人员负责。

(3) 银行存款账户余额要与银行对账单核对,如不一致,应当编制银行存款余额调节表调节相符,各种财产物资和债权债务的明细账户余额要与总账有关账户余额核对相符;必要时,要抽查个别账户的余额,与实物核对相符,或者与往来单位、个人核对清楚。

(4) 移交人员经管的票据、印章和其他实物等,必须交接清楚;移交人员从事会计电算化工作的,要对有关电子数据在实际操作状态下进行交接。

(5) 移交完毕后,由交接双方和监交人在移交清册上签名或盖章。

知识链接5-1 出纳交接的相关责任

出纳工作交接结束后,在交接前后各期的工作责任应由当时的经办人负责,具体表现在以下几方面。

(1) 接交人员应认真接管移交的工作,继续办理移交未了的事项。

(2) 接交人员应继续使用移交的账簿,不得另行开立新账,以保持会计记录的连续性。

(3) 移交后,移交人不能免除责任,即移交人员对移交的会计凭证、会计账簿、会计报表和其他会计资料的合法性、真实性承担法律责任。如果发现原经管的出纳业务有违反财会制度和财经纪律等问题,仍由原移交人负责。

【例 5-1】

2022 年 11 月 19 日荣发设备制造有限责任公司原出纳员王丽,因工作调动,财务处已决定将出纳工作移交给何平接管。王丽编制了移交清册,并在财务主管张义达的监督下与何平办理了移交手续。移交清单资料如表 5-4～表 5-6 所示。

表 5-4　　　　　　　　　　财产物资移交清单

移交日期:2022 年 11 月 19 日

序号	项目		移交金额(数量)	备注
	类别	明细		
1	库存现金	人民币	¥450.70	
2		美元	$500.00	

续表

序号	项目 类别	项目 明细	移交金额(数量)	备注
3	银行存款	账号:580002101058581	￥10 000 000.00	建设银行处州支行
4	银行存款	账号:100232210105180	￥5 000 000.00	浙商银行丽水分行
5	银行存款	账号:338000776998809	￥10 000.00	农业银行处州支行
6	其他货币资金	银行本票存款	￥200 000.00	
7	有价证券	国库券	￥100 000.00	2023年9月30日到期
8	有价证券	债券	60张	丽水城投发行,面值1 000元
9	其他物品	保险柜	1个	附:密码及钥匙
10	其他物品	验钞器	1台	
11	其他物品	法定代表人章	1枚	
12	其他物品	现金收讫章	1枚	
13	其他物品	现金付讫章	1枚	
14	其他物品	办公电脑	1台	附:登录密码

移交人:王丽　　　　接管人:何平　　　　监交人:张义达

表5-5　　　　　　　　　　核算资料移交清单

移交日期:2022年11月19日

序号	项目	单位	数量	起讫号码	起止时间	备注
1	现金日记账	本	2		2022年1月1日—2022年11月18日	
2	银行存款日记账	本	3		2022年1月1日—2022年11月18日	
3	支票领用登记簿	本	1		2022年1月1日—2022年11月18日	
4	现金支票	张	10	1040331000007562至1040331000007571		
5	转账支票	张	7	1040332010068907至1040332010068913		
6	收据领用登记簿	本	1		2022年1月1日—2022年11月18日	
7	空白收据	本	10	20220001至20220999		
8	在用收据	本	1	20210100至20210199	2022年1月1日—2022年11月18日	20210100至20210186已开
9	应收票据备查簿	本	1		2022年1月1日—2022年11月18日	
10	应付票据备查簿	本	1		2022年1月1日—2022年11月18日	
11	银行对账单	份	10		2022年1—10月	
12	建行进账单	本	1			
13	印鉴卡片	张	3			

移交人:王丽　　　　接管人:何平　　　　监交人:张义达

表 5-6　　　　　　　　　　交接情况说明书

原出纳员王丽,因工作调动,财务处已决定将出纳工作移交给何平接管。现办理如下交接。

一、交接日期。

2022 年 11 月 19 日。

二、具体业务的移交。

1. 库存现金:2022 年 11 月 18 日账面余额人民币 450.70 元,美元 500.00 美元,实存相符,日记账余额与总账相符。

2. 银行存款:2022 年 11 月 18 日账面余额 1 501 万元,经编制"银行存款余额调节表"核对相符。

3. 其他货币资金:2022 年 11 月 18 日账面余额 20 万元,系银行本票存款 20 万元,已核实无误。

4. 库存国库券:面值 10 万元,系 2018 年 10 月 10 日购买,已与持有至到期投资账户核对无误。

5. 债券:面值 6 万元,系丽水城市投资公司于 2019 年 12 月 5 日发行,已与持有至到期投资账户核对无误。

三、移交的会计凭证、账簿、文件。

1. 本年度现金日记账两本。

2. 本年度银行存款日记账一本。

3. 支票领用登记簿一本。

4. 空白现金支票 10 张(1040331000007562 至 1040331000007571)。

5. 空白转账支票 7 张(1040332010068907 至 1040332010068913)。

四、其他事项说明。

五、交接前后工作责任的划分:2022 年 11 月 19 日前的出纳责任事项由王丽负责;2022 年 11 月 19 日起的出纳工作由何平负责。以上移交事项均经交接双方认定无误。

六、本交接书一式三份,双方各执一份,存档一份。

附:财产物资移交清单 1 份、核算资料移交清单 1 份

　　　　　　　　　移交人:　王　丽　　(签名盖章)

　　　　　　　　　接管人:　何　平　　(签名盖章)

　　　　　　　　　监交人:　张义达　　(签名盖章)

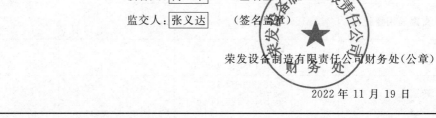

荣发设备制造有限责任公司财务处(公章)

2022 年 11 月 19 日

同步实训

□ 实训目标

1. 能做好移交前的准备。

2. 会编制移交清册。

□ 实训准备

空白核算资料移交清单 1 份,交接情况说明书 1 份,印章。

□ 实训资料及要求

2022年10月20日,大地商贸公司原出纳员李何,因工作调动,财务处已决定将出纳工作移交给田春风接管,监交人张明。李何将需要交接的资料及物品进行了清理,并列出1个清单,清单主要资料如下。

1. 现金日记账1本,2022年10月19日账面余额450.00元,与实际相符。

2. 银行存款日记账2本。

工商银行东方支行105180100232210:2022年10月19日账面余额230 000.00元,编制银行存款余额调节表后,账实相符。

农业银行开发支行699880338000776:2022年10月19日账面余额3 787 510.00元,编制银行存款余额调节表后,账实相符。

3. 保险柜1个、文件柜两个、点钞机1个、打印机1台。

4. 财务专用章1枚、现金收讫章1枚、现金付讫章1枚、银行收讫章1枚、银行付讫章1枚。

5. 支票领用登记簿1本。

6. 空白转账支票10张 1040332000678002至1040332000678011;空白现金支票6张1040331010608907至1040331010608912。

7. 空白收据3本 2022051至2022200;在用收据:2022001至2022050(已开到2022043)。

8. 印鉴卡片2张。

请根据该清单为李何编制1份移交清册(附空白表见表85~表87)。

 扩展阅读

出纳三字经

出纳员,很关键;静头脑,清杂念。业务忙,莫慌乱;情绪好,态度谦。
取现金,当面点;高警惕,出安全。收现金,点两遍;辨真假,免赔款。
支现金,先审单;内容全,要会签。收单据,要规范;不合规,担风险。
账外账,甭保管;违法纪,又罚款。长短款,不用乱;平下心,细查点。
借贷方,要分清;清单据,查现款。月凭证,要规整;张数明,金额清。
库现金,勤查点;不压库,不挪欠。现金账,要记全;账款符,心坦然。

职业判断能力训练

一、单项选择题(下列答案中有一个是正确的,将正确答案填入括号内)

1. 下列不属于出纳人员办理交接手续的原因的是( )。

   A. 出纳因辞职或离开单位

B. 企业内部工作变动不再担任出纳职务
C. 出纳岗位内部增加工作人员重新进行分工
D. 出差

2. 出纳工作交接结束后,如果发现原出纳经管的业务有违反财会制度和财经纪律等问题应由( )负责。

  A. 接交人　　　　B. 移交人　　　　C. 监交人　　　　D. 法人

3. 以下说法不正确的是( )。

  A. 出纳工作交接结束后,接交人员应继续使用移交的账簿,不得另行开立新账,以保持会计记录的连续性
  B. 出纳员的离职交接,必须在规定的期限内,向接交人员移交清楚。接替人员应认真按移交清册当面点收
  C. 出纳工作交接结束后,移交人员应继续办理移交未了的事项
  D. 接交人办理接收后,应在出纳账簿启用表上填写接收时间,并签名盖章

二、多项选择题(下列答案中有两个或两个以上是正确的,将正确答案填入括号内)

1. 出纳人员办理移交手续时,监交人员可以是( )。

  A. 单位会计机构负责人　　　　　　B. 会计主管
  C. 由会计部门负责人指定某一会计人员　D. 不需监交

2. 下列属于出纳人员办理交接手续的原因的是( )。

  A. 出纳岗位内部增加工作人员重新进行分工
  B. 因病假、事假或临时调用,不能继续从事出纳工作
  C. 出纳因辞职或离开单位
  D. 企业内部工作变动不再担任出纳职务

3. 下列属于出纳人员办理交接的具体内容的是( )。

  A. 现金、银行存款、有价证券及其他贵重物品
  B. 空白收据、作废收据和已用收据
  C. 库存现金、银行存款和其他货币资金有关的原始凭证和记账凭证
  D. 出纳账簿,包括库存现金、银行存款日记账和备查账

三、判断题(正确的在括号内打"√",错误的在括号内打"×")

1. 出纳人员暂时离岗时不需要办理移交手续。( )
2. 移交清册一般一式两份,交接双方各执一份。( )
3. 企业破产时,出纳人员不用办理移交手续。( )
4. 出纳工作交接结束后,接交人员可以继续使用移交的账簿,也可以另行开立新账。( )
5. 出纳岗位内部增加工作人员重新进行分工时需办理移交手续。( )
6. 出纳移交时作废的收款收据、支票不用移交。( )
7. 出纳工作交接结束后,发现原出纳经管的业务有违反财会制度和财经纪律等问题,应由接交人负责。( )

附录 Fulu

同步实训原始凭证

表 1　　　　　　　　　　账簿启用及交接表

机构名称				印　鉴	
账簿名称		（第　册）			
账簿编号					
账簿页数	本账簿共计　页（本账簿页数 检点人盖章　　）				
启用日期	公元　　年 月 日				

经管人员	负责人		主办会计		复　核		记　账	
	姓　名	盖章	姓　名	盖章	姓　名	盖章	姓　名	盖章

交接记录	经管人员		接　管				交　出			
	职　别	姓　名	年	月	日	复核	年	月	日	复核

备注	

表 2

3300221130

浙江增值税专用发票

抵扣联 开票日期： 年 月 日

No 00660506

购买方	名　　　称：					密码区	(略)			
	纳税人识别号：									
	地址、电话：									
	开户行及账号：									
货物或应税劳务、服务名称	规格型号	单位	数量	单价	金额		税率	税额		
合　　计										
价税合计(大写)						(小写)				
销售方	名　　　称：					备注				
	纳税人识别号：									
	地址、电话：									
	开户行及账号：									

收款人：　　　　复核：　　　　开票人：　　　　销售方：(章)

第二联：抵扣联　购买方扣税凭证

税总函[2022]102号 江南票务印刷业公司

表 3

3300221130

浙江增值税专用发票

发票联 开票日期： 年 月 日

No 00660506

购买方	名　　　称：					密码区	(略)			
	纳税人识别号：									
	地址、电话：									
	开户行及账号：									
货物或应税劳务、服务名称	规格型号	单位	数量	单价	金额		税率	税额		
合　　计										
价税合计(大写)						(小写)				
销售方	名　　　称：					备注				
	纳税人识别号：									
	地址、电话：									
	开户行及账号：									

收款人：　　　　复核：　　　　开票人：　　　　销售方：(章)

第三联：发票联　购买方记账凭证

税总函[2022]102号 江南票务印刷业公司

表 4
3300221130

浙 江 增 值 税 专 用 发 票

No00660506

此联不作报销、扣税凭证使用　　开票日期：　　　年　月　日

购买方	名　　　称：						密码区	（略）		
	纳税人识别号：									
	地　址、电　话：									
	开户行及账号：									
货物或应税劳务、服务名称		规格型号	单位	数　量	单　价		金　额		税率	税　额
合　　计										
价税合计（大写）					（小写）					
销售方	名　　　称：						备注			
	纳税人识别号：									
	地　址、电　话：									
	开户行及账号：									

收款人：　　　　　复核：　　　　　开票人：　　　　　销售方：

税总函[2022]102号 江南票务印刷业公司

第一联：记账联 销售方记账凭证

表 5
3300221320

浙 江 增 值 税 普 通 发 票

No22000006

开票日期：　　　年　月　日

购买方	名　　　称：						密码区	（略）		
	纳税人识别号：									
	地　址、电　话：									
	开户行及账号：									
货物或应税劳务、服务名称		规格型号	单位	数　量	单　价		金　额		税率	税　额
合　　计										
价税合计（大写）					（小写）					
销售方	名　　　称：						备注			
	纳税人识别号：									
	地　址、电　话：									
	开户行及账号：									

收款人：　　　　　复核：　　　　　开票人：　　　　　销售方：（章）

税总函[2022]102号 海南华森实业公司

第一联：记账联 销售方记账凭证

表6
3300221320

浙江增值税普通发票

No 22000006

发　票　联　　　　开票日期：　年　月　日

购买方	名　　称：	密码区	（略）
	纳税人识别号：		
	地址、电话：		
	开户行及账号：		

货物或应税劳务、服务名称	规格型号	单位	数量	单价	金额	税率	税额
合　计							

价税合计(大写)	（小写）

销售方	名　　称：	备注
	纳税人识别号：	
	地址、电话：	
	开户行及账号：	

收款人：　　　复核：　　　开票人：　　　销售方：(章)

税总函[2022]102号 海南华森实业公司

第二联：发票联　购买方记账凭证

表7　　　　　　　　　差旅费报销单

报销日期：2022年01月29日

部门	业务一部	出差人	刘军		事由		到杭州采购			
出差日期	起止地点	飞机	火车	汽车	市内交通费	住宿费	补贴	其他	合计	单据
1月5日	丽水至杭州		104.50		20.00	338.00	160.00		622.50	4
1月7日	杭州至丽水		104.50		50.00				154.50	4
合　计			¥209.00		¥70.00	¥338.00	¥160.00		¥777.00	8

报销金额	人民币(大写)柒佰柒拾柒元整		¥777.00	
原借款	¥1 000.00	报销额 ¥777.00	应补付(退还)	¥223.00
财会审核意见	已审核　李林 2022.1.9	审批人意见	同意报销　郭朝阳 2022.1.9	

主管：　　　会计：　　　出纳：　　　报销人：刘军

表8 收款收据

2022 年 01 月 09 日　　　　　　No 1158945

交款部门	业务一部	交款人	刘军	交款方式	现金
人民币（大写）	壹仟元整			￥ 1 0 0 0 0 0（十万千百十元角分）	
交款事由	出差借款		丽水宏达服装有限责任公司财务专用章		

收款单位：　　主管：　　会计：　　出纳：赵玉珏

第二联 收据联

表9 收款收据

2022 年 01 月 09 日　　　　　　No 1158945

交款部门	业务一部	交款人	刘军	交款方式	现金
人民币（大写）	壹仟元整			￥ 1 0 0 0 0 0（十万千百十元角分）	
交款事由	出差借款				

收款单位：　　主管：　　会计：　　出纳：赵玉珏

第三联 记账联

表10 浙江增值税专用发票

3300221130　　发票联　　No 02097855　　开票日期：2022 年 01 月 07 日

购买方	名　　称：丽水宏达服装有限责任公司 纳税人识别号：913608010013123333B 地 址、电 话：丽水市灯塔街 238 号 0578-2211368 开户行及账号：农行丽水灯塔支行 7254361812345	密码区	（略）

货物或应税劳务、服务名称	规格型号	单位	数量	单价	金额	税率	税额
*住宿服务*住宿费		天	2	159.435	318.87	6%	19.13
合　计					￥318.87		￥19.13
价税合计（大写）	⊗叁佰叁拾捌元整　　（小写）￥338.00						

销售方	名　　称：杭州东风酒店 纳税人识别号：91330801001288887D 地 址、电 话：杭州市城南路 18 号 0571-21456878 开户行及账号：中行城南支行 1223641326	备注	杭州东风酒店 91330801001288887D 发票专用章

收款人：王立军　　复核：李玉英　　开票人：郑英　　销售方：(章)

注：抵扣联略。

```
T088794                              检票：8A
        丽水站  —G7602次→  杭州东站
        Lishui                Hangzhoudong
   2022年01月05日08:13开         05车068号
   ￥104.5元              网      新空调二等座
   限乘当日当次车

   1305021980 **** 121X  刘军
   ┌─────────────────────────┐
   │买票请到12306 发货请到95306│
   │中国铁路祝您旅途愉快      │
   └─────────────────────────┘
   3214566678A63379898098  丽水售
```

图 1　火车票

```
T088795                              检票：18A
        杭州东站  —G1605次→  丽水站
        Hangzhoudong         Lishui
   2022年01月07日09:04开         08车068号
   ￥104.5元              网      新空调二等座
   限乘当日当次车

   1305021980 **** 121X  刘军
   ┌─────────────────────────┐
   │买票请到12306 发货请到95306│
   │中国铁路祝您旅途愉快      │
   └─────────────────────────┘
   3214566678A63379898099  杭州售
```

图 2　火车票

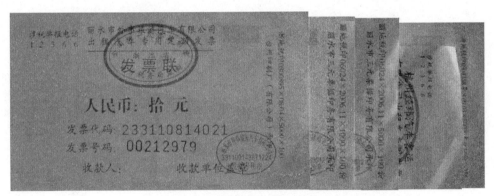

图 3　市内交通票（共 70 元）

表 11　　　　　　　　　职工独生子女费发放清单

2022 年 01 月 09 日

部　门	姓　名	发放金额	领款人签章
厂部	李月梅	100.00	
厂部	张　明	100.00	
财务科	赵　青	100.00	
⋮	⋮	⋮	
合　计		1 500.00	

审批：按规定发放　郭朝阳　　　复核：李林　　　出纳：　　　制表人：刘琴

表 12 报销单

2022 年 01 月 09 日　　　　记账凭证附件

发生日期		报销内容	单据张数	金额									备注
月	日			百	十	万	千	百	十	元	角	分	
1	9	招待客人	1			1	0	0	0	0	0		
合计人民币(大写)壹仟元整				¥		1	0	0	0	0	0		
主管意见		同意报销：郭朝阳 2022.01.09		报销人签章						李杰			

附件壹张

杭州青联印制有限公司出品

表 13　浙江增值税普通发票

3300221320　　　　　　　　　　　　　　No.02098961

发票联　　开票日期：2022 年 01 月 07 日

购买方	名　　　　称：丽水宏达服装有限责任公司	密码区	(略)
	纳税人识别号：91331801001312333B		
	地　址、电　话：丽水市灯塔街 238 号 0578-2211368		
	开户行及账号：农行丽水灯塔支行 7254361812345		

货物或应税劳务、服务名称	规格型号	单位	数量	单价	金　额	税率	税　额
*餐饮服务*餐费			1	970.87	970.87	3%	29.13
合　　　计					¥970.87		¥29.13
价税合计(大写)	⊗壹仟元整				(小写)¥1 000.00		

销售方	名　　　　称：丽水市东风酒店	备注	(丽水市东风酒店 91331801001318833A 发票专用章)
	纳税人识别号：91331801001318833A		
	地　址、电　话：丽水市城南路 18 号 0578-2145687		
	开户行及账号：中行城南支行 1225541326		

收款人：王军　　　复核：李英　　　开票人：郑玉英　　　销售方：(章)

税总函[2022]102 号　江南票务印制业公司

第二联：发票联　购买方记账凭证

表 14　　　　　　　　　浙江增值税专用发票
3300221130　　　　　　　　　　　　　　　　　　No02098961

发票联　　　　　　　　　　　　　开票日期:2022 年 01 月 05 日

购买方	名　　称	丽水宏达服装有限责任公司	密码区	（略）
	纳税人识别号	91331801001312333B		
	地址、电话	丽水市灯塔街 238 号 0578-2211368		
	开户行及账号	农行丽水灯塔支行 7254361812345		

货物或应税劳务、服务名称	规格型号	单位	数量	单价	金额	税率	税额
荣誉证书	16 开	本	30	4.660 77	139.82	13%	18.18
合　　　计					￥139.82		￥18.18
价税合计（大写）	⊗壹佰伍拾捌元整				（小写）￥158.00		

销售方	名　　称	丽水市文体用品有限公司	备注	
	纳税人识别号	91331801001316633F		
	地址、电话	丽水市城南路 99 号 0578-21477878		
	开户行及账号	中行城南支行 1225588326		

收款人：王强军　　复核：李国英　　开票人：郑明　　销售方：（章）

注：抵扣联略。

表 15　　　　　　　　　差旅费报销单

报销日期：2022 年 01 月 09 日

部门	业务一部	出差人	刘英	事由		上海采购				
出差日期	起止地点	飞机	火车	汽车	市内交通费	住宿费	补贴	其他	合计	单据
1月3日	丽水至上海		114.50			734.00	200.00		1 048.50	2
1月5日	上海至丽水		114.50						114.50	1
合计			￥229.00			￥734.00	￥200.00		￥1 163.00	3
报销金额	人民币（大写）壹仟壹佰陆拾叁元整					￥1 163.00				
原借款	￥1 000.00	报销额			￥1 163.00	应补付（退还）			￥163.00	
财会审核意见	已审核　李林 2022.1.9			审批人意见		同意报销　郭朝阳 2022.1.9				

主管：　　会计：　　出纳：　　报销人：刘英

注：火车票和住宿发票略。住宿费是增值税专用发票，增值税税率 6%。

表 16

收 款 收 据

2022 年 01 月 09 日　　　　　　　　　　　　No 1158946

交款部门	业务一部	交款人	刘英	交款方式	现金
人民币（大写）	壹仟元整			十万千百十元角分	¥ 1 0 0 0 0 0
交款事由	出差借款				

丽水宏达服装有限责任公司财务专用章

收款单位：　　主管：　　会计：　　出纳：赵玉珏

第二联 收据联

表 17

收 款 收 据

2022 年 01 月 09 日　　　　　　　　　　　　No 1158946

交款部门	业务一部	交款人	刘英	交款方式	现金
人民币（大写）	壹仟元整			十万千百十元角分	¥ 1 0 0 0 0 0
交款事由	出差借款				

现金收讫

收款单位：　　主管：　　会计：　　出纳：赵玉珏

第三联 记账联

表 18
3300221130

浙江增值税专用发票

发票联

No 02077961
开票日期：2022 年 01 月 08 日

购买方	名　　称：丽水宏达服装有限责任公司 纳税人识别号：91331801001312333B 地　址、电话：丽水市灯塔街 238 号 0578-2211368 开户行及账号：农行丽水灯塔支行 7254361812345	密码区	（略）

货物或应税劳务、服务名称	规格型号	单位	数量	单价	金　额	税率	税额
*企业管理服务*物业管理服务费					300.00	6%	18.00
合　计					¥ 300.00		¥ 18.00

价税合计（大写）	⊗叁佰壹拾捌元整	（小写）¥ 318.00

销售方	名　　称：丽水市莲花物业有限公司 纳税人识别号：91331801001886003E 地　址、电话：丽水市括苍路 66 号 0578-2142208 开户行及账号：中行括苍支行 1225586626	备注	丽水市莲花物业有限公司 91331801001886003E 发票专用章

收款人：刘强　　复核：刘丽英　　开票人：李明　　销售方：（章）

第三联：发票联　购买方记账凭证

注：抵扣联略。

表 19

中国农业银行 现金支票存根 10303310 01200256	中国农业银行 现金支票　10303310　01200256
附加信息 _____ 出票日期：　年　月　日 收款人： 金　额： 用　途： 单位主管　　会计	付款期限自出票之日起十天 出票日期(大写)　年　月　日　　付款行名称： 收款人：　　　　　　　　　　　　出票人账号： 人民币 (大写)　　　　　　　　　亿千百十万千百十元角分 用途 _____　　密码 _____ 上列款项请从 我账户内支付 出票人签章　　　　　　　　复核　　记账

表 20

中国工商银行 转账支票　10203320　01046439

付款期限自出票之日起十天

出票日期(大写) 贰零贰贰年壹拾贰月零壹日　付款行名称：工行丽水中山支行
收款人：丽水宏达服装有限责任公司　　出票人账号：6541278312666
人民币(大写) 捌拾捌万伍仟伍佰元整　　　亿千百十万千百十元角分
　　　　　　　　　　　　　　　　　　　　　　¥ 8 8 5 5 0 0 0 0
用途　还前欠货款　　密码 _____
上列款项请从
我账户内支付
出票人签章　　[丽百商厦有限责任公司财务专用章]　[李志杰印]　复核　　记账

表 21

中国农业银行 进账单(回单)　1
　年　月　日

出票人	全称		收款人	全称		此联是收款人开户银行交持票人的回单
	账号			账号		
	开户银行			开户银行		
金额	人民币(大写)				千百十万千百十元角分	
票据种类			票据张数			
票据号码						
	复核：　　记账：				开户银行盖章	

表 19 背面

附加信息：	收款人签章 年　月　日	（贴粘单处）	根据《中华人民共和国票据法》等法律法规的规定，签发空头支票由中国人民银行处以票面金额5%但不低于1 000元的罚款。
	身份证件名称： 　　　　发证机关：		
	号码		

表 20 背面

附加信息：	被背书人 背书人签章 年　月　日	被背书人 背书人签章 年　月　日	（贴粘单处）

表 22　　　　　　　　中国农业银行 **进账单**（贷方凭证）　**2**
　　　　　　　　　　　　　　年　月　日

出票人	全　称		收款人	全　称											此联是收款人开户银行作贷方凭证
	账　号			账　号											
	开户银行			开户银行											
金额	人民币 （大写）				千	百	十	万	千	百	十	元	角	分	
票据种类		票据张数													
票据号码															
复核：		记账：						开户银行盖章							

表 23　　　　　　　　中国农业银行 **进账单**（收账通知）　**3**
　　　　　　　　　　　　　　年　月　日

出票人	全　称		收款人	全　称											此联是收款人开户银行交收款人的收账通知
	账　号			账　号											
	开户银行			开户银行											
金额	人民币 （大写）				千	百	十	万	千	百	十	元	角	分	
票据种类		票据张数													
票据号码															
复核：		记账：						开户银行盖章							

表 24

中国农业银行 转账支票存根 10303320 01201234 附加信息 出票日期：　年　月　日 收款人： 金　额： 用　途： 单位主管　　　会计	付款期限自出票之日起十天	中国农业银行 **转账支票**　10303320 　　　　　　　　　　　　　　　　01201234 出票日期(大写)　　年　　月　　日　付款行名称： 收款人：　　　　　　　　　　　　　出票人账号： 人民币　　　　　　　　　　　　亿 千 百 十 万 千 百 十 元 角 分 （大写） 用途＿＿＿＿＿＿　　密码＿＿＿＿＿＿＿ 上列款项请从 我账户内支付 出票人签章　　　　　　　　复核　　记账

表24 背面

附加信息：	被背书人 背书人签章 年 月 日	被背书人 背书人签章 年 月 日	（贴粘单处）	根据《中华人民共和国票据法》等法律法规的规定，签发空头支票由中国人民银行处以票面金额5%但不低于1 000元的罚款。

表25
3300222130

浙江增值税专用发票
抵扣联

No 00661506

开票日期：2022年12月01日

| 购买方 | 名　　称：丽水宏达服装有限责任公司 纳税人识别号：91331801001312333B 地　址、电　话：丽水市灯塔街238号 0578-2211368 开户行及账号：农业银行丽水灯塔支行 7254361812345 | 密码区 | （略） |

第二联：抵扣联　购买方扣税凭证

货物或应税劳务、服务名称	规格型号	单位	数量	单价	金额	税率	税额
C材料		千克	30 000	20.00	600 000.00	13%	78 000.00
合　计					￥600 000.00		￥78 000.00

价税合计（大写）　⊗陆拾柒万捌仟元整　　（小写）￥678 000.00

| 销售方 | 名　　称：丽水庆龙有限责任公司 纳税人识别号：91331801501092168K 地　址、电　话：丽水市解放街166号 0578-2232899 开户行及账号：工商银行丽水分行 60100322456 | 备注 | （丽水庆龙有限责任公司 发票专用章 91331801501092168K） |

收款人：王海　　复核：　　开票人：刘敏　　销售方（章）：

税总函[2022]102号 江南票务印制业公司

表26
3300222130

浙江增值税专用发票
发票联

No 00661506

开票日期：2022年12月01日

| 购买方 | 名　　称：丽水宏达服装有限责任公司 纳税人识别号：91331801001312333B 地　址、电　话：丽水市灯塔街238号 0578-2211368 开户行及账号：农业银行丽水灯塔支行 7254361812345 | 密码区 | （略） |

第三联：发票联　购买方记账凭证

货物或应税劳务、服务名称	规格型号	单位	数量	单价	金额	税率	税额
C材料		千克	30 000	20.00	600 000.00	13%	78 000.00
合　计					￥600 000.00		￥78 000.00

价税合计（大写）　⊗陆拾柒万捌仟元整　　（小写）￥678 000.00

| 销售方 | 名　　称：丽水庆龙有限责任公司 纳税人识别号：91331801501092168K 地　址、电　话：丽水市解放街166号 0578-2232899 开户行及账号：工商银行丽水分行 60100322456 | 备注 | （丽水庆龙有限责任公司 发票专用章 91331801501092168K） |

收款人：王海　　复核：　　开票人：刘敏　　销售方（章）：

表27

借 款 借 据

借款日期：2022 年 12 月 01 日

借款部门	业务二部	借款理由	到北京采购材料
借款金额（大写）肆仟伍佰元整			￥4 500.00
部门领导意见： 同意借支，返回报销。 李海鹏 2022.12.01		借款人签章： 现金付讫 李林 2022.12.01	

借款记账联

表28

中国农业银行
现金支票存根
10303310
01200257

附加信息
_____

出票日期：　年　月　日
收款人：
金　额：
用　途：
单位主管　　会计

付款期限自出票之日起十天

(🏦) 中国农业银行 现金支票　10303310
　　　　　　　　　　　　　　　01200257

出票日期（大写）　　年　月　日　付款行名称：农行丽水灯塔支行
收款人：　　　　　　　　　　　出票人账号：7254361812345

人民币 （大写）			亿	千	百	十	万	千	百	十	元	角	分

用途_____　　密码_____

上列款项请从
我账户内支付

出票人签章　　　　　　　复核　　记账

表28 背面

附加信息:		（贴粘单处）	根据《中华人民共和国票据法》等法律法规的规定,签发空头支票由中国人民银行处以票面金额5%但不低于1 000元的罚款。
	收款人签章 年 月 日		
身份证件名称:	发证机关:		
号码			

表 29　中国农业银行　结算业务申请书

VⅢ 0128232199

申请日期：　年　月　日

客户填写	业务类型	□电汇 □信汇 □汇票 □本票 其他_____		汇款方式	□普通　□加急	
	申请人	全　　称		收款人	全　　称	
		账号或地址			账号或地址	
		开户行名称			开户行名称	
	金额(大写)人民币		亿 千 百 十 万 千 百 十 元 角 分			
	上列款项及相关费用请从我账户内支付		支付密码			
			附加信息及用途：			
	申请人签章					
银行打印						

会计主管：　　　　　复核：　　　　　记账：

第一联　记账联

表 30　中国农业银行　结算业务申请书

VⅢ 0128232199

申请日期：　年　月　日

客户填写	业务类型	□电汇 □信汇 □汇票 □本票 其他_____		汇款方式	□普通　□加急	
	申请人	全　　称		收款人	全　　称	
		账号或地址			账号或地址	
		开户行名称			开户行名称	
	金额(大写)人民币		亿 千 百 十 万 千 百 十 元 角 分			
	转账日期：　　年　月　日		支付密码			
			附加信息及用途：			
银行打印						

会计主管：　　　　　复核：　　　　　记账：

第二联　发报或出票依据

表 31　　中国农业银行　结算业务申请书　Ⅶ0128232199

申请日期：　年　月　日

客户填写	业务类型	□电汇 □信汇 □汇票 □本票 其他＿＿＿		汇款方式		□普通 □加急	
	申请人	全　　称		收款人	全　　称		
		账号或地址			账号或地址		
		开户行名称			开户行名称		
	金额（大写）人民币			亿千百十万千百十元角分			
	付出行签章：			支付密码			
				附加信息及用途：			
银行打印							

第三联　回单联

会计主管：　　　　复核：　　　　记账：

表 32　　　　　　　浙江增值税专用发票
3300222130

此联不作报销、扣税凭证使用　　开票日期：2022 年 12 月 02 日

No18700554

购买方	名　　称：丽百商厦有限责任公司 纳税人识别号：913318013311112324A 地　址、电　话：丽水市中山街 406 号 0578-2213695 开户行及账号：工商银行丽水中山支行 6541278312666	密码区	（略）

货物或应税劳务、服务名称	规格型号	单位	数量	单价	金额	税率	税额
＊服装＊童装		套	500	200.00	100 000.00	13％	13 000.00
合　　计					￥100 000.00		￥13 000.00

价税合计（大写）　⊗壹拾壹万叁仟元整　　　　　（小写）￥113 000.00

销售方	名　　称：丽水宏达服装有限责任公司 纳税人识别号：91331801001312333B 地　址、电　话：丽水市灯塔街 238 号 0578-2211368 开户行及账号：农业银行丽水灯塔支行 7254361812345	备注	（丽水宏达服装有限责任公司 发票专用章 91331801001312333B）

收款人：赵晶　　复核：　　开票人：王英　　销售方：（章）

第一联：记账联　销售方记账凭证

税总函[2022]102 号 临海华森实业公司

表33

中国工商银行　本票　2

10203375
20478901

提示付款期限自出票之日起壹个月

出票日期(大写) 贰零贰贰年壹拾贰月零贰日

收款人：丽水宏达服装有限责任公司　　申请人：丽百商厦有限责任公司

凭票即付人民币(大写)壹拾壹万叁仟元整　　¥113000.00

☑ 转账　　□ 现金　　密押＿＿＿＿　行号＿＿＿＿

备注　　出纳　　复核　　经办 周程前印

（工商银行丽水中山支行 出票行签章 本票专用章 2022.12.02）

表34

中国农业银行 进账单（回单） 1

年　月　日

出票人	全称		收款人	全称	
	账号			账号	
	开户银行			开户银行	

金额	人民币 （大写）	千 百 十 万 千 百 十 元 角 分

票据种类		票据张数	
票据号码			

复核：　　记账：　　　　开户银行盖章

此联是收款人开户银行交持票人的回单

表35

中国农业银行 进账单（贷方凭证） 2

年　月　日

出票人	全称		收款人	全称	
	账号			账号	
	开户银行			开户银行	

金额	人民币 （大写）	千 百 十 万 千 百 十 元 角 分

票据种类		票据张数	
票据号码			
备注			

复核：　　记账：

此联是收款人开户银行作贷方凭证

表33 背面

被背书人	被背书人	
  背书人签章 年　月　日	 背书人签章 年　月　日	贴粘单处
持票人向银行提示付款签章：	身份证件名称：　　　　　发证机关： 号码 |　|　|　|　|　|　|　|　|　|　|　|　|　|　|　|	

表36　　　　　中国农业银行 **进账单**（收账通知）　　**3**
年　月　日

出票人	全　称		收款人	全　称	
	账　号			账　号	
	开户银行			开户银行	

金额	人民币（大写）	千	百	十	万	千	百	十	元	角	分

票据种类		票据张数	
票据号码			

收款人开户银行盖章

复核：　　　记账：

此联是收款人开户银行交收款人的收账通知

表37　　　中国农业银行　结算业务申请书　　Ⅷ 0128232285
申请日期：　年　月　日

客户填写	业务类型	□电汇 □信汇 □汇票 □本票 其他_____		汇款方式	□普通　□加急	
	申请人	全　称		收款人	全　称	
		账号或地址			账号或地址	
		开户行名称			开户行名称	
	金额（大写）人民币		亿千百十万千百十元角分			
	上列款项及相关费用请从我账户内支付		支付密码			
			附加信息及用途：			
	申请人签章					
银行打印						

会计主管：　　　　　复核：　　　　　记账：

第一联 记账联

表38　　　　　　　　中国农业银行　结算业务申请书　　　VIII 0128232285

申请日期：　　年　月　日

客户填写	业务类型	□电汇 □信汇 □汇票 □本票 其他_____		汇款方式	□普通 □加急										
	申请人	全称		收款人	全称										
		账号或地址			账号或地址										
		开户行名称			开户行名称										
	金额(大写)人民币					亿	千	百	十	万	千	百	十	元	角	分
	转账日期：　　　年　月　日			支付密码												
				附加信息及用途：												
银行打印																

会计主管：　　　　　　复核：　　　　　　记账：

第二联　发报或出票依据

表39　　　　　　　　中国农业银行　结算业务申请书　　　VIII 0128232285

申请日期：　　年　月　日

客户填写	业务类型	□电汇 □信汇 □汇票 □本票 其他_____		汇款方式	□普通 □加急										
	申请人	全称		收款人	全称										
		账号或地址			账号或地址										
		开户行名称			开户行名称										
	金额(大写)人民币					亿	千	百	十	万	千	百	十	元	角	分
	付出行签章：			支付密码												
				附加信息及用途：												
银行打印																

会计主管：　　　　　　复核：　　　　　　记账：

第三联　回单联

表40
3300222130

浙江增值税专用发票

No05055006

抵扣联　　　开票日期：2022年09月15日

购买方	名　　称：长江设备经销公司 纳税人识别号：91330602002231234M 地　址、电　话：杭州市学院路001号 0571-86650310 开户行及账号：农业银行滨河支行 6709113950700	密码区	（略）

货物或应税劳务、服务名称	规格型号	单位	数量	单价	金额	税率	税额
电子设备	QP2580	套	20	600.00	12 000.00	13%	1 560.00
合　计					￥12 000.00		￥1 560.00

价税合计（大写）	⊗壹万叁仟伍佰陆拾元整	（小写）￥13 560.00

销售方	名　　称：黄河设备制造厂 纳税人识别号：91331801001002321L 地　址、电　话：丽水市大众街101号 0578-3133036 开户行及账号：建设银行处州支行 585815800021010	备注	

收款人：　　　复核：　　　开票人：李海平　　　销售方：（章）

第二联：抵扣联　购买方扣税凭证

表41
3300222130

浙江增值税专用发票

No05055006

发票联　　　开票日期：2022年09月15日

购买方	名　　称：长江设备经销公司 纳税人识别号：91330602002231234M 地　址、电　话：杭州市学院路001号 0571-86650310 开户行及账号：农业银行滨河支行 6709113950700	密码区	（略）

货物或应税劳务、服务名称	规格型号	单位	数量	单价	金额	税率	税额
电子设备	QP2580	套	20	600.00	12 000.00	13%	1 560.00
合　计					￥12 000.00		￥1 560.00

价税合计（大写）	⊗壹万叁仟伍佰陆拾元整	（小写）￥13 560.00

销售方	名　　称：黄河设备制造厂 纳税人识别号：91331801001002321L 地　址、电　话：丽水市大众街101号 0578-3133036 开户行及账号：建设银行处州支行 585815800021010	备注	

收款人：　　　复核：　　　开票人：李海平　　　销售方：（章）

第三联：发票联　购买方记账凭证

表42
3300222130

浙江增值税专用发票

No.05055006

此联不作报销、扣税凭证使用　　开票日期：2022 年 09 月 15 日

购买方	名　　称：长江设备经销公司 纳税人识别号：91330602002231234M 地　址、电　话：杭州市学院路 001 号 0571-86650310 开户行及账号：农业银行滨河支行 6709113950700	密码区	（略）

货物或应税劳务、服务名称	规格型号	单位	数量	单价	金额	税率	税额
电子设备	QP2580	套	20	600.00	12 000.00	13%	1 560.00
合　　计					￥12 000.00		￥1 560.00

价税合计（大写）　⊗壹万叁仟伍佰陆拾元整　　　　（小写）￥13 560.00

销售方	名　　称：黄河设备制造厂 纳税人识别号：91331801001002321L 地　址、电　话：丽水市大众街 101 号 0578-3133036 开户行及账号：建设银行处州支行 585815800021010	备注	

收款人：　　　　复核：　　　　开票人：李海平　　　　销售方：（章）

第一联：记账联　销售方记账凭证

表43

托收凭证 （受理回单） 1

委托日期　　年　月　日

业务类型	委托收款（□邮划、□电划）　　托收承付（□邮划、□电划）		
付款人	全称	收款人	全称
	账号		账号
	地址　省　市县　开户行		地址　省　市县　开户行
金额	人民币 （大写）	千百十万千百十元角分	
款项内容		托收凭证名称	附寄单据张数
商品发运情况		合同名称号码	
备注：		款项收妥日期	
		收款人开户银行签章 　　　　　年　月　日	
复核　　记账		年　月　日	

此联是收款人开户银行给收款人的受理回单

表44　　　　　　　　　　托收凭证　（贷方凭证）　　2
　　　　　　　　　　　　　委托日期　　年　月　日

业务类型	委托收款(□邮划、□电划)　　托收承付(□邮划、□电划)						
付款人	全称			收款人	全称		
	账号				账号		
	地址	省　市县	开户行		地址	省　市县	开户行
金额	人民币（大写）				千百十万千百十元角分		
款项内容		托收凭证名称		附寄单据张数			
商品发运情况		合同名称号码					
备注：		上述款项随附相关债务证明，请予办理。					
收款人开户银行收到日期　　年　月　日		收款人签章		复核　　记账			

此联收款人开户银行作贷方凭证

表45　　　　　　　　　　托收凭证　（借方凭证）　　3
　　　　　　　　　　　　　委托日期　年　月　日　　付款期限　年　月　日

业务类型	委托收款(□邮划、□电划)　　托收承付(□邮划、□电划)						
付款人	全称			收款人	全称		
	账号				账号		
	地址	省　市县	开户行		地址	省　市县	开户行
金额	人民币（大写）				千百十万千百十元角分		
款项内容		托收凭证名称		附寄单据张数			
商品发运情况		合同名称号码					
备注：							
付款人开户银行收到日期　年　月　日		收款人开户银行签章　年　月　日		复核　　记账			

此联付款人开户银行作借方凭证

249

表46　　　　　　**托收凭证**　（汇款依据或收账通知）　　**4**

委托日期　年　月　日　　付款期限　年　月　日

业务类型	委托收款(□邮划、□电划)　　托收承付(□邮划、□电划)										

付款人	全称		收款人	全称	
	账号			账号	
	地址	省　市县　开户行		地址	省　市县　开户行

金额	人民币（大写）		千百十万千百十元角分

款项内容		托收凭证名称		附寄单据张数	
商品发运情况		合同名称号码			

备注：

　　　　　　　　　上述款项已划回收入你方账户内。

　　　　　　　　　收款人开户银行签章
复核　　　记账　　　　　　　　　　年　月　日

此联付款人开户银行凭以付款或收款人开户银行作收账通知

表47　　　　　　**托收凭证**　（付款通知）　　**5**

委托日期　年　月　日　　付款期限　年　月　日

业务类型	委托收款(□邮划、□电划)　　托收承付(□邮划、□电划)

付款人	全称		收款人	全称	
	账号			账号	
	地址	省　市县　开户行		地址	省　市县　开户行

金额	人民币（大写）		千百十万千百十元角分

款项内容		托收凭证名称		附寄单据张数	
商品发运情况		合同名称号码			

备注：

付款人注意：
1. 根据《支付结算办法》规定，上列托收填款项，如超过承付期限未提出拒付，即视同全部承付。以此联代付款通知。
2. 如系全部或部分拒付，应在承付期限内另填拒绝承付理由书送银行办理。

付款人开户银行收到日期　　付款人开户银行签章
　　　　　年　月　日　　　　　　　年　月　日
复核　　　记账

此联付款人开户银行给付款人按期付款通知

表 48　　　托收承付　结算　全部　拒绝付款理由书　（回单或付款通知）　1
　　　　　　委托收款　　　 部分
　　　　　　　　　　拒付日期　　年　月　日　　原托收号码

付款人	全　称		收款人	全　称	
	账　号			账　号	
	开户行			开户行	

托收金额		拒付金额		部分付款金额		千	百	十	万	千	百	十	元	角	分

附寄单据		部分付款金额（大写）	

拒付理由：

付款人签章

此联付款人开户银行给付款人的回单或付款通知

表 49　　　托收承付　结算　全部　拒绝付款理由书　（借方凭证）　2
　　　　　　委托收款　　　 部分
　　　　　　　　　　拒付日期　　年　月　日　　原托收号码

付款人	全　称		收款人	全　称	
	账　号			账　号	
	开户行			开户行	

托收金额		拒付金额		部分付款金额		千	百	十	万	千	百	十	元	角	分

附寄单据		部分付款金额（大写）	

拒付理由：

付款人签章

此联银行作借方凭证或存查

| 表 50 | **托收承付**
委托收款 | 结算 | **全部**
部分 | 拒绝付款理由书（贷方凭证） | 3 |

拒付日期　　年　月　日　　原托收号码

付款人	全　称		收款人	全　称										
	账　号			账　号										
	开户行			开户行										
托收金额		拒付金额		部分付款金额		千	百	十	万	千	百	十	元	角	分
附寄单据		部分付款金额（大写）													
拒付理由： 　　　　　　　　　付款人签章															

此联银行作贷方凭证或存查

| 表 51 | **托收承付**
委托收款 | 结算 | **全部**
部分 | 拒绝付款理由书 | （代通知
或收账通知） | 4 |

拒付日期　　年　月　日　　原托收号码

付款人	全　称		收款人	全　称										
	账　号			账　号										
	开户行			开户行										
托收金额		拒付金额		部分付款金额		千	百	十	万	千	百	十	元	角	分
附寄单据		部分付款金额（大写）													
拒付理由： 　　　　　　　　　付款人签章															

此联作收款单位收账通知或全部拒付通知书

表 52   中国农业银行　结算业务申请书　VⅧ0128232185

申请日期：　年　月　日

客户填写	业务类型	□电汇 □信汇 □汇票 □本票 其他_____		汇款方式		□普通　□加急										
	申请人	全称		收款人	全称											
		账号或地址			账号或地址											
		开户行名称			开户行名称											
	金额（大写）人民币					亿	千	百	十	万	千	百	十	元	角	分
	上列款项及相关费用请从我账户内支付。			支付密码												
				附加信息及用途：												
	申请人签章															
银行打印																

第一联　记账联

会计主管：　　　　　　　复核：　　　　　　　记账：

表 53   中国农业银行　结算业务申请书　VⅧ0128232185

申请日期：　年　月　日

客户填写	业务类型	□电汇 □信汇 □汇票 □本票 其他_____		汇款方式		□普通　□加急										
	申请人	全称		收款人	全称											
		账号或地址			账号或地址											
		开户行名称			开户行名称											
	金额（大写）人民币					亿	千	百	十	万	千	百	十	元	角	分
	转账日期： 年 月 日			支付密码												
				附加信息及用途：												
银行打印																

第二联　发报或出票依据

会计主管：　　　　　　　复核：　　　　　　　记账：

表54　　　中国农业银行　结算业务申请书　　Ⅷ 0128232185

申请日期：　年　月　日

客户填写	业务类型	□电汇　□信汇　□汇票　□本票 其他＿＿＿＿＿＿＿		汇款方式	□普通　□加急
	申请人	全　称		收款人	全　称
		账号或地址			账号或地址
		开户行名称			开户行名称
	金额(大写)人民币		亿 千 百 十 万 千 百 十 元 角 分		
	付出行签章：		支付密码		
			附加信息及用途：		
银行打印					

第三联　回单联

会计主管：　　　　　复核：　　　　　记账：

表55　　　　**中国农业银行进账单**(回单)　　1

年　月　日

出票人	全　称		收款人	全　称	
	账　号			账　号	
	开户银行			开户银行	
金额	人民币 (大写)		千 百 十 万 千 百 十 元 角 分		
票据种类		票据张数			
票据号码					
			开户银行盖章		

复核：　　记账：

此联是收款人开户银行交持票人的回单

表56　　　　　　　　中国农业银行 **进账单**（贷方凭证）　2
　　　　　　　　　　　　　　　年　月　日

出票人	全　称		收款人	全　称		千	百	十	万	千	百	十	元	角	分
	账　号			账　号											
	开户银行			开户银行											
金额	人民币（大写）														
票据种类		票据张数													
票据号码															
备注：				复核：　　　　记账：											

此联由收款人开户银行作贷方凭证

表57　　　　　　　　中国农业银行 **进账单**（收账通知）　3
　　　　　　　　　　　　　　　年　月　日

出票人	全　称		收款人	全　称		千	百	十	万	千	百	十	元	角	分
	账　号			账　号											
	开户银行			开户银行											
金额	人民币（大写）														
票据种类		票据张数													
票据号码															
复核：　　记账：				收款人开户银行盖章											

此联是收款人开户银行交收款人的收账通知

表58
3300222130

浙江增值税专用发票

No 18700554

此联不作报销、扣税凭证使用   开票日期：2022年12月03日

购买方	名　　称：杭州市华联商厦 纳税人识别号：913302265468878001N 地址、电话：杭州市文一路36号 0571-82213695 开户行及账号：工商银行杭州支行 465412783	密码区	（略）		
货物或应税劳务、服务名称	规格型号	单位	数量	单价	金额	税率	税额
*服装*衬衣		件	500	100.00	50 000.00	13%	6 500.00
合　　计					￥50 000.00		￥6 500.00
价税合计（大写）	⊗伍万陆仟伍佰元整				（大写）￥56 500.00		
销售方	名　　称：丽水宏达服装有限责任公司 纳税人识别号：91331801001312333B 地址、电话：丽水市灯塔街238号 0578-2211368 开户行及账号：农行丽水灯塔支行 7254361812345	备注	（丽水宏达服装有限责任公司 91331801001312333B 发票专用章）		

收款人：赵晶　　　复核：　　　开票人：王英　　　销售方：（章）

表59

中国工商银行

银 行 汇 票 2

10200042
20005876

出票日期（大写）	贰零贰贰年壹拾壹月贰拾捌日	代理付款行：	行号：
收款人：	丽水宏达服装有限责任公司		
出票金额 人民币（大写）	陆万元整		￥60 000.00
实际结算金额 人民币（大写）			亿千百十万千百十元角分

申请人：杭州市华联商厦　　账号：465412783
出票行：工商银行杭州支行　行号：675
备注：购货款
凭票付款
出票行签章：（工商银行杭州支行 汇票专用章 2022年11月28日）

密押：

多余金额
千百十万千百十元角分

复核　　记账

提示付款期限自出票之日起壹个月

表 59 背面

被背书人	被背书人	
背书人签章 年　月　日	背书人签章 年　月　日	贴粘单处
持票人向银行 提示付款签章：	身份证件名称：　　　　发证机关： 号码	

表60

中国工商银行

银 行 汇 票（解讫通知） 3

10200042
20005876

此联代理付款行兑付后随报单寄出票行由出票行作多余款贷方凭证

提示付款期限自出票之日起壹个月

出票日期（大写）	贰零贰贰年壹拾壹月贰拾捌日	代理付款行：		行号：	
收款人：	丽水宏达服装有限责任公司				
出票金额（大写）	人民币 陆万元整			￥60 000.00	
实际结算金额	人民币（大写）			亿千百十万千百十元角分	
申请人：	杭州市华联商厦	账号：	465412783		
出票行：	工商银行杭州支行	行号：675			
备注：	购货款	密押：			

多余金额
千百十万千百十元角分

代理付款行签章
  年 月 日

复核   记账

表61
3300222130

浙江增值税专用发票

抵扣联（全国统一发票监制章）

No 05100559
开票日期：2022 年 09 月 15 日

税总函[2022]102号 杭州印刷厂

第二联：抵扣联 购买方扣税凭证

购买方	名　　　称：杭州设备工贸有限责任公司 纳税人识别号：91330602002234678N 地　址、电　话：杭州市解放街208号 0571-86653310 开户行及账号：农业银行长河支行 395070010406709911	密码区	（略）

货物或应税劳务、服务名称	规格型号	单位	数量	单价	金额	税率	税额
A设备		台	50	1 600.00	80 000.00	13%	10 400.00
合　计					￥80 000.00		￥10 400.00
价税合计（大写）	⊗玖万零肆佰元整			（小写）￥90 400.00			

销售方	名　　　称：荣发设备制造有限责任公司 纳税人识别号：91331801001002168M 地　址、电　话：丽水市大众街83号 0578-3133236 开户行及账号：建设银行处州支行 580002101058581	备注	荣发设备制造有限责任公司 91331801001002168M 发票专用章 销售方：（章）

收款人：　　　　　复核：　　　　　开票人：罗文红　　　销售方：（章）

表 62
3300222130

浙江增值税专用发票
发票联

No 05100559

开票日期：2022 年 09 月 15 日

购买方	名　称：杭州设备工贸有限责任公司 纳税人识别号：91330602002234678N 地　址、电　话：杭州市解放街 208 号 0571-86653310 开户行及账号：农业银行长河支行 39507001040670911	密码区	（略）

货物或应税劳务、服务名称	规格型号	单位	数量	单价	金额	税率	税额
A 设备		台	50	1 600.00	80 000.00	13%	10 400.00
合　计					￥80 000.00		￥10 400.00

价税合计（大写）	⊗玖万零肆佰元整	（小写）￥90 400.00

销售方	名　称：荣发设备制造有限责任公司 纳税人识别号：91331801001002168M 地　址、电　话：丽水市大众街 83 号 0578-3133236 开户行及账号：建设银行处州支行 580002101058581	备注	（荣发设备制造有限责任公司 发票专用章）

收款人：　　　复核：　　　开票人：罗文红　　　销售方：（章）

表 63
3300222130

浙江增值税专用发票
发票联

No 02077961

开票日期：2022 年 09 月 15 日

购买方	名　称：杭州设备工贸有限责任公司 纳税人识别号：91330602002234678N 地　址、电　话：杭州市解放街 208 号 0571-86653310 开户行及账号：农业银行长河支行 39507001040670911	密码区	（略）

货物或应税劳务、服务名称	规格型号	单位	数量	单价	金额	税率	税额
*运输服务*运输费					20 000.00	9%	1 800.00
合　计					￥20 000.00		￥1 800.00

价税合计（大写）	⊗贰万壹仟捌佰元整	（小写）￥21 800.00

销售方	名　称：丽水市长途货运公司 纳税人识别号：91331801001886633T 地　址、电　话：丽水市括苍路 99 号 0578-2147008 开户行及账号：中行括苍支行 1225580026	备注	（丽水市长途货运公司 发票专用章）

收款人：王强　　　复核：李丽英　　　开票人：周明　　　销售方：（章）

注：抵扣联略。

表64

托收凭证 （受理回单） 1

委托日期　年　月　日

业务类型	委托收款(□邮划、□电划)		托收承付(□邮划、□电划)		
付款人	全称		收款人	全称	
	账号			账号	
	地址	省　市县　开户行		地址	省　市县　开户行
金额	人民币（大写）		千百十万千百十元角分		
款项内容		托收凭证名称		附寄单据张数	
商品发运情况			合同名称号码		
备注： 复核　　记账		款项收妥日期　　　　　　　年　月　日		收款人开户银行签章　　　　　　年　月　日	

此联是收款人开户银行给收款人的受理回单

表65

托收凭证 （贷方凭证） 2

委托日期　年　月　日

业务类型	委托收款(□邮划、□电划)		托收承付(□邮划、□电划)		
付款人	全称		收款人	全称	
	账号			账号	
	地址	省　市县　开户行		地址	省　市县　开户行
金额	人民币（大写）		千百十万千百十元角分		
款项内容		托收凭证名称		附寄单据张数	
商品发运情况			合同名称号码		
备注： 收款人开户银行收到日期　　　年　月　日		上述款项随附相关债务证明，请予办理。 收款人签章		复核　　记账	

此联收款人开户银行作贷方凭证

表66 托收凭证（借方凭证） 3

委托日期　年　月　日　　　付款期限　年　月　日

业务类型	委托收款（□邮划、□电划）　　托收承付（□邮划、□电划）		
付款人	全称	收款人	全称
	账号		账号
	地址　省　市县　开户行		地址　省　市县　开户行
金额	人民币（大写）		千百十万千百十元角分
款项内容		托收凭证名称	附寄单据张数
商品发运情况		合同名称号码	

备注：

付款人开户银行收到日期　　　收款人开户银行签章
　　　　年　月　日　　　　　　　年　月　日　　　复核　　记账

此联付款人开户银行作借方凭证

表67 托收凭证（汇款依据或收账通知） 4

委托日期　年　月　日　　　付款期限　年　月　日

业务类型	委托收款（□邮划、□电划）　　托收承付（□邮划、□电划）		
付款人	全称	收款人	全称
	账号		账号
	地址　省　市县　开户行		地址　省　市县　开户行
金额	人民币（大写）		千百十万千百十元角分
款项内容		托收凭证名称	附寄单据张数
商品发运情况		合同名称号码	

备注：

上述款项已划回收入你方账户内。

收款人开户银行签章
　　　年　月　日

复核　　记账

此联付款人开户银行作借方凭证

表68　　　　　　　　　托收凭证　（付款通知）　5

委托日期　年　月　日　　　付款期限　年　月　日

业务类型	委托收款(□邮划、□电划)		托收承付(□邮划、□电划)	

付款人
- 全称
- 账号
- 地址　省　市县　开户行

收款人
- 全称
- 账号
- 地址　省　市县　开户行

金额　人民币（大写）　　千百十万千百十元角分

款项内容　　托收凭证名称　　附寄单据张数

商品发运情况　　合同名称号码

备注：

付款人注意：
1. 根据《支付结算办法》规定，上列托收款项，如超过承付期限未提出拒付，即视同全部承付。以此联代付款通知。
2. 如系全部或部分拒付，应在承付期限内另填拒绝承付理由书送银行办理。

付款人开户银行收到日期　　年　月　日
复核　　记账

付款人开户银行签章　　年　月　日

此联付款人开户银行给付款人按期付款通知

表69　　托收承付／委托收款　结算　全部／部分　拒绝付款理由书　(回单或付款通知)　1

拒付日期　年　月　日　　原托收号码：

付款人
- 全　称
- 账　号
- 开户行

收款人
- 全　称
- 账　号
- 开户行

托收金额　　拒付金额　　部分付款金额　　千百十万千百十元角分

附寄单据　　部分付款金额(大写)

拒付理由：

付款人签章

此联付款人开户银行给付款人的回单或付款通知

261

表 70

托收承付
委托收款 结算 **全部** 拒绝付款理由书（借方凭证）   **2**
　　　　　　　　　　　部分

拒付日期　　年　月　日　　原托收号码：

付款人	全　称			收款人	全　称												此联银行作借方凭证或存查
	账　号				账　号												
	开户行				开户行												
托收金额			拒付金额			部分付款金额		千	百	十	万	千	百	十	元	角	分
附寄单据				部分付款金额（大写）													
拒付理由： 　　　　　　　　　　付款人签章																	

表 71

托收承付
委托收款 结算 **全部** 拒绝付款理由书（贷方凭证）　**3**
　　　　　　　　　　　部分

拒付日期　　年　月　日　　原托收号码：

付款人	全　称			收款人	全　称												此联银行作贷方凭证或存查
	账　号				账　号												
	开户行				开户行												
托收金额			拒付金额			部分付款金额		千	百	十	万	千	百	十	元	角	分
附寄单据				部分付款金额（大写）													
拒付理由： 　　　　　　　　　　付款人签章																	

表72

| 托收承付 委托收款 | 结算 | 全部 部分 | 拒绝付款理由书（代通知）或收账通知 | 4 |

拒付日期　　年　月　日　　原托收号码：

付款人	全称		收款人	全称	
	账号			账号	
	开户行			开户行	

托收金额	拒付金额	部分付款金额	千百十万千百十元角分

附寄单据	部分付款金额（大写）

拒付理由：

付款人签章

此联作收款单位收账通知或全部拒付通知书

表73　　　　　　　　陕西增值税专用发票
6100222130　　　　　　　　　　陕西　　　　　　　　　　No18700554
　　　　　　　　　　　　发票联　　　　　　开票日期：2022年06月06日

购买方	名　称：丽水宏达服装有限责任公司 纳税人识别号：91331801001312333B 地　址、电　话：丽水市灯塔街238号 0578-2211368 开户行及账号：农业银行丽水灯塔支行 7254361812345	密码区	（略）

货物或应税劳务、服务名称	规格型号	单位	数量	单价	金　额	税率	税　额
A材料		米	500	20.00	10 000.00	13％	1 300.00
合　计					￥10 000.00		￥1 300.00

价税合计（大写）	⊗壹万壹仟叁佰元整	（小写）￥11 300.00

销售方	名　称：华山有限责任公司 纳税人识别号：91610226565999888R 地　址、电　话：西安市华山街238号 029-22133688 开户行及账号：工商银行西安华山支行 67897978888	备注	商业汇票结算

收款人：　　　　复核：　　　　开票人：王红　　　　销售方：（章）

表 74　　　　　　　　　　陕西增值税专用发票
6100222130　　　　　　　　　　　　　　　　　　No 18700554
　　　　　　　　　　　　　抵　扣　联　　开票日期：2022 年 06 月 06 日

购买方	名　　称：丽水宏达服装有限责任公司 纳税人识别号：91331801001312333B 地　址、电　话：丽水市灯塔街 238 号 0578-2211368 开户行及账号：农业银行丽水灯塔支行 7254361812345	密码区	（略）

货物或应税劳务、服务名称	规格型号	单位	数量	单价	金额	税率	税额
A 材料		米	500	20.00	10 000.00	13％	1 300.00
合　计					￥10 000.00		￥1 300.00
价税合计（大写）	⊗壹万壹仟叁佰元整				（小写）￥11 300.00		

销售方	名　　称：华山有限责任公司 纳税人识别号：91610226565999888R 地　址、电　话：西安市华山街 238 号 029-2213368 开户行及账号：工商银行西安华山支行 67897978888	备注	商业汇票结算 91610226565999888R 销售方：（章）

收款人：　　　　　复核：　　　　　开票人：王 红

表 75　　　　　　　**商业承兑汇票**（卡片）1　　　　00100062
　　　　　　　　　出票日期　　年　　月　　日　　　　20147351
　　　　　　　　　（大写）

付款人	全　称		收款人	全　称	
	账　号			账　号	
	开户银行			开户银行	
出票金额	人民币 （大写）			亿千百十万千百十元角分	
汇票到期日（大写）			付款人	行号	
交易合同号码			开户行	地址	
		备注：			

出票人签章

表 76

商业承兑汇票   2

00100062
20147351

出票日期　　年　月　日
（大写）

付款人	全　称		收款人	全　称	
	账　号			账　号	
	开户银行			开户银行	

出票金额	人民币 （大写）		亿 千 百 十 万 千 百 十 元 角 分

汇票到期日（大写）		付款人开户行	行号	
交易合同号码			地址	

本汇票已经承兑，到期无条件付票款。　　本汇票请予以承兑到期日付款。

承兑人签章

承兑日期：　年　月　日　　　　　　　　　　　　　　　出票人签章

此联持票人开户行随托收凭证寄付款人开户行作借方凭证附件

表 77

商业承兑汇票 （存根） 3

00100062
20147351

出票日期　　年　月　日
（大写）

付款人	全　称		收款人	全　称	
	账　号			账　号	
	开户银行			开户银行	

出票金额	人民币 （大写）		亿 千 百 十 万 千 百 十 元 角 分

汇票到期日（大写）		付款人开户行	行号	
交易合同号码			地址	

备注：

此联由出票人存查

表78

托收凭证 （付款通知） 5

委托日期 2022 年 12 月 03 日　　付款期限 2022 年 12 月 06 日

业务类型	委托收款（□邮划、☑电划）		托收承付（□邮划、□电划）		
付款人	全称	丽水宏达服装有限责任公司	收款人	全称	华山有限责任公司
	账号	7254361812345		账号	67897978888
	地址	浙江省丽水市县	开户行 农业银行丽水灯塔支行	地址	陕西省西安市县	开户行 工商银行西安华山支行
金额	人民币（大写）	壹万壹仟叁佰元整	千百十万千百十元角分 ￥ 1 1 3 0 0 0 0		
款项内容	货款	托收凭证名称	商业汇票	附寄单据张数	1
商品发运情况			合同名称号码		

备注：

付款人开户银行收到日期
　　　　　年　月　日
复核　　　记账

（农业银行丽水灯塔支行 2022.12.03 转）

付款人开户银行盖章
　　年　月　日

付款人注意：
1. 根据《支付结算办法》规定，上列托收款项，如超过承付期限未提出拒付，即视同全部承付。以此联代付款通知。
2. 如系全部或部分拒付，应在承付期限内另填拒绝承付理由书送银行办理。

此联付款人开户银行给付款人按期付款通知

表79

银行承兑汇票（卡片） 1

出票日期　　年　月　日
（大写）

10200052
21175553

出票人全称		收款人	全　称	
出票人账号			账　号	
付款行全称			开户银行	
出票金额	人民币（大写）		亿千百十万千百十元角分
汇票到期日（大写）		付款行	行号	
承税协议编号			地址	
本汇票请你行承兑，此项汇票款我单位按承兑协议于到期日前足额交存你行，到期请予以支付。		密押		
	出票人签章	备注：	复核　　记账	

此联承兑行留存备查，到期支付票款时作借方凭证附件

表 80 银行承兑汇票

出票日期　　年　月　日
（大写）

2　　10200052
　　　21175553

出票人全称		收款人	全　称											
出票人账号			账　号											
付款行全称			开户银行											
汇票金额	人民币（大写）				亿	千	百	十	万	千	百	十	元	角	分
汇票到期日（大写）			付款行	行号										
承税协议编号				地址										
本汇票请你行承兑，到期无条件付款。 　　　　　　出票人签章		本汇票已经承兑，到期日由本行付款。 　　　承兑行签章 承兑日期　年　月　日 备注：		密押 复核　　　记账											

此联收款人开户行随托收凭证寄付款行作借方凭证附件

表 81　银行承兑汇票（存根）

出票日期　　年　月　日
（大写）

3　　10200052
　　　21175553

出票人全称		收款人	全　称											
出票人账号			账　号											
付款行全称			开户银行											
汇票金额	人民币（大写）				亿	千	百	十	万	千	百	十	元	角	分
汇票到期日（大写）			付款行	行号										
承税协议编号				地址										
		备注：												

此联出票人存查

表 82　　　　　　　　　　银行承兑协议

<h2 style="text-align:center">银行承兑协议 1</h2>

协议编号：_____

银行承兑汇票的内容：
收款人全称：_____　　付款人全称：_____
开户银行：_____　　开户银行：_____
账号：_____　　账号：_____
汇票号码：_____　　汇票金额(大写)：_____
签发日期：_____年____月____日 到期日期：_____年____月____日

以上汇票经承兑银行承兑，承兑申请人(下称申请人)愿遵守《支付结算办法》的规定及下列条款：

第一条　申请人于汇票到期日前将应付票款足额交存承兑银行。

第二条　承兑手续按票面_____％计算，在银行承兑时一次付清款。

第三条　承兑票据如发生任何交易纠纷，均由收付双方自行处理，票款于到期日前仍按第一条办理不误。

第四条　承兑汇票到期日，承兑银行凭票无条件支付票款。如到期日之前申请人不能足额交付票款时，承兑银行对不足支付部分的票款转作承兑申请人逾期贷款，并按照有关规定计收罚息。

第五条　承兑汇票款付清后，本协议始自动失效。

本协议第一、二联分别由承兑银行信贷部门和承兑申请人存执，协议副本由银行会计部门存查。

承兑银行：_____（盖章）　　承兑申请人：_____（盖章）
订立承兑协议日期：_____年____月____日

注：本协议共印三联。在"银行承兑协议"之后，第二联加印"2"，第三联加印"副本"字样。25cm×18cm（白纸黑油墨）。

表 83　　　　　　　　　　　　　　银行存款余额调节表

编制单位：　　　　　　　　　　　账户：　　　　　　　　　　　编制时间：

项　目	金　额	项　目	金　额
企业银行存款日记账余额 加:银行已收,企业未收 减:银行已付,企业未付		银行对账单余额 加:企业已收,银行未收 减:企业已付,银行未付	
调节后的余额		调节后的余额	

复核：　　　　　　　　　　　　　　　　　　　　　　　　　制表：

表 84　　　　　　　　　　　　　　出纳报告单

单位名称：　　　　　　　　年　月　日至　年　月　日　　　　　　　编号：

项　目	上期结存	本期收入	本期支出	本期结存
库存现金				
银行存款				
其中:基本账户				
一般账户				
专用账户				
其他货币资金				
其中:				
合　计				

主管：　　　　　　　　　　出纳：　　　　　　　　　　复核：

表 85 财产物资移交清单

移交日期： 年 月 日

序号	项 目		移交金额(数量)	备 注
	类别	明细		
1				
2				
3				
4				
5				
6				
7				
8				
9				
10				
11				
12				

移交人：　　　　　接管人：　　　　　监交人：

表 86 核算资料移交清单

移交日期： 年 月 日

序号	项 目	单位	数量	起讫号码	起止时间	备 注
1						
2						
3						
4						
5						
6						
7						
8						
9						
10						
11						
12						

移交人：　　　　　接管人：　　　　　监交人：

表 87　　　　　交接情况说明书

交接人员说明

一、交接日期：

二、具体业务的移交：

三、移交的会计凭证、账簿、文件：

四、其他事项说明：

五、交接前后工作责任的划分：

六、本交接书一式三份，双方各执一分，存档一份。

　　　　　移交人：　（签名盖章）
　　　　　接管人：　（签名盖章）
　　　　　监交人：　（签名盖章）

　　　　　　　　　　　　　　　　　　　财务处(公章)
　　　　　　　　　　　　　　　　　　　　年　月　日

参 考 文 献

[1] 张文会. 出纳十日读[M]. 北京:中国商业出版社,2008.
[2] 郭晶洁. 第一次当出纳有问必答[M]. 北京:企业管理出版社,2006.
[3] 沈宝燕. 新编出纳员岗位实训[M]. 北京:高等教育出版社,2011.
[4] 林云刚,王薇. 出纳实务[M]. 上海:立信会计出版社,2015.
[5] 李华. 出纳实务[M]. 4版. 北京:高等教育出版社,2018.
[6] 常红. 出纳实务[M]. 北京:清华大学出版社,2019.
[7] 程坚. 财务会计实训与练习[M]. 3版. 北京:中国财政经济出版社,2011.
[8] 林冬梅. 会计综合实训[M]. 2版. 北京:中国人民大学出版社,2020.
[9] 郑卿,李拥军. 出纳人员岗位培训手册[M]. 北京:人民邮电出版社,2006.
[10] 张浩. 第一次当出纳应知应会300问[M]. 北京:蓝天出版社,2006.
[11] 朱小平,马元驹. 会计业务基本技能训练教程[M]. 北京:中国人民大学出版社,2003.
[12] 施海丽. 出纳业务全真实训[M]. 3版. 北京:清华大学出版社,2021.
[13] 高翠莲. 出纳业务操作[M]. 4版. 北京:高等教育出版社,2020.
[14] 张丽华. 出纳岗位操作实务训练[M]. 2版. 厦门:厦门大学出版社,2014.
[15] 周东黎,臧海涛,岳颖. 出纳岗位实务[M]. 2版. 大连:大连出版社,2015.
[16] 索晓辉. 看图学出纳[M]. 广州:广东经济出版社,2011.
[17] 孔德军,蔡清龙. 出纳岗位实务[M]. 2版. 北京:机械工业出版社,2019.